불멸의 신성가족

불멸의  신성가족

김두식 지음

대한민국 ──
사법 패밀리가 사는 법

창비

『불멸의 신성가족』은 희망제작소 '우리시대 희망찾기' 프로젝트의 하나로 2008년 진행된 질적 연구의 결과물입니다. 지난 10년 동안 로스쿨이 출범하고 사법시험이 폐지되었지만 우리 법조계가 지닌 구조적인 문제에는 큰 변화가 없었습니다. 로스쿨 졸업생들은 '불멸의 신성가족'의 끝자락에서 어떻게든 안쪽으로 진입하기 위한 생존경쟁에 내몰리고 있습니다. 대한변호사협회와 각 지방변호사회에서 상당한 지분을 획득했다 해도 이들이 시스템을 변화시킬 만한 유의미한 세력이 되었다고 평가하기는 아직 이릅니다. 현실에 큰 변화가 없다보니 『불멸의 신성가족』은 지금도 여전히 우리 법조계를 이해하는 교과서로 활용되고 있습니다. 개정판 발간을 거절하지 못한 이유입니다. 개정판에서는 본문의 가독성을 높이고 지난 10년의 변화를 반영했습니다. 현재 진행 중인 '사법행정권 남용' 사태를 제 나름대로 정리한 글도 추가했습니다. 청탁이 들어올 때마다 이 책을 선물했다는 몇몇 판검사님, 이 책을 호되게 비판했던 진보진영의 친구들, 그리고 지난 10년 동안 잘 살아남아준 면담자 스물세분께 감사드립니다.

2019년 2월
김두식

이 책은 판사, 검사, 변호사, 법원 일반직 공무원, 경찰, 변호사 사무실 직원, 신문기자, 교수, 철학자, 시민단체 간사, 결혼소개업자, 비정규직 노동운동가, 각종 소송 경험자 등 모두 스물세명의 구술을 바탕으로 우리나라 사법 현실을 재조명한 내용을 담고 있습니다. 사법을 주된 탐구 대상으로 삼았지만, 사법을 통해 우리 사회 전체의 모습을 분석하고자 시도한 책이기도 합니다.

스물세명의 생생한 목소리를 원고지 7천장 분량의 녹취록으로 정리하고, 이를 분석하는 과정에서 너무나 많은 분들의 도움을 받았습니다. 모두 익명으로 처리되고 있기는 하지만, 무엇보다 세시간에서 다섯시간에 걸친 장시간 면담에 참여해준 구술자들께 감사드립니다. 성실하고 정직한 구술자들을 만난 것은 저에게 무엇보다 큰 축복이었습니다.

공동연구자인 김종철 변호사님은 이번 연구에 처음부터 참여하여, 세명과는 단독으로, 네명은 저와 공동으로 면담을 진행했고, 녹취록의 분석 과정에서 직관력 있는 조언을 아끼지 않았습니다. 난민을 돕는 바쁜 일정 때문에 비록 집필을 함께하지는 못했지만, 김변호사님의 도움이 없었더라면 이 책은 존재할 수 없었을 것입니다. 녹취록 정리를 도와준 경북대 법대 대학원의 조용준님, 국회의원 보좌관 권오

재님, 녹취를 담당해준 연세대 대학원 민치경님을 비롯한 여러 학생들에게도 감사드립니다.

우리시대 희망찾기 시리즈를 기획하고 질적 연구방법론을 지도해주셨을 뿐만 아니라, 초고를 읽고 제가 생각하지 못한 신선한 관점의 비판과 조언을 주신 대구대학교 사회학과 이희영 교수님, 희망제작소 유시주 부소장님, 강현선 연구원님께도 깊은 감사를 드립니다. 세 '언니들'의 도움은 이 책을 만들어내는 가장 중요한 밑거름이었습니다.

궁금한 점이 있을 때마다 친절하게 답변해주고, 법원·검찰 내부의 관점에서 초고의 문제점을 지적해준 몇분의 판검사님께도 감사를 드립니다. 이름을 밝히지 않는 편이 오히려 그분들을 도와드리는 것이라서 드러내놓고 감사하지는 못하지만, 저의 마음을 이해해주시리라 믿습니다. 이런 여러분의 도움에도 불구하고 이 책에 남아 있는 여러 가지 부족한 부분들은 전적으로 집필을 담당한 저의 책임이며 그에 대한 비판도 역시 제가 받아야 할 몫임을 밝힙니다.

연구가 진행되는 동안 면담과 집필을 위한 공간을 제공해주신 희망제작소 박원순 상임이사님과 여러 관계자께도 감사드립니다. 도시락으로 함께한 점심식사, 북촌 산책, 오후의 짧은 간식, 몸살림 운동모임 등 희망제작소의 젊은 연구원들과 함께 시간을 보내면서, "'희망

제작소 100배 즐기기'라는 책을 한권 써도 되겠다"는 놀림을 받았을
정도로 즐거운 경험을 참 많이 했습니다. 어려운 여건 속에서도 이 땅
에 희망을 심기 위해 헌신하는 희망제작소의 젊은 두뇌들에게 박수
를 보냅니다.

미국에 머물며 여러 작업을 최종 마무리할 수 있도록 1년간의 장
기출장 기회를 주신 경북대 법학전문대학원의 교수님들과, 훌륭
한 연구 환경을 제공해주신 캔자스대학교 비치 장애연구소(The Beach
Center on Disability)의 두분 설립자, 앤 턴벌(Ann Turnbull)과 러서퍼드 턴
벌(Rutherford Turnbull III) 교수님 부부께도 감사드립니다. 멋진 책을 만
들어주신 창비의 안병률 선생님과 편집에 애써주신 박기효 선생님을
비롯한 여러 관계자께도 감사의 인사를 빠뜨릴 수 없겠지요.

언제나 변함없는 영혼의 동반자인 아내와 딸에게도 따뜻한 사랑을
전합니다. 저를 위해 늘 기도하시는 부모님과 장인, 장모님께도 이 책
이 작은 선물이 되었으면 좋겠습니다.

2009년 5월
캔자스대학교에서
김두식

일러두기

1. 이 책은 희망제작소 프로젝트 '우리시대 희망찾기'의 일환으로 간행된 『불멸의 신성가족』(창비 2009)의 개정판이다. 현 상황에 맞게 시점과 서술을 일부 수정했으며, 내용이 추가되어야 할 부분에는 각주를 달아 설명을 덧붙였다.
2. 구술자의 이름은 가명으로 하되, 구술 당시의 직업을 본문 앞 '구술자 소개'에 밝혀두었다.
3. 구술자 인용은 연구팀에서 작성한 녹취록을 바탕으로 했고, 해당 녹취록의 면수를 각 인용문 뒤에 밝혀두었다.
4. 구술자 인용은 녹취록을 그대로 따르는 것을 원칙으로 하되, 가독성을 지나치게 해치는 부분만 일부 빼거나 가다듬었다. 인용 외 본문의 큰 따옴표(" ") 안의 말은 모두 구술자의 것이다.

| 구술자 소개 |

* 구술자의 이름은 가명이며, 직업은 구술 당시의 것을 따랐다.

강예리(변호사 사무실 직원) 판검사 출신, 장관 출신, 헌법재판관 출신, 사법연수원 출신 등 다양한 변호사들이 운영하는 사무실에서 10년 가까이 일하는 동안, 일반직원들에게 월급 주는 것은 아까워하면서 브로커에게는 30퍼센트의 소개료를 이의 없이 떼어주는 변호사들의 실상을 매일 목격합니다.

공성원(판사) 인터뷰 당시 10년 가까운 판사 경력을 마감하고 변호사 개업을 계획하고 있던 '교과서적' 인물입니다. 브로커를 만들어내는 변호사 업계의 현실, 법원의 관료주의, 전관예우, 도제식 판사 양성 시스템 등을 통렬히 비판했습니다.

권용준(변호사) 고등법원 부장판사 승진을 눈앞에 두고 퇴직하여 변호사로 일했습니다. 후배 판사들에 대한 적절한 접대의 선을 고민하고 있지만, 아무리 노력해도 결국은 '그게 그거더라'는 한계를 절감합니다.

김기갑(건강식품 대리점 사장) 교통사고를 당해 죽을 뻔했는데도 충분한 보상을 받지 못했습니다. 여러 차례 사기를 당했지만 자신은 법률과 상관없이 살아왔다고 믿는, '법 없이도 살 사람'입니다.

김상구(변호사) 사법연수원을 수료한 후 수십년을 중소 로펌에서 변호사와 대표변호사로 일했습니다. 엘리트 판사들의 권위적인 태도에 매우 비판적입니다.

김승헌(부장판사) 법원 내에서 최고의 엘리트 코스를 밟아왔으며, 공정한 판사가 되기 위해서 아예 골프채를 남에게 주어버렸을 정도로 자기 일에 애정을 가진 사람입니다. 주로 판사들의 입장을 옹호하면서 일부 변호사가 수임료를 올리기 위해 의뢰인들을 상대로 "사기치는 것"이 사법 불신의 중요한 원인이라고 지적합니다.

명성훈(건설회사 사장) 억울하게 구속되어 무죄판결을 받은 사법 피해자로, 지금도 판검사들이 돈을 받고 있다고 확신하는, '법 때문에 고생한 사람'입니다.

문충영(경찰 간부) 사법연수원을 수료한 후 경찰에 입문하여 간부로 일하고 있습니다.

변상환(철학 교수) 교수 재임용 탈락 경험을 통해 "약자가 권리를 침해받고 있을 때는 침묵하던 법이, 견디다 못한 약자가 그걸 바로잡기 위해 몸을 일으키는 순간 뒤늦게 개입하여 약자만 처벌한다"는 비판적 시각을 갖게 된 철학자입니다.

손기병(법학 교수) 미국에서 변호사로 일하다 귀국하여 법대 교수로 일합니다. 자신이 직접 소송을 수행하면서 전관의 힘을 목격한 터라, 모든 문제의 근원은 변호사 인원을 국가가 통제하는 데 있다고 보고 변호사 정원제 철폐에 앞장서고 있습니다.

송가빈(결혼소개업자) 사법연수원 수료자 모두에게 전화를 걸고 있다고 할 정도로 열심히 일하던 결혼소개업자. "남자 사법"들은 "외모, 재력, 성품"의 순서로 배우자를 고른다고 단언했습니다.

송형진(신문기자) "쟤들 뭐야?" 하는 눈으로 검찰 취재를 시작했으나 열심히 일하는 검사들의 모습에 곧 매료되어 '친검 기자'가 되었습니다. 술을 너무 많이 마시는 법조계 분위기에 적응하느라 고생했으나, 검찰 간부들의 빠른 성장을 가까이에서 지켜보며 일종의 공생관계를 경험했습니다.

안경빈(시민단체 간사) 대학을 졸업하고 시민단체 간사가 되었습니다. 사법감시 업무를 담당하면서도 서류업무에 치우쳐 막상 법조 내부의 자세한 사정을 알지 못하는 자신의 한계를 안타까워합니다.

이정수(법원 국장) 법원 일반직으로 고위직에 오른 사람으로, 지방에서 근무하던 시절에 사건을 변호사에게 소개해주고 소개료를 받은 적이 있음을 솔직히 고백했습니다. 자신의 일에 상당한 자부심을 가지고 있으며, 옆에서 바라본 판사들의 일상에 대해 많은 이야기를 들려주었습니다.

이해영(비정규직 노동운동가) 자동차회사에서 비정규직 노조를 만들었다가 해고된 이후 여러 차례 구속을 경험하면서 "이 시스템 자체가 노조활동을 근본적으로 막고 있다"고 생각하게 되었습니다.

장화영(판사) 경력 5년이 넘지 않은 새내기 판사로서 젊은 판사들이 법원에 대해 느끼는 점을 솔직하게 털어놓았습니다.

정유진(대학원생) 법조인 가정에서 태어났으나, 서울대학교 김민수 교수 사건을 가까이에서 지켜보면서 법보다는 주먹이 가깝다는 것을 실감했습니다.

정종은(검사) 10년에 이르는 검사생활 중에 자신이 잘못한 부분을 고백하겠다는 자세로 2008년 면담에 응했습니다. 검찰 조직문화에 대해 여러가지 솔직한 이야기를 들려주었습니다.

조용남(변호사) 사법연수원을 수료하고 소규모 로펌에서 고용 변호사로 일하고 있습니다.

하경미(주부) 토지 브로커들에게 땅을 사서 큰 손해를 보았으나, 법률구조공단, 변호사 사무실, 법무사 사무실을 찾아다니며 얻은 정보를 기초로 인터넷을 검색하고 스스로 소송을 수행하여 승리했습니다.

한동근(변호사 사무실 실장) 사법시험에 실패한 뒤 변호사 사무실에 취직하여 20년 가까이 일했고, 당시에는 기본급에 덧붙여 사건마다 일정한 비율의 소개료를 받는 사실상 브로커로 생활하는 중이었습니다.

홍기선(회사 법무 담당 직원) 사법시험에 실패한 뒤 변호사 사무실에서 일을 배웠고 당시에는 엔터테인먼트 회사의 법무 관련 업무를 담당하고 있습니다. 변호사 사무실에서 일하는 동안 "브로커 사무장"들의 삶을 가까이에서 지켜보았습니다.

황영범(신문기자) "에이스"가 아니면 갈 수 없는 법조기자단에 소속되어 법원을 출입하면서 판사들의 장점을 많이 발견했습니다.

프롤로그

사법시험이라는
희망과 절망

"타인의 삶에 대해서 이러쿵저러쿵 트집을 잡기 위해서는 우선
자기 자신에 대해 정직하게 털어놓아야 한다.
그리고 자기의 체험이나 행동의 범주를 넘어서는 말을 해서는 안 된다."

마루야마 겐지 「소설가의 각오」

'인간'으로 돌아온 날

1991년 9월 19일, 추석을 앞둔 목요일은 서울 평균기온에 해당하는
21.5도(낮 최고기온 25.2도, 최저기온 17.9도)를 보인 적당히 선선한 초가을
날이었습니다. 그 좋은 날에 저는 아무 데도 갈 곳이 없었습니다. 백
수였기 때문이지요. 오전 열한시, 그때나 지금이나 변함없이 고시생
공식 지정복인 트레이닝 바지를 주섬주섬 주워 입고 집을 나서 찾아
간 곳은 비디오 대여점이었습니다.

동네 입구에 있던 그 조그만 가게는 다행히 일찍부터 문을 열었더
군요. 살림집으로 통하는 쪽문 사이로 살짝 얼굴을 내민 주인 아주머
니는 '백수 주제에 대낮부터 웬 비디오질이냐'고 힐난하는 표정을 지
으며 "뭐 찾는 것 있으세요?"라고 물었습니다. 어쩌면 아주머니는 그
런 표정을 짓지 않았을 수도 있습니다. 아니, 분명히 그런 표정을 짓
지 않았을 겁니다. 장사하는 입장에서 손님에게 함부로 그런 표정을
보였을 리 없지요. 그러나 "그냥 좀 둘러볼게요"라고 대답하던 저는

분명히 아주머니의 그런 시선을 느꼈습니다. 세상 모든 사람이 저를 그런 눈으로 본다고 느끼던 시절이라, 아주머니가 실제로 그런 표정을 지었는지는 어차피 중요하지도 않았습니다. 그 시선을 되씹으면서 평소에는 유치하다며 눈길도 주지 않던 홍콩 영화 비디오테이프를 무려 네개나 꺼내들었지요.

온 세상에 '나는 백수요'라고 선언하는 것과 다를 바 없는 초라한 몰골이었지만, 제 나름의 처절한 선택이었습니다. 며칠 전부터 책을 읽어도 머리에 들어오지를 않았습니다. 하루 전까지는 그나마 성경이라도 좀 읽었는데 그날은 성경 말씀조차 눈에 들어오지를 않더군요. 책을 덮고 가만히 누워 있으면 가슴이 터질 것 같아서 뭔가 탈출구가 필요한데, 아무 데도 갈 수가 없었습니다. 그 절망감 속에서 떠오른 것이 홍콩, 아니 홍콩 영화였습니다. 한국 영화나 할리우드 영화를 볼 수도 있었겠지만, 혹시라도 머리 쓰게 만드는 영화일까봐 그쪽으로는 손이 가지 않았습니다. '가자, 홍콩으로, 비디오테이프 네개로 떠나는 여덟시간에 불과한 망각의 여행일지라도!'

비디오테이프가 하나씩 플레이어의 입 속으로 빨려들어갈 때마다 제 머리도 화면 속으로 빨려들어갔고, 그렇게 뇌를 비디오에 맡기자 비로소 평화가 찾아왔습니다. 당연히 점심은 건너뛰었지만 배도 고프지 않고, 그저 시간이 흘러주어 감사할 따름이었지요. 친구가 영화관에서 세번이나 보았다고 격찬했지만 내 취향이 아니라며 그동안 멀리했던 왕조현의 「천녀유혼」, 홍콩 누아르의 고전에 속하는 주윤발의 「첩혈쌍웅」, 두편 모두 훌륭한 영화였습니다. 그 나이가 되도록 홍콩 영화를 무시했던 자신을 깊이 반성한 시간이었습니다.

그러나 영화를 계속 본다는 것도 그리 쉬운 일은 아니었습니다. 두 편을 연달아 보고 나니 머리가 무거웠고, 가슴은 점점 조여왔지만 그래도 멈출 수는 없었지요. 그 불안을 애써 누르며 빌려온 테이프 중 최신작에 속했던 「종횡사해」를 플레이어에 넣었습니다. '플레이' 버튼을 누르는데, 어쩌면 이 영화를 끝까지 볼 수 없을지도 모른다는 생각이 스쳐지나갔습니다. 하지만 그것도 잠시였고, 일단 영화가 시작되자 모든 잡생각은 사라지고 주윤발, 장국영, 종초홍 삼인조의 환상적인 절도행각만이 남았습니다. 영화는 마치 마약처럼 시간을 집어삼켰습니다. 감사한 일이었지요.

영화가 한창 힘을 받던 오후 네시경, '따르릉따르릉' 전화벨이 울렸습니다. 심장이 덜컹하고 땅바닥으로 떨어지는 느낌이 들었습니다. 마치 지옥과 천국 사이에 놓인 담벼락 위를 걷는 심정으로 전화기를 향해 걸어갔습니다. '과연 내 몸이 천국과 지옥 중 어느 쪽으로 떨어질까.' 전화를 건 사람은 사법연수원에 다니던 절친한 교회 선배였습니다. "두식아, 아직도 결과를 몰랐어? 내가 처음 알려주는 거야?" 약간은 장난 섞인 선배의 목소리에서 저는 제 인생의 어두운 한 시기가 끝났음을 알았습니다. 공식 발표보다 하루 앞서 접한 사법시험 2차 합격 소식이었지요. 결국 그날 네번째 비디오는 보지 못하고 그냥 돌려주었는데, 그 비디오의 제목이 무엇이었는지는 지금도 기억하지 못합니다. 제 인생이 완전히 바뀐 오후였지요.

지금도 가끔 그날 오후로 돌아가는 꿈을 꾸곤 합니다. 꿈속의 선배는 훨씬 차가운 목소리로 이렇게 말합니다. "두식아. 확인해봤는데 네 이름이 없더라. 그래도 궁금해할 것 같아서 전화했다." 그 스토리가 진부해질 때면 당시 사법시험을 관장했던 총무처에서 전화가 걸려올 때도 있습니다. "제33회 사법시험 합격자 발표에 오류가 있었습니다. 교수님은 불합격인데 합격으로 잘못 처리되었군요. 수십년이 지나기는 했지만 행정적인 실수를 바로잡아야 해서 연락드렸습니다." 이런 꿈들은, 단체기합과 폭력에 시달렸던 고등학교 시절로 되돌아가는 악몽과 함께 1년에 한번쯤 저를 찾아오는 반갑지 않은 손님입니다. 꿈이라도 좀더 재미있으면 좋을 텐데…… 예컨대 제게 버림받은 네번째 비디오테이프가 플레이어 안에서 스멀스멀 기어나오며 "왜 나를 버려두고 갔어?"라고 목을 붙잡는다면 그나마 좀 애교 있는 악몽 아닐까요.

대학을 졸업할 때까지 사법시험에 합격하지 못했던 저는, 여자친구의 결별 선언과 입영 영장을 2종 선물세트로 접수했습니다. 비슷한 처지의 친구들 중에는 가족의 경제적 지원 중단까지 포함된 3종 세트를 접수한 경우도 적지 않았으므로 제 형편이 특별히 나쁘다곤 할 수 없었지요. 고등학교나 대학을 졸업하고 바로 생활전선에 뛰어들어야 했던 또래들과는 달리, 저는 백수 팔자로 계속 공부할 수 있었으니 더더욱 불평할 계제가 아니었습니다. 그런데도 졸업 후 사법시험을 준비하는 1년 반 동안 제 자신이 파리나 개미, 바퀴벌레처럼 느껴질 때가 많았습니다. 그만큼 모든 상황이 힘들고 지긋지긋했습니다. 1991년 9월 19일은 그런 제가 바늘구멍을 통과하여 비로소 다시 인간이 되었다고 느낀 날이기에 지금도 쉽게 잊을 수가 없습니다. 어쨌든 그렇게 해서 저는 '법조'라는 커다란 배에 올라타게 되었지요.

이 책을 준비하면서 그해의 사법시험 통계를 찾아보았습니다.

1991년에 실시된 제33회 사법시험에는 총 1만 5540명이 출원하여 287명이 합격했습니다. 출원자 대비 최종 합격률은 1.85퍼센트였는데, 1976년 이래 최저 합격률이었습니다.[1] 합격자 통계 뒷부분에는 십팔년째 '동기'로 묶여 있는 익숙한 이름들이 눈에 띄었습니다.[2] 검찰로 간 동기들은 2007년을 전후해 부장검사가, 법원으로 간 동기들은 2009년을 전후해 지방법원 부장판사가 되었습니다. 로펌에 간 동기들은 대부분 파트너 변호사가 되었지요. 그밖에 특이한 직역에 진출한 동기들의 이름도 많이 눈에 띕니다. 정치인은 한나라당 소속 국회의원만 네명, 대학교수는 서울대를 비롯한 법학전문대학원 교수만 예닐곱명, 정확히 파악할 수는 없지만 삼성 계열사에서 상무 이상의 직위에 있는 동기도 대여섯명은 되는 것 같습니다. 인권운동에 매진하다 지금은 변호사를 그만두고 영화사 대표를 하는 이도 있고, 종종 코미디 프로에 출연하는 사람도 있습니다. 대개 사십대 중반임을 고려하면 엄청난 성공이지요. 그들이 어떤 자리에 가 있는지 못지않게 재미있는 것은 각종 인물검색 사이트마다 동기들 '모두'의 이름이 올라 있다는 사실입니다. 제33회 사법시험 합격자들이 유난히 잘나서 그런 건 아니겠지요. 바늘구멍을 통과하고 살아남은 우리나라 사법시험 합격자 모두가 누리는 영예인 것입니다.*

---

* 책이 출간되고 10년이 지나는 동안 사법연수원 23기도 많은 변화를 겪었습니다. 불행한 사건도 있었습니다. 검찰에서 선두를 달리던 동기들 중 한명은 서울중앙지검장이 되었지만 다른 한명은 자살로 생을 마감했습니다. 2009년 당시 한나라당 소속 국회의원이었던 동기들 중 한명은 장관으로 재직 중 이른바 블랙리스트 사건으로 구속되었습니다. 방송에서 각광을 받던 다른 한명의 전직 국회의원은 사문서위조등의 사건으로 1심에서 실형을 선고받고 항소한 상태입니다. 법원에 남은 동기들은 고등법원 또는 지방법원의 중견 부장판사로, 검찰에 남은 동기들은 대부분 검사장 또는 고등검찰청 검사로 일하는

바늘구멍을 통과하기 위해서는 누구나 개미보다 작아져야 합니다. 바퀴벌레나 파리조차도 쉽게 바늘구멍을 통과하지는 못합니다. 개미라고 다 되는 것이 아니라, 불개미 종류나 겨우 바늘구멍을 통과할 수 있지요. 따라서 이 시험을 합격하기 전에 제가 스스로를 벌레처럼 느낀 것도 그다지 특이한 현상은 아닙니다. 그러나 이 시험을 통과하는 순간 갑자기 사람으로 변하는 경험은 부작용을 낳게 마련입니다. 한꺼번에 갑자기 커진 몸은 아무래도 부실할 수밖에 없으니까요. 일단 이 바늘구멍을 통과한 사람은 많은 것을 보장받게 됩니다. 사법시험 합격자와 로스쿨 졸업자가 늘어남에 따라서 그 몫이 다소 줄어든 것처럼 보일지라도, 바늘구멍만 통과하면 많은 것이 보장된다는 사람들의 믿음만은 변하지 않았습니다. 저 역시 그런 믿음의 덕을 누구보다 많이 받아온 사람입니다.

—

사법시험 합격이 보장하는 특권

시험에 합격한 다음 날부터 당장 제 말에 힘이 실리기 시작했습니다. 친척 모임에 가도 어른들이 앞다투어 저와 이야기를 나누려는 듯했습니다. 그런 상황에서 저는 겸손해야 한다는 강박을 느꼈고, 합격이전의 정신상태를 유지하려고 최대한 노력했습니다. 그런 노력이 어느 정도 성공했다고 자부했는데, 검사를 그만두고 꽤 시간이 흐른 뒤

중입니다. 현역 국회의원이 두명, 자치단체장이 한명입니다. 개인변호사 사무실, 대형로펌, 법학전문대학원, 대기업에서 일하는 동기들은 대부분 그 자리를 지키고 있습니다.

어머니께 충격적인 이야기를 전해 들었습니다.

"네 이모가 지난번에 그러더라, 두식이가 검사 하는 동안 애가 좀 이상해졌나 생각했다고. 젊은 애가 왜 늘 뒷짐을 지고 걷는지, 어른들을 모신 자리에서 왜 늘 중심에 있으려고 하는지, 쟤가 원래는 안 그랬는데 검사가 되더니 아예 영감 노릇을 하려나 생각했다고 하더라."

저는 분명히 그런 적이 없고, 혹시 그런 태도를 보였다 하더라도 어르신들 기분을 맞춰드리기 위한 것이었을 텐데, 내심 억울했습니다. 그러나 가족들의 눈에 그리 보였다면 그건 사실이었을 겁니다. 어느 틈에 제 마음속에 자리잡았던, '사람들은 모두 내 옆에 있고 싶어하고, 내 이야기를 듣고 싶어한다'는 믿음이 오해였던 것이지요. 그 이야기를 듣고 나서 서초동 법조타운 근처를 가보니, 유난히 뒷짐을 지고 걷는 젊은이들이 눈에 많이 띄었습니다. 사소한 일이지만, 참 재미있는 현상입니다. 판검사들은 왜 뒷짐을 지고 걷는 걸까? 나는 그때 왜 그랬을까? 지금도 송년회, 상가, 결혼식장 등에 가면 '사람들은 모두 내 옆에 있고 싶어하고, 내 이야기를 듣고 싶어한다'고 믿는 판검사들을 만날 수 있습니다. 우리는 도대체 왜 그런 믿음을 갖게 되었을까요?

사법시험의 열매를 누리고 사는 사람이 되지 말아야겠다는 생각은 여러번 했습니다. 아내와의 만남이 그런 생각을 강화했던 것 같기도 합니다. 장애 유아들을 가르치는 특수교사이던 아내는 이렇게 말하며 저를 밀어냈습니다. "내 인생에 사법시험 같은 게 들어오리라는 생각을 해본 적이 없어요." 그래서 결혼에 이르기까지 저의 가장 중요한 과제는, 제가 사법시험 붙은 '그런' 인간이 아님을 보여주는 것이었습니다. 그 시절을 돌이켜보면 이런 생각이 듭니다. 사법시험 붙은 배우자감만 찾는 사람도 이상하지만, 사법시험 붙은 사람은 아예 인간 취급도 않는다면 그것도 좀 이상하지 않은가?

아내는 기본적으로 '사법시험에 붙었거나 그런 사람과 결혼했거나 사귀거나 간에 모두 속물'이라는 특이한 가치관을 가지고 있었던 것 같습니다. 민주주의를 위해 투쟁했던 1980년대를 막 보낸 시점에서 사법시험에 합격한 사람이라면, 뭐라 변명하든 자신만을 위해 산 사람이라는 매우 냉혹한 평가를 내렸던 것이지요. 사법시험 합격자 발표날에 벌레에서 인간으로 변신해 새 배에 올라탔던 제 마음처럼, 이 시험에 대한 다른 사람들의 마음도 복잡하다는 것을 보여주는 좋은 예입니다.

사법시험에 합격하고 군법무관과 검사생활을 하기는 했지만, 기간이 워낙 짧았기 때문에 저는 그 기득권을 제대로 누려보지 못했습니다(또는 누려보지 못했다고 생각해왔습니다). 대학교수로 일하는 동안 겸직 허가를 받아 로펌의 변호사로 등록은 했어도 직접 사건을 담당한 적은 거의 없었습니다. 제가 『헌법의 풍경』이라는 책을 썼던 것도 자신을 법조계의 일원이라기보다는 일종의 관찰자로 규정했기에 가능한 일이었습니다. 이미 그 배에서 내린 사람으로 행세했던 것이지요. 책을 쓰고 나서는 별것도 아닌 내용으로 역풍을 맞았습니다. 작심하고 법원이나 검찰을 비판하려 한 게 아니라, 그저 시민과 너무 먼 우리 사법시스템을 이야기하려 했을 뿐인데도, 저를 '내부'고발자로 규정하며 민감하게 반응한 분들이 적지 않았습니다. 동기들을 만날 때마다 불편한 시선도 느껴야 했습니다. 그분들은 제가 법조계라는 배에서 내린 사람이라고 생각하지 않았던 것이지요.

지금 다시 생각해보면 저를 법조계 내부자로 본 그분들의 관점이 옳은 것 같기는 합니다. 제가 미국에서 돌아와 6년 동안 몸담았던 학교는, 기독교인들에게는 매우 좋은 대학으로 알려져 있었지만, 많은 사람들에게는 '듣지도 보지도 못한 지방대학'이었습니다. 그 대학의 교수로 일하면서 다양한 전공의 대학교수, 판검사, 변호사, 사법연수원생, 대학원생 등과 함께, 걸음마 단계에 있던 독립국가연합 여러 나라의 국가건설을 돕는 프로젝트에 관여했습니다. 이 의미있는 일에 동참한 젊고 자신감 넘치는 법조인들 중에는 우리 학교 이름을 전혀 들어보지 못한 사람들도 있었습니다. 당연히 제 동료 교수들이나 학생들을 무시하는 기색이 역력했지요. 그냥 그러려니 할 것을, 제 내면 어딘가에서 알량한 자존심이 작동했습니다. 그래서 딱히 그럴 상황이 아닌데도 괜히 "내가 사법연수원에 다니던 시절에는" "검찰청에 있을 때는" "아, 그 판사가 동기인데" 하면서 남 얘기에 끼어들기 시작했지요. 그러면 금세 "어머, 사법시험에 합격하셨군요. 몇기세요?"라는 질문이 나왔습니다. 그분들은 제가 자신들보다 한참 앞선 기수임을 확인하고는 조용히 태도를 바꾸었지요. 다른 학회나 기독교인 모임에서도 비슷한 경험을 여러번 했습니다.

이건 그분들이 특별히 나쁜 사람이라서가 아니라, 그냥 본능적이고 무의식적인 반응이라 할 수 있습니다. 그럴 때마다 "제가 사법연수원에 다니던 시절에는" 어쩌고 하면서 그 서열을 바로잡으려(?) 하는 것은 물론 유치한 일입니다. 생각하면 할수록 부끄러운 일이고, 이제는 정말 그런 짓을 안 하려고 노력합니다. 그러나 지금도 종종 비슷한 상황에서는 그 한마디를 하고 싶은 충동을 느끼지요. 물론 제가 학문적 탁월함으로 승부를 건 진짜 학자였다면 이런 일이 생길 일도 없었을 겁니다. 늘 말씀드리다시피 제가 본질적으로 이류 법학자이기 때문에 생기는 일이지요.

이류 법학자란 저의 고백을 겸손으로 잘못 이해한 분들도 적지 않았습니다. 그러나 저는 진짜로 이류 법학자입니다. 책 몇권을 썼지만, 법학계의 학문적 기준에는 턱없이 못 미치는 데다 논문도 몇편 발표하지 않았습니다. 학계의 기본 자격증이라 할 수 있는 박사학위도 없습니다. 로스쿨이다 뭐다 해서 학교마다 일류를 지향하는 판에 그런 이류가 어떻게 학교에서 버틸 수 있느냐고요? 로스쿨 설립과정에서 변호사 자격증 소지자를 20퍼센트 이상 교수로 확보하도록 하지 않았다면 저 같은 사람은 아예 로스쿨 교수가 될 수도 없었을 겁니다. 대부분의 법학 교수들이 매년 두편 이상의 논문을 발표하는데, 저는 그 절반에도 못 미치는 논문을 썼을 뿐입니다. 근본적으로 좋은 교수가 되기를 포기한 사람이라 할 수 있지요. 그럼에도 불구하고 로스쿨 교수가 된 것도 따지고 보면, 1991년 홍콩 비디오를 보면서 전해들은 합격 소식 덕분이라 할 수 있습니다. 사법시험이 보장해준 특권을 스스로 포기한 양 행세하지만, 실제로 법조인의 책임은 지지 않으면서도 그 열매는 양껏 따먹은 사람이 바로 저입니다.

그런 사람이기 때문에 이 책을 쓰면서 완전히 객관적일 수는 없었다고 미리 고백합니다. 사법 분야에 대한 심층 연구는 사법시험과 전혀 상관없는 연구자가 하는 편이 좋았을 겁니다. 법조계 일원인 사람이 법조계를 읽고 비판하려면, 아무래도 그 열매를 함께 누리는 사람들의 눈치를 볼 수밖에 없기 때문입니다. 게다가 법조계는 바닥이 좁아서 한번 찍히면 살아남기 어렵습니다. 이미 찍힌 저 같은 사람이 굳이 또 찍히는 일을 자청할 이유도 없습니다. 그런데도 저는 이 연구가 한번 해볼 만한 일이라고 생각했습니다. 거기에는 몇가지 이유가 있습니다.

거절할 수 없었던 유혹

2005년 가을부터 저는 사람들 앞에 나서기를 꺼렸습니다. 오래전 약속을 지켜야 하는 경우를 제외하고는, 신문에 글을 쓰거나 방송에 나가지 않고 강연도 거절했습니다. 『헌법의 풍경』과 비슷한 법학 교양서를 내자는 출판사들의 제안이나 각종 기획도 모두 거절했습니다. 너무 젊은 나이에 글을 통해서 사람들 앞에 나서는 것이 어느 날 갑자기 두렵게 느껴졌고, 생각이 고갈된 상태에서 억지로 여기저기 글을 쓰다가는 큰일 나겠다는 자각도 있었습니다. 이라크 파병연장을 거듭하는 대통령에게 깊이 실망해서, 그 대통령에게 기대를 걸었던 지난 몇년간의 글쓰기를 반성하고 싶기도 했습니다.

일단 모든 매체를 거절하기 시작하니 좋은 점이 참 많았습니다. 그 전에는 신문 기고나 방송 출연을 거절할 때마다 뭔가 장황하게 이유를 대야 했습니다. 오죽하면 한동안은 "천식이 심해 방송에 나갈 수 없다"고 버텼을 정도입니다(기침을 자주 하기는 했어도 방송에 못 나갈 정도는 아니었습니다). 그런데 "저는 2005년부터 신문이나 방송에 전혀 나가지 않고 있습니다"라고 마치 대단한 결심이라도 한 것처럼 말하기 시작하면서, 거절이 너무나 쉬워졌습니다. 일단 탄력이 붙자, 나중에는 요청 내용을 정확히 확인하지도 않고 거절부터 하는 지경에 이르렀습니다.

그러던 어느 날 희망제작소로부터 우리시대 희망찾기 '사법'[3] 분야 연구를 맡아달라는 요청을 받았습니다. 법조계와 관련된 다양한 사람들을 면담하고 그 내용을 녹취하여 분석한 다음, 사법의 문제점을 진단하여 글을 쓰는 기획이라고 했습니다. 늘 그래왔듯이 일단 거절부터 하려고 했지만, 묘하게 입맛이 당겼습니다.

우선 법학 분야에서는 흔치 않은 질적 연구(qualitative research)를 한다는 점이 흥미로웠습니다. 질적 연구란 양적 연구(quantitative research)에 대비되는 개념입니다. 혹시 이런 용어를 처음 들어보시는 분들을 위해 질적 연구와 양적 연구를 쉽게 설명하면 이렇습니다.[4]

만약 우리가 사법 서비스에 대한 시민들의 신뢰도를 조사한다고 칩시다. 이럴 때 흔히 선택하는 방법은 "우리나라 판사가 청렴하고 유능하다고 생각하십니까?" 같은 질문이 나열된 설문지를 돌리고, "매우 그렇다" "그렇다" "아니다" "전혀 아니다" 등의 척도를 제시하는 것입니다. 되도록 많은 사람들에게 설문지를 돌리고, 그 결과를 모아서 사람들이 우리 사법 서비스에 얼마나 만족하는지를 측정하겠지요. 실제로 2003년 12월 18일부터 26일까지 9일 동안 전국 6대 광역시에 거주하는 20세 이상의 성인 1000명에게 위와 같은 질문을 던졌는데, 매우 그렇다 0.3퍼센트, 그렇다 33.7퍼센트, 아니다 55.7퍼센트, 전혀 아니다 6.1퍼센트라는 결과가 나왔습니다.[5] 판사의 청렴성과 능력에 대해서 국민들이 부정적으로 생각하고 있음을 객관적인 수치로 보여준 연구결과지요. 이러한 연구는 전형적인 양적 연구에 해당합니다. 양적 연구는 일단 문제가 되는 현상에 대한 이론에서 출발하여 여러 가설을 제시하고, 연령·직업·지역 등을 적절히 배분한 다수의 실험 대상자를 선정한 다음, 데이터를 수집하여 통계적인 방법으로 분석합니다. 아무래도 연역적인 성격을 띠게 되지요. 양적 연구방법은 사회적 사실들이 객관적으로 실재하므로 이를 측정할 수 있다는 가정에서 출발합니다.

그러나 이러한 통계자료가 아무리 쌓인들 그렇게 대답한 한 사람 한 사람의 깊은 속마음을 알 수는 없습니다. 예를 들어 어떤 사람이 판사의 청렴함에 대해서 "전혀 아니다"라고 답했을 때, 그 답변은 그저 1000분의 1만큼의 가치를 지닐 뿐입니다. 그가 겪은 험한 일이나, 그 경험을 통해 얻은 깨달음, 그리고 꼭 하고 싶은 말을 생생히 전달할 수가 없지요. 판사가 청렴하고 유능하다고 답변한 소수의 목소리는 무시당하기 쉬운 것도 사실입니다. 그뿐만 아니라 양적 연구가 전제하는 것처럼 사회적 사실들이 과연 객관적으로 실재하며 이를 측정할 수 있느냐 하는 의문도 제기됩니다. 세상일이라는 것이 그렇게 '예, 아니요'로 양분될 수 있는 것도 아니지요.

그런 의문을 품고 연구자들은 때때로 새로운 시도를 합니다. 예컨대 일본의 법학자인 마사끼 아끼라(正木亮)는 1921년과 1922년 두 차례에 걸쳐 교도소에 자원해 들어가 수형자들과 함께 생활하면서 그들의 일상을 관찰하여 『지원수(志願囚)』라는 유명한 책을 남겼습니다. 갑자기 치고 들어와서 자기들이 원하는 정보만 얻고 사라지는 신문·

잡지 기자, 양적 연구자들과는 달리 참여관찰자들은 연구대상자를 깊이 이해하기 위해 그들과 함께 충분한 시간을 보내려 하지요. 이와 같은 참여관찰도 질적 연구의 한가지 방법입니다. 만약 사법에 대한 신뢰도를 깊이 연구하고 싶다면, 구치소로 들어가 재판받고 있는 미결 구속자들과 함께 생활하면서 그들의 일상을 관찰할 수 있겠지요. 질적 연구는 사회가 매우 복잡하게 얽혀 있어서 객관적인 데이터를 얻기란 불가능하다는 가정 아래 한 사람 한 사람의 이야기에 귀를 기울입니다. 미리 가설을 세우고 연구를 시작하기보다는, 최대한 마음을 열고 백지상태에서 상대방 이야기를 들어본 다음, 그 이야기를 분석하여 가설이나 이론을 도출해낸다는 점에서 귀납적인 연구라 할 수 있지요.

질적 연구는 구성주의(constructivism) 또는 해석주의(interpretivism)에 철학적 뿌리를 둔 연구 패러다임입니다.⁶ 철학적 기초에 대한 상세한 논의가 필요한 데다 워낙 다양한 방법을 활용할 수 있기 때문에, 교과서로 연구기법을 체득하기 어렵다는 특징이 있습니다. 대신에 몸으로 충분히 배워 알게 된 이후에는 자신만의 기교와 방법을 사용할 수 있습니다.⁷ 선배 소설가나 시인에게 글쓰기를 배우지 않고 바로 소설가나 시인이 되는 천재들이 있듯이, 질적 연구 역시 학습이 아니라 타고난 재능 덕분에 쉽게 체득하는 사람이 있을 것입니다. 객관적인 위치에서 관찰만 하는 것이 아니라, 연구자 자신의 경험과 이야기도 연구의 중요한 축이 될 수 있고, 연구자의 감정이 들어간 이해와 해석이 오히려 권장되기도 합니다. 그만큼 한가지로 정리하기 어려운 연구 방법이라 할 수 있지요. 몇가지 어려움이 있지만, 질적 연구는 대화를

통해서 자유롭고 민주적인 사회를 상상하고 창조하도록 돕는 실천적 수단으로 각광받고 있습니다.[8]

이 프로젝트는 심층면담을 질적 연구방법으로 채택한 경우입니다. 심층면담은 참여관찰과 함께 질적 연구자가 선택할 수 있는 대표적인 연구방법입니다. 심층면담에서 연구자들은 자신들이 추려낸 질문을 구술자에게 던지지만, 그 질문은 구술자의 답변에 따라 얼마든지 수정될 수 있고 새로운 방향으로 변화할 수 있지요. 큰 주제는 정해져 있지만 질문 내용이나 답변은 언제든 바뀔 수 있는 것입니다. 왜냐하면 질적 연구의 심층면담은 이야기를 중심으로 한 연구자와 구술자의 상호작용을 중요하게 생각하기 때문입니다. '목적 있는 대화'의 힘을 믿는 것이지요.[9] 우리시대 희망찾기의 첫번째 결과물인 『우리는 더 많은 민주주의를 원한다』가 잘 정리하고 있듯이, "구술자들은 관련 주제나 영역에서 풍부한 체험을 했다고 여겨져 선정된 개인일 뿐 특정한 직업이나 연령, 성별, 성향을 대표하지 않습니다". 구술자들은 그저 '자기'에게 문제가 되는 것을 이야기하지만, 그런 이야기가 모여 '우리 모두'의 문제를 드러내기에 구체적 일반성을 띠게 되는 것입니다.[10]

사람들의 구체적인 목소리를 듣고, 그 내용을 녹취하여 분석하고 재구성하여 책을 집필한다는 것은 여러모로 매력적인 제안이었습니다. 특히 양적 연구조차 거의 하지 않는 법학 분야에서 질적 연구를 한다는 것은 흔치 않은 기회였습니다.[11] 오래전 가족이 함께 미국에 머물던 시절, 아내가 장애아동 가족에 대한 질적 연구로 석사학위를 취득하는 것을 지켜보았기 때문에 낯이 익기도 했습니다. 구술을 녹취하고 분석하느라 고생하는 아내를 보면서, 질적 연구는 호기심 많고 남의 이야기 듣기를 좋아하는 저 같은 사람에게 알맞은 연구방법이라고 생각하기도 했습니다.

"판사가 돈을 먹는다" vs "그럴 리 없다"

그렇다고 질적 연구에 대한 흥미만 가지고 연구를 시작한 것은 물론 아닙니다. 연구 제안을 받은 그 무렵에, 저는 지방도시에서 상당히 큰 규모의 유통업체를 운영하는 사업가에게 이상한 이야기를 들었습니다. "건물을 새로 세우고 대규모 유통업을 시작하려 했더니, 영화관은 학교 주변 유해시설이라고 쉽게 허가가 나지 않았고, 지역 학부모나 중소상인들의 반대도 만만치 않았다. 몇 차례 소송에 휘말렸는데, 그 과정에서 판사가 상대방에게 돈을 먹고 편파적으로 판결하는 것을 목격했다. 나도 처음부터 판사에게 영향력을 끼칠 수 있는 변호사를 선임할 것을, 순진해서 그러지 못했던 게 너무 후회가 된다. 그래서 2심부터는 유명한 로펌에 사건을 의뢰했더니 당장 결과가 달라지더라." 대충 이런 내용이었습니다. 어찌 보면 별 특별한 이야기도 아닌 것이, 술자리 같은 데서 흔히 들을 수 있는 내용이기 때문입니다. 그러나 중요한 것은 그 사업가가 보여준 강한 확신이었습니다.

마침 그 자리에 동석했던 변호사 출신 국회의원, 검사 출신 교수, 인권운동에 오래 관여한 변호사 등이 "요즘 판사들이 돈을 받고 재판하는 일은 없을 텐데"라고 의구심을 보여도, '판사가 돈을 먹고 재판을 했다'는 그 사업가의 확신은 흔들리지 않았습니다. 법조계에 완전히 무지한 분도 아니었고, 상당한 수준의 지식과 적지 않은 부를 소유한 분이었습니다. 법조계에 지인도 많았습니다. 그런 분이 도대체 어찌하여 저런 확신을 갖게 된 것일까, 의문이 생길 수밖에 없었습니다.

평소 잘 알고 지내던 판검사들에게 이런 이야기를 들려주면 마치 모범답안처럼 똑같은 대답이 나왔습니다. "우리 법조계, 특히 법원과 검찰만큼 깨끗한 직역(職域)은 흔치 않다. 의정부와 대전에서의 법조비리 사건*이 터지기 전에도 사건 당사자에게 돈을 받고 재판을 하는 판사나 검사는 거의 없었다. 변호사들에게 실비(室費)**, 휴가비, 떡값 등을 받는 경우는 혹시 있었을지 몰라도 그것이 사건에 영향을 주는 경우는 많지 않았다. 1997년 이후에는 그런 일조차 상상할 수도 없게 되었다." 단 한명의 예외도 없었습니다. 확신에 찬 이런 양극단의 견해 앞에서 저는 궁금증을 갖게 되었습니다. 정말 어느 쪽이 진실일까.

저는 이미 2004년 『헌법의 풍경』이라는 책을 통해 제가 경험했던 법조계 이야기를 풀어놓은 적이 있습니다. 하지만 그 이야기는 모두 의정부와 대전에서 법조비리 사건이 터지기 전, 즉 '변화'가 일어나기 전의 일이므로, 그후 정말 판검사들이 변했는지 확인할 방법은 없었지요. 그건 다 옛날 일이라고 자신 있게 이야기하는 판검사들이 거짓말을 하는 것처럼 보이지는 않았습니다. 그렇다고 지금도 재판에서

---

* 1997년과 1999년 의정부와 대전에서 판검사 출신의 변호사들이 브로커들에게 알선료를 주고 사건을 수임한 것이 발단이 되어, 그 변호사들로부터 명절 떡값, 휴가비 등의 명목으로 금품을 수수해온 판검사들이 징계를 받거나 사임한 사건.

** 판검사 사무실에 들른 변호사들이 회식비 등으로 활용하라며 놓고 가던 돈. 이를 우배석 판사가 관리하던 관행에 대해서는 2장을 참조.

돈이 오간다고 확신하는 당사자들의 이야기도 무시할 수는 없었습니다. 법조 직역 종사자들의 장담과는 달리, 최근에도 몇몇 판검사들의 비리가 문제되었고, 삼성 같은 대기업이 판검사들을 관리해왔다는 것은 이제 누구나 아는 얘기이기 때문입니다. 가끔씩 터지는 법조비리 사건들을 일부 '썩은 사과'의 문제로 생각하면 속은 편합니다. 인간사회에는 어디에나 그런 썩은 사과가 있게 마련인데, 그걸 막을 수는 없는 노릇이지만 사건이 터질 때마다 그 썩은 사과만 추려내는 것은 비교적 쉬운 작업일 수도 있으니까요. 그러나 정말 법조비리가 일부 썩은 사과의 문제일까요. 혹시 우리 사법시스템 자체에 어떤 근본적인 문제가 있는 것은 아닐까요.

그밖에도 궁금한 게 한두가지가 아니었습니다. 1997년부터 법조계는 그전과는 비교할 수 없을 정도로 깨끗해졌다는데, 왜 시민들의 불신은 사라지지 않는 걸까? 법조계가 그렇게 깨끗해졌다면, 혹시 내가 너무 일찍 실망하여 법조계를 떠난 건 아닐까? 변호사들은 사무실을 운영하기 위해 건당 최소한 500만원은 받아야 한다고 생각하지만, 일반인들은 그 같은 최저 수준의 수임료도 너무 비싸다고 생각하는데 과연 우리 사회에서 적절한 수임료라는 것이 있기나 한 걸까? 이와 관련하여 법조계에 기생하는 브로커들의 문제는 과연 필요악일까, 아니면 근절해야 할 구조적인 악에 불과할까?

희망제작소의 프로젝트 이야기를 듣고 나서, 어쩌면 그런 의문들을 풀 수 있는 기회가 될지도 모르겠다는 생각이 들었습니다. 혼자만의 경험과 생각을 적은 데 불과했던 『헌법의 풍경』에 이어 '그 이후'를 다른 사람들의 목소리로 들어보고 싶다는 의욕도 생겼습니다. 개인적인 호기심은 질적 연구의 가장 중요한 계기이자 연구의 원동력입니다. 분명 호기심이 생겼으므로, 저는 일단 연구 프로젝트에 대한 설명이라도 들어보아야겠다고 마음먹었지요.

그러나 막상 우리시대 희망찾기 프로젝트를 이끄는 유시주 희망제작소 연구위원, 이희영 대구대 사회학과 교수, 강현선 희망제작소 연구원*을 만나 설명을 듣고 나니 이게 정말 장난이 아니었습니다. 서른명가량의 사람들을 만나 약 두시간 동안 면담을 하고, 그 내용을 녹취하여 구술 텍스트를 분석한 다음, 핵심이 될 만한 주제들을 뽑아 책을 쓴다는 것은 짧게 잡아도 꼬박 1년은 투자해야 가능한 일이었습니다. 실제로 이 프로젝트 초기에 연구를 시작한 열세개 연구팀 중에는 2년이 지나도록 마무리하지 못한 경우가 적지 않았습니다. 게다가 요즘처럼 논문 편수로 학자의 가치가 결정되는 대학 분위기에서 이런 프로젝트에 매달려 1년 이상을 보내고 나면, 저처럼 한번에 여러가지 일을 못하는 교수는 망하기 딱 좋습니다. 1년을 꼬박 투자해서 책을 한권 쓴다 해도 학술지에 실리는 20면 내외의 논문만큼도 인정받지 못하는 것이 대학교수 업적평가의 현실이니까요. 시간과 노력에 비해 별로 얻을 게 없는 연구가 분명했습니다. 오히려 이런 연구가 불가능한 대학의 풍토에 대해서 책을 쓰라면 쓸 수 있겠다는 생각도 들었습니다.

'연구해보고 싶다'는 의욕과 '해봤자 손해'라는 현실 사이에서 고민하던 차에, 우습게도 2008년 봄에 학교에서 정년보장을 해준 덕분

---

* 유시주 연구위원은 희망제작소 소장을 거쳐서 현재 희망제작소 이사로 있고, 강현선 연구원은 서울시장 비서관을 지내고 퇴직해 현재 베를린에 머물고 있습니다

에 결정을 내리게 되었습니다. 백조가 물 위에서는 우아해 보이지만 물 밑으로는 쉴 새 없이 다리를 움직이는 것처럼, 교수들은 "그냥 연구나 열심히 하면 되지 누가 자기 점수 계산을 하고 있나?"라고 말하면서도 아무도 보지 않는 곳에서는 끊임없이 점수를 계산하고 있습니다. 정년보장이란 더이상 그 점수를 계산하지 않아도 잘릴 염려가 없다는 뜻이지요. 점수에 연연하지 않는 교수생활을 시작한 기념으로 이런 연구를 맡아보자는 결론에 이르자 마음이 한결 홀가분해졌습니다.

혼자 진행할 수는 없는 연구였기에 기독법률가회 사무국장을 맡은 김종철 변호사에게 함께해달라고 부탁했습니다. 김변호사는 강원도 양양에 있는 '라브리'라는 기독교 공동체에서 농사를 짓던 중에 사법시험 합격 소식을 들은 독특한 사람입니다. 비디오를 보다 합격 소식을 들은 저 같은 사람하고는 질적으로 다른 경우지요. 사법연수원을 수료한 후에는 기독법률가회 간사를 자청하여 변호사 업무는 다른 사람의 절반만 하고 봉급도 절반만 받으면서, 나머지 시간에는 우리나라에 와 있는 난민들을 돕고 있었습니다.* 김변호사 역시 아내가 대학원에서 질적 연구로 논문을 쓴 바 있기에, 연구를 같이하기에는 여러모로 안성맞춤이었습니다. 질적 연구를 제대로 배워본 적은 없지만 주워들은 것은 많은 변호사 두 사람이, 이 방면의 전문가인 유시주, 이희영, 강현선 선생님에게 배워가면서 연구를 시작하게 된 것입니다.

---

* 김종철 변호사는 2011년 '공익법센터 어필'을 설립해 난민보호 등 활발한 활동을 벌이고 있습니다.

왜 사법은 모두에게 불신받는가

원래 우리시대 희망찾기 사법 분야는 2007년 3월 우리나라 최고의 법사회학자들로 구성된 팀이 연구를 시작했습니다. 그러나 로스쿨 논의가 급진전되어 그후 1년 동안 모든 법과대학이 로스쿨 인가를 위해 혈투를 벌여야 했고, 사법 분야 연구팀도 연구를 제대로 진행할 수 없었지요. 일류 연구자들이 로스쿨 후유증 때문에 연구에서 손을 뗀 상황에서, 이류 연구자인 제가 대체인력으로 투입된 우리 연구는 다른 팀보다 한참 늦게 출발했습니다. 여러모로 부족하고 불안한 출발이었지만, 덕분에 유시주, 이희영, 강현선 선생님의 따뜻한 애정과 관심을 받을 수 있어서 다행이었습니다. 우리 연구의 기본 모델은 매우 간단했습니다. 판검사, 변호사를 포함한 법조계가 불신받는 이유에 대해서 다양한 사람들의 이야기를 듣고 문제점을 분석하여 대안을 제시한다는 것이었습니다. 우리나라 사법의 문제점은 그동안 여러 관점에서 충분히 지적되었고, 서울대 법대에서 펴낸『법률가의 윤리와 책임』이나 사법개혁위원회, 사법제도개혁추진위원회 등에서 만든 자료집 등 훌륭한 선행 연구도 있었습니다. 이런 연구를 앞지르는 대단한 성과를 내놓지는 못한다 할지라도 사람들의 생생한 목소리로 이를 확인할 수는 있으리라는 기대를 품고 우리는 2008년 2월에 서른명을 목표로 면담을 시작했습니다.

우리 사법의 오늘을 폭넓게 조명하기 위해서는 다양한 구술자 확보가 무엇보다 중요했습니다. 그래서 일반적으로 '사법' 하면 떠올리는 판검사, 변호사, 경찰, 민형사 소송 경험자는 물론, 보이지 않는 곳에서 중요한 역할을 수행하는 법원 일반직원, 변호사 사무실의 사무장과 직원 등을 포함했고, 비교적 객관적인 시각에서 사법을 관찰해온 신문기자, 시민단체 관계자, 법학 교수 등을 추가했습니다. 애초에 서른명이 목표였지만, 한 사람 한 사람에게 워낙 풍성한 이야기를 듣다보니 원고지 7천장이 넘을 정도로 많은 녹취록이 쌓여 결국 스물세명에서 멈출 수밖에 없었습니다.

구술자 섭외는 저와 김종철 변호사가 맡았고, 필요할 때에는 유시주, 이희영, 강현선 선생님을 비롯한 희망제작소 분들의 도움을 받았습니다. 저와 김변호사가 개인적으로 아는 사람들은 구술자에서 빼려 했는데, 친한 사람들은 오히려 진솔한 이야기를 털어놓기 힘들 거라고 우려했기 때문입니다. 초반에 제가 '우정'을 무기로 접근했던 친구들에게 예외 없이 "우정을 생각해서라도 나를 인터뷰하지 말아달라"는 애원에 가까운 거절을 들었던 경험도 지인들을 배제하는 데 일조했습니다. 익명성을 보장하기 위해서도 좋은 선택이었다고 자평합니다. 마지막 면담은 그 시점까지 정리된 우리 연구팀의 생각을 점검하기 위해, 법원의 대표선수라 할 만한 판사를 추천받아 무려 다섯시간동안 면담하면서 흔히 접하기 어려운 내면의 고백을 들었습니다. 개별 사안에 대한 의견은 모두 다르더라도, 성실성과 정직성 면에서 보통 수준을 훨씬 뛰어넘는 구술자들을 만날 수 있었던 점은 너무나 감사한 일이었습니다.

구술자들에게는 먼저 개인적인 질문을 던졌습니다. 법조인들에게는 어떤 이유로 법조인의 길을 선택했는지, 사법시험을 준비할 당시

꿈꾸던 법조인의 모습으로 지금 살아가고 있는지를 물었고, 일반시민들에게는 사법과 관련하여 어떤 경험을 했는지를 물었지요. 개인적인 이야기를 나누어 어색함이 어느 정도 사라진 다음에는, 법조인 하면 어떤 이미지를 떠올리는지, 시민들이 법조인들을 불신한다면 그 원인은 무엇이라고 생각하는지, 지금 당신의 사건을 판검사의 판단에 맡긴다면 불안감이 들지 안도감이 들지, 왜 그렇게 느낄지, 친지들의 부탁을 받았을 때 당신 또는 주변 법조인들은 그 사건을 어떻게 처리하는지, 그런 부탁이 사건에 영향을 미친다고 생각하는지, 혹시 그런 사건 처리로 사람들이 법조를 불신할 거라고 생각해본 적은 없는지 등의 질문을 던져 반응을 끌어냈습니다. 전관예우, 판결문과 재판용어의 난해함, 판사의 권위적 태도, 비법률가의 말은 요령이 없다고 폄하하는 법률가들의 태도, 삼단논법, 재벌 등에 대한 관대한 판결, 과도한 수임료 등 사법 불신의 원인으로 지목되는 문제들에 대한 의견도 들었습니다.

구술자들은 이런 질문들에 매우 정직하게 답변했습니다. 전현직 판검사들은 실제로 돈을 받았던 과거의 경험, 동료 판검사들과 부탁을 주고받은 사례를 이야기해주었고, 법원 일반직 공무원, 변호사 사무실 사무장과 직원 등은 서열화된 법조계에서 경험한 차별과 소외의 감정을 진솔하게 털어놓았습니다. 예상했던 것보다 훨씬 통찰력 있는 답변을 던져준 분들도 많았습니다. 연구를 위해서긴 했지만, 함께 이야기를 나누어 즐거웠던, 그래서 친구가 되고 싶었던 분들이 참 많았던 시간이었습니다. 책임연구자인 저 혼자 면담한 분이 열여섯명, 김종철 변호사 혼자 면담한 분이 세명, 둘이 함께 면담한 분이 네명이었고, 면담은 다섯시간을 넘어선 경우도 있었지만 대개 세시간 남짓 걸렸습니다.

면담하는 내내 구술자들의 익명성 보장 문제를 고민했습니다. 사법시험에 합격한 경력이 있는 면담대상자는 모두 여덟명이었습니다. 2008년 7월 기준으로 우리나라의 변호사는 1만 173명, 판사는 2,352명, 검사는 1,676명입니다.* 모두 합치면 1만 4,201명이라 그중에서 구술자 여덟명 찾아내기란 불가능하다고 생각할 수도 있습니다. 그러나 법조계는 굉장히 좁은 바닥입니다. 판사경력 몇년에 어디서 근무했는지를 대략 밝히고 구술 내용을 소개해도, 법조계 독자들 중 상당수는 금방 "누구 아닐까" 짐작할 수 있습니다. 법원과 검찰의 인사 분야에서 근무한 판검사라면 제가 아무리 숨기려 해도 바로 "아, 누구" 하고 지목할 수 있을 것입니다. 이름을 가명으로 하고, 나이를 밝히지 않는다 해도 결과는 마찬가지입니다. 법원 일반직이나 법조 출입기자도 마찬가지입니다. 법조기자가 일할 때 어떤 사건이 주로 일어났는지만 밝혀도 워낙 좁은 바닥이라 누군지 알 수 있을 정도입니다. 구술자들은 의도적이든 아니든, 아무에게나 털어놓을 수 없는 속 깊은 이야기를 들려주었고, 내부고발에 속하는 내용도 많았습니다. 그러나 구술자의 신분을 드러내지 않으면서 그 모든 이야기를 다 소개할 방법이 없었습니다. 더 재미있고 뜻깊은 내용일수록 구술자의 신분이 드러날 개연성도 높아 그런 이야기들은 오히려 책에 담을 수 없었습니다. 안타까운 일입니다. 일부 구술자는 워낙 유명한 분들

* 개업 변호사는 2018년 12월 1일을 기준으로 2만 1,424명, 법관은 2017년 9월 1일을 기준으로 2,948명, 검사는 2017년 12월 31일을 기준으로 2,083명으로 증가했습니다.

이라서 오히려 익명이 불편할 수도 있었으나 역시 이번 연구의 기본 원칙에 따라 마찬가지로 처리했습니다. 구술자의 성별은 적지 않았고 의도적으로 상황을 약간 변형하기도 했습니다. 그밖에도 전달하려는 이야기의 본질을 흔들지 않는 범위 내에서 구술자를 보호하기 위해 내용을 변경했습니다. 독자 여러분의 양해를 구합니다.

연구를 처음 시작할 때에는 법원과 검찰을 비슷한 비중으로 다루려고 했지만, 실제로는 전현직 판사를 다섯명 면담한 데 반해 검사는 한명만을 면담하여 결과적으로 법원 중심으로 이야기가 펼쳐졌습니다. 사전조사 때 만난 전직 판사와 첫번째 면담대상이었던 현직 판사가 각기 상반된 입장에서 보여준 깊은 통찰 때문에 그분들의 이야기를 하나씩 확인하다보니 법원 중심이 된 면도 있고, 검사들은 섭외하기 어려웠던 면도 있습니다. 면담 사실이 알려질 경우 검사가 받을 불이익이 판사가 받을 불이익보다 훨씬 클 것이므로, 검사들의 그런 소극적인 태도를 탓할 수도 없었습니다.

일반인들은 법원과 검찰을 크게 다를 것 없는 동종의 조직으로 이해하기 쉽지만, 판사들과 검사들은 그렇게 생각하지 않습니다. 법원은 검찰에 대해, 검찰은 법원에 대해 상당한 불신을 가지고 있고, 삶의 양식도 많이 다릅니다. 때로는 이 사람들이 같은 법과대학을 나오고 같은 시험에 합격하여 함께 연수를 받았나, 싶을 정도로 판사와 검사들의 가치관이 다를 때도 많습니다. 그만큼 '조직의 논리'가 그들의 삶에 강하게 영향을 미친 것이지요. 검찰 이야기를 많이 담지는 못했으나, 비공식적으로 검사 몇 사람과 검찰 출입기자들의 큰 도움을 받았음을 밝혀둡니다. 사전조사와 사후보완 차원에서 법조인들이 쓴 자서전, 에세이, 사회 비평집 등을 거의 빠짐없이 찾아서 읽어보았지만, 책을 쓰는 데 도움이 되지는 않았습니다. 법조인들이 책에 쓸 수 있는 공식적인 이야기와 익명으로 구술할 수 있는 이야기 사이에 얼마나 큰 차이가 있는지 확인했을 뿐이지요.

책을 쓰는 과정에서는, 저를 믿고 어려운 이야기를 털어놓은 구술자들의 고백을 분석하고 비판하는 일이 제게는 큰 부담이었습니다. 구술자와 저의 생각이 같을 때도 있었지만, 그렇지 않은 때도 많았기 때문입니다. 저는 이 과정에서 트루먼 커포티(Truman Capote)의 『인 콜드 블러드』(In Cold Blood)를 여러번 떠올렸습니다. 엽기적인 살인범을 계속 인터뷰하면서 책을 쓸 수 있는 천재일우의 기회를 잡은 커포티는 살인범 페리와 심리적으로 점점 가까워지면서 심한 갈등에 시달립니다. 페리는 커포티와 놀라울 정도로 똑같은, 불우한 환경에서 자라난 사람이었습니다. 커포티는 페리를 알아갈수록, 자신도 유명한 작가가 되지 않았더라면 딱 페리처럼 되었을 것이라고 생각하게 됩니다. 그렇게 공감했음에도 좋은 책을 쓰려면 페리에게서 최대한 많은 이야기를 뽑아내야 했습니다. 그러나 페리는 책 속의 자신이 멋지게 그려지기를 바랍니다. '냉혹하게' 또는 '태연하게' 계획된 살인을 저지른 사람으로 묘사된다면 사형을 피할 길이 없기 때문입니다.[12] 그래서 살인을 한 밤에 정확히 어떤 일이 일어났는지 마지막까지 털어놓지 않으려 합니다. 그러나 커포티의 책은 페리가 그 모든 것을 고백하고 사형을 당해야만 비로소 완성될 수 있었습니다. 아마도 그 책의 제목이 '냉혹하게'(In Cold Blood)로 정해질 줄 알았다면 페리는 커포티에게 그렇게 많은 이야기를 들려주지 않았을 것입니다.[13] 커포티는 페리를 구하고 싶은 마음과 그를 이용하여 좋은 책을 쓰고 싶다는 욕구 사이에서 아슬아슬하게 줄타기합니다.

저는 구술자인 법조인들과의 관계에서 똑같은 것을 느꼈습니다. 그나마 페리는 영원히 자신에 대한 책을 읽지 못했습니다. 책이 출간되기 전에 사형이 집행된 까닭이지요. 저의 구술자들은 아마 한명도 빠짐없이 이 책을 읽을 것입니다. 책이 출간된 뒤 그분들을 어떻게 다시 만날지 걱정이 태산입니다만, 그렇다고 써야 할 이야기를 안 쓸 수는 없었습니다. 구술자들이 너그러이 이해하기를 바랄 뿐입니다.

─ 함께 고민해야 할 우리 사법의 미래

이 책에 대해 주변 법조인들과 이야기를 나눌 때마다 주로 일반화의 위험을 지적받았습니다. 한두명의 생각이 전체 실상으로 과장되는 것 아니냐, 지극히 주관적인 경험을 어떻게 객관적으로 받아들일 수 있느냐는 이야기였습니다. 질적 연구 전체에 대해서 늘 지적되는 문제이기도 합니다. 신뢰도와 타당성을 확보하기 위한 여러 방법이 있지만, 질적 연구는 일반화와 주관성이라는 근본적인 한계에서 자유로울 수 없습니다. 맞습니다. 이 책은 일반화의 위험을 안고 있고, 개인의 경험을 전체의 이야기처럼 과장할 가능성이 있으며, 저자 개인의 주관적인 관점이 많이 반영되어 있습니다. 우리나라에서는 개인의 경험에 기초하여 사회현실을 비판하는 짤막한 글 하나를 써도 그 분야에 종사하는 사람들에게 "그건 너 하나의 경험일 뿐이다" "우리 때는 그렇지 않았다" "나는 그렇지 않았다"는 식의 엉뚱한 반론을 들어야 합니다. 스물세명의 개인적 경험에다 저의 경험까지 함께 녹아들어간 이 책에 어떤 반응이 나올지는 불을 보듯 뻔합니다. 그래서 부탁하건 대, 이 책의 모든 문장에는 "모든 판사(검사, 변호사)가 그런 것은 아니겠지만" "모든 법원(검찰청, 변호사 사무실)에서 이런 일이 벌어지는 것은 아니겠지만"이라는 단서가 붙어 있다고 생각해주시기 바랍니다. '당신' 이야기가 아니니까 저에게 전화 걸지 말아달라는 말씀입니다. 그리고 혹시 전화를 거시려면 제발 '이 책에 대한 신문기사' 말고, '이 책'을 읽고 나서 전화를 걸어주십시오.

재미있게도, 그런 문제점을 지적하며 우려를 표명하는 법조인들도 막상 개인적으로 대화를 시작하면 "남이 들으면 기절할 만한 사연들"을 몇가지씩 소개합니다. 그들은 대부분 "나는 뭐 할 말이 없어서 가만히 있는 줄 아느냐? 나도 입을 열면 책 열권 쓸 분량은 된다"고 이야기합니다. 그런 법조인들에게 저는 이렇게 말씀드리고 싶습니다. 여러분만 알고 있다고 생각하는 그 이야기들의 지극히 일부를 모아놓고 분석한 것이 바로 이 책입니다. 여러분이 오직 사석에서만 친구들에게 들려주고 싶어하는 "기절할 만한 사연들"은 양적 연구를 통해 드러날 수 없습니다. 통계가 잡아낼 수 없는 이야기들이기 때문입니다. 일반화의 위험에도 불구하고, 사람들이 내밀하게 간직하고 있는 사연들을 드러내야 할 이유가 바로 여기에 있습니다.

또 한가지, 법원이나 검찰 내부에서 "지금은 엄청나게 좋아졌는데, 왜 몇년 전에나 있을 법한 이야기로 비판하느냐"는 지적이 나올 수 있습니다. 법원과 검찰 모두 분명히 1990년대 후반에 비해 많이 나아졌습니다. 저도 그걸 인정하고 이 책 곳곳에서 나아진 법원과 검찰에 관해 이야기했습니다. 아마도 과거에 비해 엄청나게 좋아졌다고 말씀하시는 분들은 그 과거에도 법원이나 검찰에 계셨던 분들일 것입니다. 그래서 그런 지적을 하는 분들에게 저는 이렇게 묻고 싶습니다. "실비 관행이 판을 치던 시절에 당신은 법조계에 어떤 평가를 내리셨습니까? 그때도 실비 관행이 잘못된 것이라고 생각하셨습니까? 혹시 그런 관행에 한번이라도 문제제기를 해보신 적이 있으신가요?" 그분들은 대부분 당시에도 법원과 검찰에는 별 문제가 없다고 생각하셨을 겁니다. 그때도 '이제는 엄청 좋아졌고, 비리는 더이상 없다'고 생각하셨던 분들이, 지금도 똑같은 이야기를 하고 있을 개연성이 높다는 말씀입니다. 그런 분들에게 법조계는 늘 완벽했고, 지금도 완벽할 것입니다. 그러나 우리 법조계가 그렇게 생각하는 분들에 의해서 이만큼이나마 깨끗해진 것이 아닙니다. 우리 법조계는 언제나 특정한 사건, 외부의 엄청난 비판에 직면해서 수동적으로 조금씩 변화해왔을 뿐입니다. 그걸 잊어서는 안됩니다.

백보 양보하여 이 책에 소개된 법조계의 많은 문제가 과거지사라 하더라도 그 문제들은 근본적으로 오늘의 문제일 수밖에 없습니다. 그런 문제가 불거진 시점에 판검사이던 분들이 대개 여전히 판검사이기 때문입니다. 앞으로도 최소한 20년은 더 우리 법조계를 지배할 그분들에게 "'이제는 아무 문제가 없다'고 쉽게 말하기 전에 먼저 자신을 한번 돌아보라"고 부탁드리고 싶습니다. 저는 이 책이 우리나라 법조계의 오늘을 비교적 정확히 그려냄으로써, 그분들과 일반시민들에게 우리 사법의 장래를 깊이 고민할 기회를 제공하리라 기대합니

다. 서론이 너무 길었지요? 이제 진짜 이야기를 들려드릴 때가 되었
군요.

1장

비싸고 맛없는 빵

"수령으로서 참을성이 없는 자는 매양 소장(訴狀)을 접할 때마다
그 사건의 근원부터 캐내어 밝혀내려 하지는 않고
다만 눈앞의 소첩(訴牒)에만 의거해서 판단하니,
더듬어 찾아도 얽히고설켜 있어서 옳은 듯도 하고 그른 듯도 한데,
급하게 제결(題決)을 놓아 이졸(吏卒)을 꾸짖어 물러가게 하고는
구차하게도 목전의 할 일이 끝났음을 다행으로 여긴다."

정약용 『목민심서』

"연수원 몇기냐?"

2009년 1월 29일 서울지방변호사회는 대법원에 '법관평가' 결과를 전달하고 "이 결과를 받아들여 '국민을 섬기는 법원'이 되어달라"고 요구했습니다. 우리 사법 역사상 최초의 '법관평가'는 2008년 12월 24일부터 2009년 1월 28일까지 서울지방변호사회에 소속된 변호사 491명을 상대로 진행되었습니다. 변호사들은 자신의 실명뿐 아니라 평가대상인 판사의 실명도 적은 다음, 자질과 품위·공정성·사건처리태도 등에 대해서 A·B·C·D·E로 점수를 매겨 제출했지요. 변호사 한명이 여러명의 판사를 평가할 수 있었기 때문에 전체적으로 총 1,039건의 법관평가서가 수집되었고, 그중에서 변호사 실명·사건번호·법관 실명 등이 누락된 서른여섯건을 제외한 총 1,003건이 유효건수로 분류되었습니다. 평가를 받은 판사 456명의 평균점수는 100점 만점에 75.4점이고, 87점 이상을 받은 열명이 상위 법관으로, 57점 이하를 받은 열명이 하위 법관으로 선정되었지요. 자질과 품위, 공정성,

사건처리태도 등 분야별로 우수법관과 문제법관을 선정해 그 명단이 대법원에 전달했습니다.[1] 대법원에는 실명으로 법관평가 결과를 제출했지만, 일반에는 판사들의 이름 대신 "가, 나, 다"라고 적어 결과를 공개했습니다.

이 흥미로운 조사결과는 많은 논란을 낳았습니다. 우선 평가에 참가한 변호사가 서울지방변호사회에 소속된 전체 변호사의 7.7퍼센트에 불과하여 신뢰성이 떨어진다는 지적이 나왔고, 재판에 패배한 변호사의 화풀이일 수 있지 않느냐는 냉소적인 반응도 있었습니다. 당연한 일이겠지만, 이 평가에 부정적인 의견을 내놓은 이들은 주로 판사였습니다. 공정하고 객관적이지 못한 평가이기 때문에 법관의 인사에 반영해서는 안된다는 강력한 반발이 나왔지요. 서울고등법원의 한 판사는 "판사들마다 재판진행에는 각자의 스타일이 있다"면서 "단지 여러명에게 지적당했다는 이유만으로 그 재판이 잘못됐다고 보기에는 문제가 있다"고 주장했습니다. 서울고등법원의 부장판사는 "판사들이 법관평가제를 한다고 변호사 눈치를 보지는 않겠지만, 증거신청 등에서 편의를 봐주다보면 재판지연을 초래하거나 선택과 집중의 원칙 등을 적용하기 힘들어 결국에는 법률소비자인 국민들에게 불리한 결과를 낳을 수 있다"고 우려했습니다.[2] 다 나름대로 의미있는 지적입니다만, 막상 변호사들이 적어낸 구체적인 사례들을 읽다보면, 판사들의 이런 반발에 동의하기가 좀 힘들어집니다.

서울지방변호사회는 "실제로는 훨씬 더 많은 구체적인 사례가 지적되었지만, 전문적인 내용을 제외하고 일반시민들이 이해하기 쉬운 몇가지 사례만을 공개했다"고 밝혔습니다. 우수법관 사례는 A4 용지

반 페이지 분량에 불과하기 때문에 따로 소개할 것이 없고, 4페이지 분량의 문제법관 사례들을 살펴보면 이렇습니다.

먼저 사건을 예단하고 법정에서 변호사를 인격적으로 비하하는 판사들 이야기가 나옵니다. 이런 판사들은 반말을 하거나 당사자의 말을 일방적으로 끊는 일이 많고, 조정에 응하지 않으면 반드시 불이익을 준다고 합니다. 한마디로 미리 결론을 내려놓고 재판에 임한다는 것이지요. 이런 판사들이 흔히 사용하는 말이 "연수원 몇기냐? 어디서 그따위로 배웠냐? 변호사 몇년이나 했는데 그것도 모르냐?"는 것입니다. 젊은 변호사들보다 대체로 연수원 기수가 한참 높은 판사들이 재판장을 하므로, 한방에 상대방의 기를 꺾을 수 있는 방법이지요. 특히나 나이에 비해 연수원 기수가 늦은 편인 변호사들은 이런 질문에 바로 주눅이 듭니다. 이런 막말이 오가는 재판정의 방청석에서 자기 변호사의 변론활동을 지켜보는 사람은 바로 의뢰인들입니다. 변호사가 "연수원 몇기냐? 어디서 그따위로 배웠냐?"는 질문을 판사에게 받을 때, 여러분이 의뢰인이라면 어떤 생각을 할 것 같습니까? 변호사에게는 이보다 더 끔찍한 일이 없습니다.

그밖에도 변호사의 정당한 주장이나 입증을 철저히 무시하는 판사들 이야기가 나옵니다. 예를 들어 피고인에게 불리한 증언을 변호사가 반대신문을 통해 뒤집어야 하는 상황입니다. 변호사는 서른개가량의 반대신문 사항을 미리 정리해서 제출했습니다. 그런데 판사는 내용은 읽어보지도 않은 채 "쓸데없는 내용 묻지 말고 서른개 중에 알아서 골라 무조건 10분 이내에 끝내라. 시간을 초과하면 무조건 질문을 못하게 하겠다"라고 고압적으로 말하며, 옆에 앉은 배석판사에게 시간을 재도록 지시합니다. 이 짧은 두 문장에서 반복되는 '무조건'은 철저히 일방적이고 위계적인 법정의 질서를 잘 보여줍니다. 반대신문이 끝나자 재판장은 변호사에게 "왜 돌려서 물어보냐"고 짜증을 내고, 이후에 증인을 탄핵하는 내용의 준비서면을 제출하자 격앙된 어조로 "이런 거 써내지 마라. 준비서면을 써내면 불리하다"는 황당한 이야기를 합니다. 판사는 처음부터 그 증인의 말을 믿기로 작정했기 때문에, 그걸 흔드는 변호사의 활동을 못 봐주겠다는 걸로 해석할 수밖에 없는 언행이지요. 심지어 녹취록을 증거로 제출하자 "확 찢어버릴 수도 없고"라고 말하기도 합니다. 이 정도면 판사라기보다는 거의 깡패에 가까운 무례한 행동이 아닐 수 없습니다.

변호사가 자기 주장을 입증하기 위해 기일을 더 달라고 하면 이를 거부하고, 기일을 더 주면 마치 큰 은혜나 베푸는 것처럼 행동하는 판사 이야기도 나옵니다. 당연히 이런 판사들은 변호사나 당사자들에게 반말을 하고 고함을 치는 등 매우 고압적인 태도를 취하게 마련입니다. 복잡한 쟁점이 나오면 당사자의 말을 들어보지도 않고, 쉽게 판결하기 위해 마구 윽박질러서 명시적으로 동의하지도 않은 쟁점을 '다툼 없는 사실'로 정리하고 넘어가기도 합니다.

다른 변호사가 전하는 이야기 중에는 이런 것도 있습니다. 준비서면에 여섯번이나 적고, 준비기일에 다섯번이나 제기했던 문제점에 대해서 변론이 종결된 후, 재판장이 전화를 걸어 "재판부에 고지하지 않았다"면서 "재판부를 속이고 재판을 했다"는 험한 소리를 합니다. 그래서 변호사가 "그동안 제출한 모든 준비서면 맨 처음에 정확히 기재되어 있다"고 반박하자, 재판장은 "재판부가 안 읽을 수도 있는 걸 노려 속인 것 아니냐?"는 어처구니없는 이야기를 합니다. 준비서면을 제대로 읽는 것은 판사의 의무이지 변호사의 의무가 아닌데도, 자기가 준비서면을 제대로 읽지 않아 생긴 문제를 변호사에게 떠넘기는 것입니다. 심지어 청구취지에 적어놓은 내용을 철회하라고 요구했으나 변호사가 그래도 판단을 해달라고 하자, "알지도 못하는 주제에 적어내기만 하고 우기기만 하면 되는 거냐? 이렇게 재판할 거면 재판을 하지 마라"고 이야기합니다. 결국 그 변호사는 "손을 떼겠다. 앞으로 이 재판에 관여하지 않겠다"라고 말하고 같은 사무실의 다른 변호사에게 소송 진행을 부탁했다고 합니다. 억울하지만 의뢰인을 위해서 어쩔 수 없는 선택을 한 셈이지요.

이 모든 내용은 변호사들이 자신들의 실명과 판사의 실명, 사건번호까지 모두 적어 응한 평가서에 들어 있는 것들입니다. 변호사로서는 나름대로 상당한 위험을 감수했다고 볼 수 있습니다. 서울지방변호사회가 익명으로 사례들을 공개했다 해도, 내용을 자세히 읽어보면 적어도 해당 사건의 재판장은 어떤 변호사가 적어냈는지 미루어 짐작할 수 있기 때문입니다. 워낙 좁은 법조계인지라 비밀이 없는 것도 사실입니다. 응답률이 7.7퍼센트에 불과하다고 해서 이 설문결과를 무시할 수 없는 이유가 여기에 있습니다. 저는 평소 개인적으로 아는 변호사들에게 "일 자체보다 판사들에게 모욕당하는 게 너무 힘이 든다. 그래서 법원에 가기 싫을 때가 많다. 변호사가 돈을 버는 것은 그 모욕에 대한 대가다"라는 이야기를 여러번 들었습니다. 물론 모든 판사가 그런 것은 아니고 비교적 심한 사례들이 열거된 것이겠지만, 변호사들에 대한 판사들의 태도가 이 정도라면 일반인들에 대해서는 더 말할 필요도 없습니다.

법관평가의 사례들은 한가지로 요약될 수 있습니다. 그것은 '의사소통의 부재' 또는 '의사소통능력의 부재'입니다. 막말에 가까운 모욕적 언행, 변호사의 변론을 방해하는 태도, 시간통제 등은 모두 의사소통할 의지도 능력도 없는 일부 판사들의 모습을 보여줍니다. "연수원 몇기냐?"는 질문은 이미 상대방을 대화 주체로 인정하지 않겠다는 선포나 다름없습니다. 변호사들이 불공정한 재판보다 주로 이런 의사소통 문제를 지적한 것은 흥미롭습니다. 비록 반 페이지에 불과하지만, 서울지방변호사회의 보도자료에 쓰여 있는 우수법관의 사례도 대부분 의사소통과 관련된 것입니다. 부드러운 법정 분위기에서 당사자들에게 자기 주장을 충분히 펼치고 입증할 기회를 주고, 변호사·당사자·증인들을 제대로 예우하며, 수긍할 만한 설명을 해준 판사에게 변호사들은 후한 점수를 매겼습니다. 앞서 서울고등법원 부장판사가 말한 "편의를 봐주다보면 재판지연을 초래하거나 선택과 집중의 원칙 등을 적용하기 힘들어 결국에는 법률소비자인 국민들에게 불리한 결과를 낳을 수 있다"는 시각과는 많이 다르지요. 재판받는 사람들이 결과 못지않게, 그 '과정의 공정성'이나 '충분한 의사소통'을 중요시한다면, 재판하는 사람들은 주로 '결과의 공정성'과 '과정의 효율성'을 이야기합니다. 어디에서 사법 불신이 생기는지 짐작할 수 있는 좋은 단서이지요.*

---

* 법관평가는 지난 10년 동안 서울지방변호사회를 비롯한 전국 변호사회의 대표적인 사업으로 자리잡았습니다. 2019년 1월 16일 발표한 서울지방변호사회의 2018년도 법관평가에는 무려 2,132명의 변호사들이 참가하여 17,774건의 유효평가를 제출했습니다.

어쨌든 변호사들은 그나마 이런 평가라도 해서 자신들의 의지를 보여줄 수 있습니다. 그렇다면 일반시민들은 도대체 사법을 어떻게 생각할까요?

법은 멀고 포기는 쉽다

'법 없이도 살 사람'이라는 말이 '좋은 사람'을 의미할 만큼, 역사적으로 우리나라 사람들은 법을 가깝게 느낄 수 없었습니다. 주로 '순사'로 상징되는 쓰라린 식민지 경험의 일부로 근대 사법을 접했기에 좋은 기억으로 남아 있을 리 없습니다. 일제하 엘리트들의 등용문이었던 고등시험 사법과가 과거제도의 맥을 이은 것처럼 보이기는 하나, 기본적으로 식민통치의 손발 노릇 할 사람을 뽑는 것이어서 그에 대한 사람들의 감정은 이중적일 수밖에 없었습니다. 해방 이후에도 법은 시민들의 친구가 되지 못했습니다. 고등고시나 사법시험을 통과한 사람들은 너무 숫자가 적었고, 늘 '다른 세상'에 사는 존재였습니다. 가끔 개천에서 용이 나더라도 용이 되면 곧 개천을 떠났기 때문

5명 이상의 변호사로부터 평가를 받은 법관수는 1,111명이었고, 이들의 평균 점수는 80.22점이었습니다. 최고점수는 100점이었고, 95점 이상을 얻은 21명의 법관이 우수법관으로 선정되었습니다. 하위법관 5명의 평균점수는 58.14점이었습니다(「〔보도자료〕서울지방변호사회 2018년도 법관평가결과」, 서울지방변호사회, 2019년 1월 16일). 고압적인 태도를 보이며 변호인이나 소송대리인에게 면박을 주는 법관이 여전히 남아 있지만, 전반적인 점수는 10년 전에 비해 상승했습니다. 이제는 우수법관으로 선정된 사실을 자랑스러워하고 주변에서 축하하는 모습이 법원의 흔한 풍경이 되었습니다. 초창기에 판사들이 보인 냉소적인 반응을 생각하면 격세지감을 느낍니다.

에 일상 속에서 법조인이나 사법을 접할 기회는 많지 않았습니다. 민주화 이후 법원과 검찰은 기껏 손으로 꼽을 수 있는 저항 사례를 들어 마치 법원과 검찰이 민주주의를 수호하기 위해 투쟁한 것처럼 미화했지만, 그게 사실이 아닌 것은 법원도 검찰도 시민들도 알고 있습니다.

면담을 통해 만난 시민들은 크게 '법 없이도 살 사람'과 '법 때문에 고생한 사람'으로 분류할 수 있습니다. '법 없이도 살 사람'들은 사법시스템에 무지하거나 무관심했고, '법 때문에 고생한 사람'들은 우리 사법시스템에 관련된 끔찍한 기억을 간직하고 있었습니다. 그렇다고 두 부류의 사람들이 확연히 나뉘는 것은 아닙니다. '법 때문에 고생한 사람'도 그렇게 되기 전까지는 대개 '법 없이도 살 사람'에 속했기 때문입니다. 사법 자체가 워낙 미지의 세계에 속하기 때문에 사람들은 내부사정을 전혀 모르고 살다가 어느 날 갑자기 그 세계에 던져집니다. 어떤 사람은 미지의 세계에 던져졌는지조차 알지 못하고, 또 어떤 이는 거기서 죽을 고생을 하며, 누군가는 역경을 딛고 혼자 힘으로 살아납니다.

건강식품 대리점을 운영하는 40대 중반의 김기갑씨는 "화재감지기 하나라도 소방법이 요구하는 것보다 더 달려고 노력하며 살아온" 전형적인 '법 없이도 살 사람'에 속했습니다. 면담이 시작되기 전 그는 "법률과 관련하여 무슨 일을 겪은 적이 없기 때문에, 법에 대해서 들려드릴 이야기가 없을 것"이라고 걱정했습니다. 그러나 건강식품 대리점을 시작한 계기를 묻자 흥미롭게도 바로 교통사고 이야기가 나왔습니다.

원래 학원과 독서실 등을 운영했던 그는 10년 전 큰 교통사고를 당한 후 건강식품 대리점을 시작했다고 합니다. 학원 아이들을 집으로 바래다주기 위해 소형 버스를 운전하고 가던 중에 갑자기 반대 차선에서 중앙선을 넘어온 승용차에 들이받혀 거의 죽을 뻔한 사고를 당한 것이지요. 음주상태에서 운전을 한 상대방은 이 사고로 사흘 후 사망했습니다. 119 구조대가 와서 문짝을 뜯어내고 나서야 겨우 구조된 김기갑씨는 왼쪽 허벅지 부분의 뼈가 "다 나가버려서" 처음에는 다리를 잘라야 할지도 모른다는 이야기를 들었습니다. 다행히 좋은 의사를 만나 다리를 자르지 않고 6개월 만에 퇴원할 수 있었지만, 지금도 왼쪽 다리를 조금씩 절고 있지요. 뒷좌석에 타고 있던 김씨의 아내도 교통사고가 나는 순간 공중으로 붕 뜨는 아이를 붙잡고 함께 넘어져서 목과 허리를 다쳤습니다. 그러나 김씨의 부상이 워낙 컸기 때문에 아내는 자기 몸 돌볼 틈도 없이 "정신력으로 버티며" 병원에서 남편을 간호했습니다.

김씨뿐만 아니라 그를 돌보느라 아내도 학원 일을 손에서 놓아야 했기 때문에 손해는 너무나 컸고, 초기에 제대로 치료받지 못한 아내는 이후 1년 동안 "검사하면 증상이 나타나지 않지만 계속 시름시름 앓는, 그야말로 원인 모를 병"에 시달려야 했습니다. 처음에 아내의 병이 꾀병이라고 생각했던 김씨는 아내가 "뱀이라도 먹어서 나을 수 있다면 먹고 싶다"고 이야기하는 것을 듣고 심각성을 인식했다고 합니다.

두 사람이 모두 학원 일을 손에서 놓은 결과 입은 손해는 7천~8천만원에 육박했습니다. 두 사람을 대신할 관리교사와 운전기사를 학원일에 투입해야 했고, 집에서 아이들을 돌봐줄 사람도 찾아야 했기 때문입니다. 교통사고가 났다는 소문이 퍼져 학원생 숫자도 절반 이상 줄어들었기 때문에 그에 따른 손해도 컸습니다. 그러나 보험회사에서는 모든 금액을 보상하지 않고 병원비와 함께 일용직 노동자의 임금을 기준 삼아 월 80만원만을 지급했습니다. 김씨를 대신할 운전기사 한명을 고용하기에도 부족한 돈이었습니다. 퇴원 후 몸 상태가 나아지지 않아 여러가지 치료법을 시도하던 중에 김씨는 건강식품을 알게 되었고, 결국 업종을 바꾸었지요.

지금 와서 생각해보면 보험회사에서 돈을 너무 조금 받은 것 같고, 사망한 상대방 운전자에게 손해배상소송을 제기했어야 하는 게 아닌가 싶기도 합니다. 보험회사와 병원이 결탁하여 자신을 너무 빨리 병원에서 내친 것 같다는 생각도 들지만, 김씨는 신앙심으로 이 모든 것을 극복하고 지금은 그저 모든 것에 "감사한다"고만 이야기합니다. 김씨는 자신이 겪은 일이 법률문제라기보다는 그저 건강을 빨리 회복해야 하는 문제 혹은 신앙의 문제로만 받아들였습니다. 왜 그 당시에 변호사를 찾아 도움받을 생각을 하지 못했느냐는 질문에 대한 김씨의 답변은 이랬습니다.

변호사를 100퍼센트 신뢰할 수 없었고, '변호사를 통해서 하게 되면 그 비용 때문에 제가 받을 금액이 오히려 줄어든다'는 생각을 가지고 있었던 것 같아요. 정말로 변호사를 통해서 제대로 받을 수 있다는 확신이 있으면 몰라도, 그게 아니라면 해봐야 별 의미가 없을 거 같고, 또 소송하는 부분에서 어떤 변수가 작용해서 오히려 저희 쪽에 더 불리한 일이 생길 수도 있겠다는 생각. 그러면서 또 보험회사 직원에게 그걸 통해서 '필요 이상의 어떤 보상을 받으려고 한다'라는 이미지를 심게 되면, 또 남들 보기에도 그렇고, 뭐 여러 생각이 있었던 것 같아요.(김기갑, 13면)

　김씨는 사고 이후 경찰관이나 보험회사 직원, 또는 병원에 함께 입원한 교통사고 환자들에게 "변호사를 선임해서 소송해봐야 딱 변호사 비용만큼만 돈을 더 받을 수 있기 때문에 대충 합의하는 것이 좋다"는 이야기를 많이 들었습니다. 변호사 선임에 대해서는 "어떤 변수가 작용해 오히려 저희 쪽에 불리한 일이 생길 수도 있다"는 막연한 불안감도 들었습니다. 사망자를 상대로 민사소송을 제기하는 것도 "시간이 많이 걸리고 힘들 수도 있다"는 경찰관 이야기만 듣고 포기해버렸습니다. 거기다 보험회사 직원에게 "필요 이상의 어떤 보상을 받으려고 한다"는 이미지를 줄까봐 더 망설였습니다. 심지어 교통사고 이후 몸이 계속 안 좋아지는 데 대해서도 김씨는 "몸관리를 제대로 못한 (자신의) 과실" 때문이라고 생각했습니다.

　김씨의 이야기에는 변호사한테 가는 것을 부담스럽게 생각하고 모든 일을 자기 잘못으로 돌리며 체면을 중시하는 시민들의 정서가 고스란히 녹아들어 있습니다. 교통사고를 당해 정신이 없는 상태에서 이 모든 일을 스스로 해결해야 했다니 이 역시 놀라운 일입니다. 바로 이런 때 변호사가 필요하다는 생각은 아예 해보지 못한 것입니다. 그는 일반인들도 자신처럼 "큰 손해가 아닌 바에는 그냥 포기할 것"이라고 생각했습니다. 사법에 대한 막연한 불신이 불안을 낳고, 그 불안 때문에 아무것도 하지 않아 결국 불만만 남은 셈입니다.

"법률과 관련하여 아무 일도 겪은 일이 없다"는 김씨가 그동안 겪은 일은 교통사고뿐만이 아닙니다. 건강식품 대리점을 하면서 알게 된 사람에게 돈을 떼인 적도 있고, 비싼 물건을 판매한 다음 돈을 못 받은 적도 여러번 있었습니다. 그에게 이 모든 일은 법률과 관련된 일이 아니었습니다. 그저 "돈도 내가 빌려주었으니, 책임도 내가 져야 한다"는 생각뿐이었습니다. 대개 사업하면서 가까워진 사람들에게 빌려준 것이기 때문에 차용증도 받지 않았습니다. 심지어 건강식품 대금을 못 내는 사람 문제도 김씨는 자기 책임이라고 생각하고 있었습니다. 자신이 "사람 선택을 잘못했고, 그 자리에서 돈을 바로 받지 않은 것도 잘못"이라는 것입니다. 그는 자신이 절대 이상한 사람이 아니라고 강변하며, 자기 주변에는 컴퓨터 대리점을 하면서 5천만원어치의 장비를 설치해줬다가 모두 사기를 당하고 한푼도 받지 못해서 호떡장사를 하는 사람도 있다고 이야기했습니다.

매사를 긍정적으로 해석하는 김기갑씨였지만, 그 바탕에는 우리 사법에 대한 강한 불신이 깔려 있습니다. 그에게 법은 '잘 지켜야 하는 대상'이었을 뿐, '현실적으로 도움을 받을 수 있는 제도'는 아니었습니다. 김씨에게 변호사란 "내가 받아야 할 보상의 꽤 많은 부분을 가져가는 존재이고, 그래서 그렇게 지불하고 소송해봐야 별 의미가 없기 때문에 도움을 안 받는" 그런 사람에 불과했습니다. 변호사에게 한번도 가보지 않았으면서도, 엄청난 비용이 든다고 생각한 것입니다. 사기범을 잡는 것을 비롯해서 모든 법률문제에 관해 김씨는 '포기가 곧 지혜'라고 확신했습니다.

포기할 건 포기하고 새로 시작해야 하는데, 만약에 경찰이나 법을 통해서 잡을 수 있다는 막연한 희망을 가지게 되면 빨리 새 출발을 못하는 거라. 여기에 얽매여 있으니까. 그리고 오히려 본인한테도 마이너스고. 과감하게 접을 건 접고 새로 시작하는 게 오히려 더 현명하고 빠를 수 있다는 거죠. 시간도 걸리고 확실하게 해결될 수 있다는 보장이 없기 때문에, 대부분의 사람들의 경험을 들어보면 '실제로 포기하고 빨리 돌아서는 게 더 현명하다'라는 판단이 서죠.(김기갑, 29면)

불확실성 속에서 사람을 정신적·육체적·재정적으로 심하게 소모시키는 것이 법률문제이기 때문에, 살다가 혹시 법률과 관련된 일에 부딪히면 그냥 포기하고 빨리 새로 시작하는 편이 낫다는 것이 김기갑씨의 믿음입니다. 이를 설명하면서 김씨는 "살인사건도 아닌데"라는 표현을 자주 썼습니다. 예를 들어 돈을 얼마 떼였다고 해도 "살인사건이 아닌 이상" 경찰은 접수만 할 뿐, 제대로 범인을 잡으러 다닐 리가 없다는 것입니다. 변호사의 도움을 받기 어려운 이유에 대해서도 "사법고시 치는 데 들어가는 노력과 비용을 보면, 그렇게 뽑힌 사람들이 저렴하게 할 수가 없다"고 말합니다. 김씨는 로스쿨이 생기고 변호사가 늘어나도 그런 현실은 바뀌지 않으리라고 전망했습니다. "변호사는 기존 수익을 유지하려 들 것이기 때문에, 바이러스 퇴치 프로그램 만드는 회사에서 암암리에 바이러스를 퍼뜨린다는 소문처럼, 안 될 사건도 사건을 만들거나 일부러 분쟁을 일으킬 수도 있다"는 것입니다. 모든 일을 긍정적으로 받아들여야 한다는 신앙을 가지고 있었지만, 우리 사법시스템에 대한 그의 불신은 뿌리깊었습니다. 모든 일을 자기 책임으로 돌리고 신앙심에 기대 받아들이려고 노력한 것도 실제로는 사법시스템에서 어차피 기대할 게 없다는 생각 때문이었습니다.

김기갑씨와 사회적 배경이 전혀 다른 정유진씨에게서도 비슷한 시각을 발견할 수 있습니다. 아버지가 저명한 법조인이어서 원래 법조계가 낯설지 않았던 정유진씨는 서울대 미대 김민수 교수가 재임용에 탈락하여 복직운동을 벌이던 시절 학생회에 관여하면서 김교수의 힘겨운 싸움을 목격했습니다. 그 과정에서 김교수를 돕지 말라는 노골적인 협박과 폭언에 시달렸고, 교수들이 자신을 욕하고 다닌 까닭에 적지 않은 어려움을 겪었습니다. 김교수의 법정투쟁을 지켜보고 나서 정유진씨는 "김민수 교수님이니까 그렇게 했지 보통 사람은 할 수 있는 일이 아니라"고 생각하게 되었습니다. 정유진씨가 개인적으로 경험한 협박과 폭언 이야기를 전해 듣고 기사화하겠다는 기자도 있었지만, 정씨는 공식적으로 문제제기를 할 수 없었습니다.

> 사실은 법적으로 싸워 이겨서 내가 얻을 수 있는 것보다, 내가 공공연히 사람들한테 알리고 법적으로 대응했을 때 받을 피해가 더 크다고 느껴졌던 거죠. 아주 솔직한 얘기로 남의 일을 도와주는 것과 내 문제를 내가 법적으로 대응하는 것은 조금 다른 느낌이었던 거 같아요.(정유진, 9~10면)

법조인 집안에서 성장한 정유진씨조차 '법보다는 주먹이 가깝다'

는 것을 실감했습니다. 법적으로 대응해서 실제 이긴다고 해봐야, 개인적으로 교수들에게 당할 피해가 훨씬 클 게 분명했기 때문에 자신이 겪은 일을 도저히 공론화할 수 없었던 것입니다.

한번 잘못 걸리면 패가망신

저는 연구를 시작하면서, 현재 진행 중인 사건의 당사자나 자신을 '사법피해자'로 생각하는 사람은 일단 면담대상에서 배제하기로 마음먹었습니다. 자신이 겪은 일에 대한 주관이 너무 강한 데다 일방적인 이야기로 흐르기 쉬워 자칫 객관성을 잃을 수 있다고 염려한 까닭입니다. 현재 진행 중인 사건의 당사자를 피하다보니, 어느 정도 시간이 지난 사건을 찾을 수밖에 없었고, 그러던 중 우리 연구의 진행경과를 지켜보아온 지인에게 명성훈씨를 소개받았지요.

중견 건설회사를 운영하던 50대 중반의 명씨가 갑자기 구속된 것은 1990년대 중반의 일이므로 지금쯤은 담담히 이야기를 나눌 수 있으리라 판단했습니다. 그건 오산이었습니다. 명씨는 그때나 지금이나 남부럽지 않은 재산가이지만, 그에게 재판 경험은 여전히 현재진행형의 상처였지요. 사건을 담당했던 판사, 검사, 변호사들의 이름과 당시 직위, 현재 어디에서 뭘 하고 있는지까지 빠짐없이 기억하고 있을 정도로 맺힌 한은 깊었습니다. 본인이 자신을 사법피해자로 생각하든 그렇지 않든, 현재 진행 중인 사건이든 끝난 사건이든, 좋지 못한 사법시스템을 경험한 사람은 그 끔찍한 고통에서 벗어날 수 없는 '사법

피해자'인 것입니다.

1990년대 중반, 건설공사 시행자였던 명성훈 사장은 시공업자인 홍성모(가명) 사장에게 공사대금 10억원을 지급하라는 민사소송을 제기당합니다. 계약서에 따르면 명사장이 지급할 필요가 없는 돈인데, 홍사장은 명사장이 그 계약서를 위조했다고 주장했습니다. 민사소송으로 시작된 사건은 형사고소로 비화되었고, 명사장은 검찰에 소환되어 조사받게 되었지요. 아침 열시부터 시작된 조사가 밤 열시까지 계속되도록, 담당 검사는 명사장의 이야기는 전혀 들어주지 않고 일방적으로 홍성모씨의 주장을 인정하라고 강요하며 "10억 중에 5억만이라도 주기로 하고 합의하라"고 종용했습니다. 하루 종일 그렇게 시달리고 나자 명사장 눈에는 더이상 "검사가 검사로 보이지 않았"습니다. 검사가 이제는 "적이요, 홍성모의 대변인" "사기꾼의 앞잡이"로만 생각되었고, 말싸움이 계속되면서 분위기는 더 험해졌습니다.

밤 열시가 넘어 결국 며칠 후 다시 조사받기로 하고, 그때까지 작성된 피의자신문조서에 도장을 찍으려고 내용을 읽어보니 명사장의 말과 다르게 적힌 대목이 많았습니다. 그걸 고쳐달라고 실랑이를 벌이다가 검사에게 "당신은 홍성모의 하수인일 뿐이다, 중립이 아니다"라고 소리쳤고, 그 말을 들은 검사는 명사장에게 "도저히 입에 옮길 수 없는 저속한 욕"을 하면서 꺼지라고 말했습니다. 검사의 말을 듣고 화가 난 명사장도 심한 욕을 퍼붓고 그 자리를 떴는데, 곧 검사실의 계장 두명이 쫓아와 "구속하겠다"며 서로 몸싸움을 벌이게 되었지요. 검찰청사 방호원까지 달려온 끝에 제압당한 명사장은 검사실로 다시 끌려들어갔고, 손을 뒤로 하고 수갑이 채워진 상태에서 검사와 계장들에게 발길질 등 심한 폭행을 당합니다. 이리하여 긴급구속된 당시의 심경을 명성훈 사장은 이렇게 기억합니다.

> 나도 그동안에 사업을 하면서 항상 회사에 가면 사장님 사장님 소리를 듣고, 사회활동도 다니면서 그래도 사람 대우를 받고 다녔는데, 난생 처음 그런 일을 당하니까, 인간 이하의 취급을 당하니까 사람이 이상해지더라고요. 분명히 깜깜한 밤인데도 시야가 하~얗게 보이는 거야. 서초경찰서까지 걸어가면서 보니까 사람들 지나다니는 것이 하얀 판에 회색 사람이 지나다니는 걸로 보이는 거예요.(명성훈, 6면)

검사에 맞서 함께 욕설을 하고 계장들과 몸싸움을 할 정도로 강단 있는 명사장이지만, 일단 구속이 되어 경찰서 유치장으로 끌려가다 보니, 한밤중인데도 온 세상이 하얗게 보이더라는 것입니다. 지나가는 사람들도 모두 회색으로 보였습니다. 그만큼 충격이 컸습니다. 조사를 받으러 갈 당시 명사장은 이미 분위기가 이상하게 돌아간다는 것을 감지하고 미리 검찰 고위직을 지낸 변호사를 선임해놓았지만 일이 이 지경이 되자 별 도움이 되지 않았습니다. 서울구치소로 면회를 온 아내는 "쇼크를 받아 그 자리에서 나자빠져버려서 면회도 하지 못했"습니다. 아내는 그렇게 기절한 이후 계속 아프기 시작해서 지금도 "중환자" 상태를 벗어나지 못하고 있습니다. 사람이 잡혀 들어가면 희한하게 사기꾼도 끼게 마련인지라, 그런 아내에게 전화해서 "청와대에 손이 닿는 사람인데 빨리 돈 얼마를 만들어 오라. 징역 가게 그냥 둘 거냐?"면서 돈을 뜯어간 사람도 있었습니다. 명사장은 장모상을 당한 와중에 구속되었는데, 그 소식을 들은 장인도 일주일 만에 세상을 떴습니다. 명사장은 자신을 구속했던 검사에 대한 원한을 지금도 감추지 않았습니다.

> 그러니까 L(검사)이가 우리집을 싸그리 망쳐놓은 거예요. 그래서 내가 이 나이 되도록 L이는 못 잊어요. 내가 지금 나이 칠십이 됐어도. 아마 내가 눈을 감을 때까지도 L이를 잊을 수 없어요. L이만은 용서 못해요. 차라리 나를 고소한 놈은 다 내가 용서를 했어요. 나중에 만나서 악수하고 다 그랬어요. 그런데 L이만은 마음으로 용서를 못하고 있어요. 지난번에 석궁 쏜 교수님이 있었지요? 나는 그 심정 백번 이해해요.(명성훈, 10면)

명성훈 사장은 구치소에서 빨리 나갈 방법을 모색합니다. 그런 그에게 담당 판사와 잘 아는 변호사를 소개한 사람은 "변호사 뺨치게 똑똑하고 샤프하고 신용이 있는 젊은 변호사 사무장"이었습니다. "빽이 있는 사람들"은 모두 그 빽을 이용해서 명사장에게 특별면회를 오던 때였는데, 그 젊은 사무장은 특별면회를 오는 사람을 따라와서는 변호사를 소개했습니다. 명사장은 "수임료는 상관없다"면서 판사와 잘 안다는 그 변호사에게 조건을 제시합니다. 즉 "재판 첫날에 회사 직원들 앞에 죄수복 입고 포승줄에 묶여 나갈 수는 없다. 사람에게는 이미지가 중요한데 그런 이미지를 보여놓고 내가 어떻게 사회생활을 하겠나? 무조건 재판 첫 기일 이전에 석방되게 해달라"고 요구한 것이지요. 변호사는 "낙타가 바늘구멍에 들어가는 것만큼 어려운 일"이라고 이야기했습니다. 그때나 지금이나 검사가 판사의 영장을 받아 자기 손으로 직접 구속한 사람을 판사가 재판 한번 열어보지 않고 석방하기란 쉽지 않습니다.

변호사의 이야기를 듣고 명사장은 단도직입으로 "낙타가 바늘구멍에 들어가게 하려면 얼마를 내야 하나?"고 물었습니다. 대답은 "착수금 2천만원에 석방되면 3천만원을 달라"는 것이었습니다. 명사장은 당장 변호사의 통장에 5천만원을 넣어주었습니다. 아파트 착공을 앞두고 구속되었기 때문에 "가만히 앉아서 하루에 10억원씩 손해가 나던" 시점이었습니다. 명씨에게는 "돈이 막 떨어져나가는 것이 눈에 보였"습니다. 풀려나기 위해서라면 무슨 짓이라도 할 수 있었습니다. 그러나 변호사에게 돈을 주었는데도 명씨는 금방 석방되지 않았습니다. 재판 6일 전쯤 면회를 온 변호사는 "누가 봐도 억울한 사건이고 판사도 기록을 파악하여 이제는 그걸 알게 되었다. 그러나 검찰의 체면도 있고 하니까 재판을 열고 그 다음 날 보석을 해주겠다고 이야기한다"고 전했습니다. 그 이야기를 듣고 명씨는 기가 막혔습니다. 그래서 노골적으로 변호사에게 말했습니다. "1억을 현상금으로 걸겠다. 당장 통장에 넣어주겠다. 재판 전까지 내가 보석으로 석방되면 그 돈을 당신이 가지고, 안 되면 돌려받겠다." 변호사는 "해보겠다"고 말했습니다. 그리고 또 며칠이 지나도록 아무 소식이 없어서 깊은 실의에 빠져 있던 어느 날 오후 그는 교도관을 통해 석방 소식을 전해 들었습니다. 재판이 시작되기 전주의 금요일이었습니다. 1990년대 중반에 1억 5천만원이라는 엄청난 돈을 쏟아부은 결과였습니다.

석방된 날 밤, 아내가 예약해놓은 최고급 호텔 특실에 묵으면서 명성훈 사장은 오직 복수만을 생각했습니다. 다음 날부터 일주일에 이틀만 회사 일을 하고 나머지는 오직 상대방인 홍성모 사장을 잡는 데 투자하여, 상대방 관련자들을 모두 무고·모해위증·위증 등으로 고소했습니다. 그러나 검찰청에서는 서로 관할을 미루며 여러 차례 왔다 갔다 하느라 시간만 보냈습니다. 그사이에 사건을 담당하는 또다른 검사에게 심한 막말을 듣기도 했습니다. 그래도 이번에는 명사장이 참았습니다. 그동안의 경험에 비추어 "사건에 있어서는 검사가 하느님"이라고 생각했기 때문입니다. 심지어 아내가 그 검사에게 입에 담기 어려운 막말을 들었는데도 참았습니다. 평소 성질 같으면 있을 수 없는 일이었지만, 이미 검사에게 밉보여 호되게 당한 입장에서 같은 실수를 반복할 수는 없었습니다.

그러던 중에 명사장은 상대방인 홍성모 사장이 판검사에게 돈을 쓴다는 이야기를 홍사장 자신의 입으로 직접 듣게 됩니다. 처음 사건을 맡아 명사장을 구속했던 검사에게 변호사를 통해서 2천만원을, 막말을 하며 시간을 끌었던 검사에게 역시 변호사를 통해서 5천만원을 주었다고 자랑하는 이야기를 들은 것입니다. 명사장은 자신도 돈을 써야겠다고 마음먹고, 담당 변호사에게 조건을 겁니다. "일단 2억원을 주겠다. 홍성모가 구속되면 당신이 그 돈을 다 갖고, 만약 구속이 안 되면 1억원을 돌려달라." 어느새 이런 식으로 돈을 거는 데 익숙해져버린 것이지요. 새로 사건을 맡은 검사는 곧 홍성모 사장에 대한 구속영장을 신청했지만, 검사장이 결재를 거부하여 홍사장의 구속은 무산되었습니다. 명씨는 홍사장이 그 검사장에게 손을 썼다고 믿었습니다. 이 사건은 검찰청을 몇군데나 오락가락하며 수년을 끌다가 결국 명성훈, 홍성모 두 사람을 모두 기소하는 이상한 방식으로 결론이 나 검찰청을 떠났고, 결국 법원의 손에 맡겨졌지요.

그러나 법원에서도 판사가 몇번 바뀌도록 결론이 나지를 않았습니다. 이런 상황에서 명사장은 인권변론으로 명망 있는 변호사를 소개받아 시민운동에 관여하게 됩니다. 그 변호사에게 사건 내용을 설명해주고 조금씩 자문을 받던 중에, 어느 날 명사장은 "판사가 또 바뀌었다"고 한탄했습니다. 새로운 담당 판사의 이름을 들은 변호사는 "내가 인간적으로 잘 아는 사람입니다. 부탁은 못하겠지만, 외압을 물리치고 공정하게 판결해달라, 이 사건이 대충 어떤 사건이다 알려줄 수는 있습니다"라고 이야기했습니다. 다음 재판에 들어갔을 때, 명사장은 "담당 판사가 이례적으로 내가 써낸 것을 제대로 읽어보았음"을 느낍니다. 그리고 처음으로 "저 판사는 공정하고 꼼꼼하게 읽어주는구나. 내 주장을 배척하지 않고 받아들이는구나" 싶어 희망을 가졌습니다. 결국 명사장은 무죄를 선고받은 반면, 홍사장은 실형을 선고받아 법정구속되는 것으로 1심이 마무리되었지요. 나중에 그 변호사를 만난 담당 판사는 "내가 끝내지 않으면 한없이 갈 사건이었습니다. 그래서 사건을 끝냈을 뿐입니다"라고 이야기했다고 합니다.

사건은 항소심에서도 적지 않은 곡절을 겪었고, 그 과정을 명사장은 "이제부터는 법원 비리"라고 이야기했습니다. 항소심 이후의 판사들은 명사장에게 "당신도 아직은 피고인 신분이니 적당한 선에서 타협을 하는 게 좋을 것"이라며 합의를 종용했습니다. 마지막에 명사장은 홍사장에게 수십억원을 받는 걸로 합의를 보았고, 홍사장은 공소장변경 등 법원이 우호적으로 결정한 끝에 집행유예를 받아 석방되었지요. 명사장은 법원에 대해서 "하급심은 뇌물에 휘둘리지 않는데, 고등법원 부장 이상 상급심 판사들은 푹 썩었다"고 말합니다. 검찰에 대해서는 "노력을 많이 하고 지금은 많이 좋아졌다. 좋아졌지만 그래도 아직 멀었다"고 평가했습니다.

10여년이 지난 후의 증언이기는 해도 명성훈 사장의 이야기는 여러모로 충격적입니다. 액면 그대로 받아들이기 어려운 면도 있기 때문에 전반적으로 해석이 필요합니다. 우선 명사장은 판검사가 돈을 먹고 그에 따라 결론을 바꾸기도 한다고 확신했습니다. 자신을 피의자로 수사했던 검사들이 상대방의 돈을 받았을 뿐만 아니라, 자신도 자기편이 되어줄 검사에게 돈을 주었다고 기억합니다. 그러나 이런 돈은 대부분 "변호사를 통해 전달되었던 것"으로 들었거나 기억했습니다. 이런 경우 명성훈 사장이나 홍성모 사장이 변호사에게 돈을 준 것은 분명하다 하더라도 그 돈이 정말로 판검사에게 전달되었는지를 확인할 방법은 없습니다. 변호사에게 선임료를 줄 때 어떤 생각을 하는지에 대한 명성훈 사장의 이야기를 들어보면 이 부분은 더욱 분명해집니다.

내가 사업을 하니까 사건이 많이 있어요. 지금도 내가 전관예우 변호사 선임해서 싸우고 있는 사건이 두개나 돼요. 조금 크다면 큰 사건이. 그 변호사 선임료 주면서 나는 그 생각 다하고 주는 거예요. 딱히 "내가 당신한테 얼마 더 붙여줄 테니까 판사에게 얼마를 줘라" 이런 소리 못해도, '아 이 사람이 얼마 받으면 지가 다 안 먹어' 이런 짐작을 하지요. 그 사람들에게 턱없이 이렇게 붙여주니까. 그 사람들이 노상 저녁마다 만나가지고 식사하고 술 먹고 친한 사이야, 그런 걸 알고 그런 루트를 찾아가지고 그런 루트로 사건을 맡기니까.(명성훈, 46면)

명사장은 변호사에게 수임료를 주면서 "얼마 더 붙여줄 테니까 판사에게 얼마를 줘라" 이렇게 말하지는 못하지만, 굳이 그런 소리를 안 해도 그 돈을 변호사가 다 안 먹는다는 짐작은 한다고 이야기합니다. "수임료로 보기에는 턱없이 많은 돈"을 주기 때문입니다. 그러나 그런 거액의 수임료를 받은 전관 변호사가 과연 그 돈의 일부를 판검사에게 가져다주는지는 의문입니다. 우리나라의 수임구조가 판검사에게 돈을 가져다준다는 뉘앙스를 풍기지 않으면 거액을 받을 수 없는 것도 분명한 사실입니다. 이와 관련하여 명사장에게 변호사를 소개해준 "변호사 뺨치게 똑똑하고 샤프하고 신용이 있는 젊은 변호사 사무장" 같은 사람들이 법조계에서 어떤 역할을 하는지는 4장에서 따로 살펴보겠습니다.

명사장을 구속했던 검사도 변호사나 홍사장에게 돈을 받았을 것 같지는 않습니다. 여러 사정을 종합해볼 때, 검사가 '먼저' 고소인인 홍성모 사장 측 이야기를 들었다는 데에서 문제가 시작됐을지 모릅니다. 검사든 판사든 누구라도, 먼저 들은 이야기에 따라 사건의 틀(frame)을 짜고 결론을 쉽게 유도하려는 경향이 있습니다. 그렇게 예단해서 사건을 바라보기 시작하면 자신의 틀을 흔드는 모든 시도를 거짓말로 받아들입니다. 그게 일을 쉽게 처리하는 방법이기도 합니다.

검사는 그래서 명성훈 사장의 이야기에 전혀 귀를 기울이지 않았을 것입니다. 그에 뒤따른 명성훈 사장의 구속은 처음 임용된 젊은 검사가 예상치 못한 피의자의 반발에 당황하여 우발적으로 일어난 사태일 개연성이 높습니다. 자기가 상소리를 하면 피의자가 제압될 줄 알았는데, 그러기는커녕 오히려 욕을 하고 나오니 일단 무조건 권위를 세워야 한다고 보아 구속을 했고, 그러고 나니 상대방을 유죄로 모는 수밖에 없었을 겁니다.

판검사들이 일정한 틀을 미리 짜놓고 사건을 꿰어맞추려 한다는 것은 당사자나 변호사들이 많이 느끼는 문제입니다. 거기에서부터 소통이 단절되는 것이지요. 판검사들이 틀을 짜는 이유는 그들의 독선 때문일 수도 있지만 근본적으로는 사건을 빨리 해결해야 한다는 압박 때문입니다.

물론 명성훈 사장은 제 말에 쉽게 동의하지 않으리라 생각됩니다. 제가 이렇게 보리라는 예상이라도 한 것처럼, 명사장은 '지금도' 돈을 받는 판검사가 있다고 단언했습니다. 변호사를 통해서 준 것이 아니라 자신이 "직접" 건넨 경우도 분명히 있다고 말합니다. 서류봉투에 1만원권을 쫙 펴서 넣으면 600만원에서 700만원이 들어가는데, 그걸 들고 들어갔다가 이야기를 나누고 책상 위에 놓거나 소파 옆 서랍에 넣고 나오면 된다는 것입니다. 명사장은 "그런 이야기를 하면 기자들 중에도 입회 서기나 계장을 통해서 줬으면 몰라도 설마 판사에게 직접 주었겠느냐고 의심하는 사람들이 있지만, 나는 분명히 직접 그렇게 돈을 준 적이 있다"고 말했습니다. 물론 그런 식으로 돈을 건넨 것은 "사건과 관련 없는" 경우였다고 합니다. "믿을 만한 사이"이거나 "믿을 만한 사람이 소개한" 경우에 인사치레로 그랬다는 것입니다. 이 이야기를 듣고 나서 사실 상당히 당황스러웠습니다. 제가 아는 판사나 검사들도 이 이야기를 전해 듣고 한결같이 "1997년 이전이면 몰라도 지금은 절대 그런 일이 없다"면서 명성훈 사장의 다른 이야기까지도 신뢰하지 못하겠다는 태도를 보였습니다. 물론 판검사들이 이런저런 명목으로 돈을 받아 형사처벌이나 징계를 받은 일이 최근에도 있었으므로 그런 일이 아예 없지는 않겠지요. 그래도 저는 그게 법원·검찰의 일반적인 모습은 아니라고 믿고 싶습니다.

제가 여기서 명성훈 사장의 이야기가 어디까지 진실인지 밝혀낼 능력은 없습니다. 사법을 경험한 사람들이 그것을 어떻게 생각하고 있으며 그들의 경험이 어떻게 이야기로 만들어져 사회에서 유통되고 있느냐는 것이 중요합니다. 구속되었다가 무죄로 풀려난 경험은 명성훈 사장의 인생을 풍비박산 낼 만큼 충격적이었습니다. 그 과정에서 변호사들에게 엄청난 돈을 썼고, 그 돈의 상당액은 판검사 로비용으로 쓰였다고 확신했습니다. 그는 자기가 주로 선임한 전관 변호사들이 "믿을 만한 관계"인 현직 판사들에게 돈을 가져다주고 있다고 생각했습니다.

만약 명성훈씨의 믿음처럼 변호사들이 판검사에게 수임료의 일부를 건네고 있다면 보통 큰일이 아닙니다. 그게 아니고, 변호사들이 그런 뉘앙스를 풍겨 거액의 수임료를 챙기고 있는 게 사실이라 해도 마찬가지로 큰 문제입니다. 왜냐하면 그런 변호사들도 하늘에서 갑자기 떨어진 사람들이 아니라 며칠 전까지는 판검사였던 이른바 전관 변호사들이기 때문입니다. 당사자는 당연히 이런 경험을 끊임없이 이웃과 나눌 수밖에 없고 그런 이야기는 빠르게 퍼져나갑니다. 법원에서 공정한 재판을 받았다고 생각하는 사람이 밖에 나가서 그런 이야기를 할 일은 거의 없고, 설사 이야기를 한다고 해도 상대방이 그런 재미없는 이야기를 열심히 전파할 일도 없음을 생각해보면, 한번 당한 억울함이 낳는 파장은 상당합니다.

명사장이 결정적으로 판세를 뒤집을 수 있었던 1심 재판에 대해서도 생각해보아야 할 부분이 있습니다. 여기서는 특이하게도 인권운동으로 저명한 변호사가 등장합니다. 그는 수임료를 받지 않고 사건을 정식으로 수임하지도 않은 상태에서 명사장을 도왔습니다. 마침그 변호사가 "인간적으로 잘 아는" 판사가 사건을 담당하게 되었기때문에, 그는 전화와 한 차례 편지로 "공정하게 재판해줄 것"을 부탁했습니다. 그리고 좋은 결과가 나왔습니다. 물론 이 경우에 판사와 변호사 사이에 돈은 오가지 않았습니다. 명사장은 "상대방으로부터 엄청나게 빽이 많이 들어갔을 텐데도 그런 결론을 내렸고, 변호사도 '고맙소' 딱 한마디 하고 끝냈으니 얼마나 멋진 사나이들이냐"며 두 사람에게 깊은 존경을 표시했습니다. 그러나 돈이 개입되지 않았다 하더라도, '관계'가 작용한 것만은 분명합니다. 저명한 변호사가 인간관계 차원에서 개입하지 않았더라도 그런 결론이 나올 수 있었을까 생각한다면, 이게 꼭 칭송받을 일인지 의문일 수밖에 없지요. 이 경우도 '돈'보다 '관계'가 더 중요하게 작용하는 우리 사법의 현실을 보여주고 있을 뿐, 공정성을 상징하는 사례라고 하기는 어렵습니다.

돈을 받는 판검사들이 있다고 확신하는 명성훈 사장 역시, 법조의 문제는 누가 돈을 먹느냐 아니냐가 아니라 의사소통의 문제임을 지적합니다. 판검사들이 사람 이야기를 제대로 들어주고 설명해주기만 해도 일이 절반으로 줄어들리라는 것입니다. 그는 사람들의 오해를 풀어주는 것이 판검사들의 기본 임무라고 생각합니다.

> 물론 억지 주장을 하는 사람들이 있죠. 그런데 그것도 검찰의 잘 못이에요. 왜? 그런 사람들의 오해를 풀어줘야 돼요. 그 사람들 은 법을 잘 모르니까 친절하게 불러가지고 설명을 해주는 거예요. "당신, 그거 잘못된 생각이다." 법조문 펴놓고 "우리는 법을 집행 하는 사람으로서 법조문을 이래 따져야 되는데 당신이 아무리 억 울하다 해봐야 법에 어긋나니까 도리 없다. 당신 봐주고 싶어도 못 봐준다. 또 당신이 억울하더라도 우리는 이래 처리해야 한다" 하는 걸 자꾸 불러서 얘기해야 합니다. 왜? 국민의 공복이니까. 검 사도 공무원 아닙니까? 그렇게 설득하면, 일의 절반을 줄인다는 거죠, 근데 그걸 못하는 거 같아요.(명성훈, 42면)

무조건 죄인처럼 떨리는 마음

그렇다고 모든 사람이 김기갑씨처럼 법률에 얽힌 일을 쉽게 포기 하거나, 명성훈씨처럼 죽을 고생만 하는 것은 아닙니다. 면담에 응한 분들 중에는 직접 소송에 나서서 법을 공부해가며 자기 몫을 찾은 사 람도 있습니다.

하경미씨는 미국의 아트스쿨을 나오고 한국 굴지의 광고회사에서 일하다가 결혼하면서 직장을 그만둔 전업주부입니다. 남편과 아이들 때문에 자기 꿈을 제대로 키우지 못했다는 아쉬움 속에 살아가던 차에 사촌언니가 "발전 가능성이 있는 땅을 사서 쪼개 파는 컨설팅을 하는 사람들"을 소개합니다. 그 사촌언니도 원래는 집안일만 하던 주부였는데, 잘 모르는 상태에서 일종의 "브로커"인 그 사람들하고 함께 일을 시작했고, 마침 하씨도 "돈을 어디에 굴릴까 알아보던 차"여서 그들을 통해 평당 16만원에 460평을 구입했습니다. 그러나 "재테크의 '재' 자도 모르면서" 남들이 한다고 따라서 뛰어들었던 하씨는 곧 낭패를 당합니다. 얼마 후 하씨 땅의 일부가 제방을 만들 부지로 국가에 수용되었는데 평가액은 평당 5만원에 불과했습니다. 놀란 하씨가 갓 태어난 아이를 유모차에 태우고 서초동에 있는 컨설팅 회사를 찾아가니, 처음 하씨가 땅을 살 때 일하던 사람은 하나도 없고 이른바 '바지사장'과 배후의 진짜 사장만이 사무실을 지키고 있었습니다.

처음 땅을 살 때 "땅값이 내리면 서너배를 물어주겠다"는 약속을 받았던 하씨는 그들에게 "산 땅을 도로 가져가고 전부 돈으로 돌려달라"고 요구했습니다. 상대방이 거절하면서 곧 언성이 높아졌고, 그 자리를 나온 하씨는 바로 법적인 해결책을 찾기 시작했지요. 그러나 친척 중에 법률가는 한명도 없었고, 이런 문제에 자문을 구할 사람도 없었습니다.

우선 하씨는, 컨설팅 회사의 브로커들이 그 땅을 회사 명의로 일단 넘긴 다음 세금을 내고 땅을 쪼개서 팔아야 하는데, 자신들은 빠진 채 바로 명의를 하씨에게 넘긴 점에 주목했습니다. 브로커들은 그 땅을 평당 3만원에 사들여서 하씨에게 16만원에 팔고도 그에 해당하는 세금을 내지 않았던 것입니다. 더 나아가 하씨는 처음부터 그 땅이 수용될 것임을 알면서도 속이고 팔았으므로 사기가 된다는 논리로 브로커들을 고소했습니다. 결과는 절반의 승리였습니다. 세금포탈은 인정되어 브로커들이 벌금을 받았지만 사기 부분은 무혐의 처리되었기 때문입니다. 열심히 형사사건에 매달렸으나 하씨에게는 아무것도 돌아오지 않았습니다. 그래도 하씨는 포기하지 않았습니다. 100퍼센트까지는 아니더라도 법을 신뢰했기 때문입니다.

> 100퍼센트는 아니더라도 약간의 확신은 있죠. 왜 그러냐면 법이라는 게 내가 이런 일이 있었다고 진실로 호소할 때 내 편을 들지 않겠나, 내가 진실로 은근과 끈기를 가지고 호소할 때 내 편을 들지 않겠나 생각했고.(하경미, 9면)

자신의 행위가 투기성이 있었던 것은 사실이지만, 합법적인 일을 했고, 분명히 억울하다고 생각했기 때문에 하씨는 보상을 받아야 한다고 믿었습니다. 그래서 집요하게 처음부터 다시 조사를 시작했습니다. 주변 부동산을 뒤져 구입 당시의 시세를 확인하고, 땅의 원주인을 찾아 매도 당시 가격을 알아보았으며, 법률구조공단이나 법무사 사무실을 찾아가서 묻고 또 물었습니다. 하씨가 그런 정보를 얻기 위해 들인 돈은 "전화요금과 기름값밖에" 없었습니다. 변호사 사무실이나 법무사 사무실에서 친절하게 모든 정보를 알려주었던 것은 아닙니다. 그들은 "아, 그러니까 이제 민사를 해야겠네요" "미등기 전매를 했군요" "세금포탈이네요" 하는 식으로 한마디 던지면 그만이었습니다.

하씨는 그걸 흘리지 않고 잘 적어두었다가 인터넷 검색을 하여 더 자세한 정보를 얻어냈습니다. 변호사에게 직접 상담을 한 적은 없었고, 모두 다 사무장이나 직원들에게 얻어들은 지식을 바탕으로 한 것입니다. 변호사 사무실이 있는 곳에 가면 여러 사무실을 몇번씩 돌아다녔습니다. 법원에서 일하는 사람들 중 친절한 사람이 있으면 그를 붙잡고 이것저것 물어보았습니다. 전화번호를 알아내 전화도 했습니다. 그런 "정보를 하나하나 짜깁기 식으로 긁어서" 고소장도 쓰고 소장도 작성했습니다. 서류미비를 지적받아도 힘들다 생각하지 않고 계속 고쳐서 제출했습니다.

변호사에게는 사건을 맡기지 않았습니다. 왜냐하면 "아무리 유능한 변호사라도 당사자만큼 절실하지 않고, 나만큼 순수하게 이 사건을 할 수 없다"고 생각했기 때문입니다. 상대방은 변호사를 선임해서 소송을 진행했습니다. 하씨는 상대방 변호사를 보면서 "말을 참 잘 만드는구나. 확실히 변호사가 답변서나 준비서면을 쓰니까 다르네" 하는 느낌을 받았답니다. 그러나 아무리 돈을 내고 변호사를 쓴다 해도 "나같이 현실감 있게 쓸 수는 없으리라"는 생각이 들었습니다. 내가 왜 그 땅을 사야 했고 왜 지금 이럴 수밖에 없는지, 개인적인 감정과 생활 상태까지 빠짐없이 적다보면 "절절함"이 드러나게 되어 있고, 그 절절함은 "변호사의 절제된 단어"가 결코 따라오지 못할 진정을 담고 있을 터였습니다. 법률용어를 못 쓰니까 수준이 낮을 수는 있어도 "진실이 들어 있고, 원통함이 들어 있고, 억울함이 들어 있기 때문에" 이걸 판사가 읽는다면 "먹혀들 수 있으리라"는 자신감이 있었습니다.

물론 모든 일이 쉽지만은 않았습니다. 법원은 확실히 "서민들을 위해서 탁탁 움직여주는 곳은 아니"었습니다. 일단 여기 가면 저기로 가보라고 했고, 저기 가면 또 이리로 가라고 했습니다. 다소 불편하기는 했지만, 억울하다고 생각하지는 않았습니다. 판사에게 재판을 받으면서 "저 사람이 내가 쓴 걸 다 읽기는 했나?" 하는 느낌이 들 때도 있었습니다. 몇가지 질문을 던지는데 아무리 생각해도 하씨가 써낸 것을 제대로 읽지 않은 것 같았습니다. 그래도 이해하기로 했습니다. 쌓인 서류를 보면서 "저걸 언제 다 읽겠나? 진짜 머리 아프겠다. 오죽하면 판사 머리가 다 벗어졌을까" 생각했습니다. 하씨가 볼 때에도 "판사 한 사람에게 할당량이 너무 많아" 보였습니다. 통계를 내보지 않아 정확히는 몰라도 하씨 생각에 "그런 식으로 많은 재판을 하는 것이 정상은 아니"었습니다.

1심에서 승소한 하경미씨는 항소심에서도 상대방 변호사에 맞서 홀로 소송한 끝에 승리했고 대법원에서도 승소했습니다. 집에서 아이를 키우면서 해냈기에 더욱 값진 일이었습니다. "안 해본 것 없이 다 해보면서" 형사 1년, 민사 2년을 끌어가는 동안, 하씨는 법원에 대해서 여러가지를 느꼈습니다. 법원에 갈 때마다 "죄인처럼 앉아 있어야 했던" 자신의 심경을 하씨는 이렇게 설명합니다.

> 법원에 앉아서 결정을 기다릴 때는 어린아이가 엄마한테 무슨 잘못을 저질러서 판결을 내려주길 바라는 것처럼 있게 돼요. 아무 잘못이 없어도 일단 굉장히 떨리잖아요. 가슴이 쿵쾅쿵쾅거리면서 조마조마해야 하는 거예요. 거기 가서 진실을 이야기하면 되지

하고 간단하게 이야기할 수도 있지만, 일단 그 상황이 되면 떨리고 내가 무슨 말을 했는지도 잘 기억이 안 날 수도 있고 그런 상황이에요.(하경미, 25~26면)

하경미씨는 어린 시절 곧 전쟁이 난다고 사이렌이 울리는 상황에서도 "너는 어찌 그리 태연할 수가 있냐?"는 이야기를 들었을 정도로 "모든 일에 의연한 스타일"이라고 자신을 소개했습니다. 하지만 그녀 역시 법원에만 가면 아무 이유도 없이 가슴이 쿵쾅거리면서 마구 떨렸다고 합니다. "어린아이가 엄마한테 무슨 잘못을 저질러서 판결을 내려주길 기다리는 것처럼"이라는 하경미씨의 말은 판사들 앞에 선 일반인들의 심경을 정확히 대변하고 있습니다. 하씨는 그 이유를, 아무 잘못이 없다 하더라도 "사람이 감정의 동물이기 때문에, 나의 불손함이 있으면 판사가 이렇게 결정할 것을 저렇게 결정할 수도 있기 때문"이라고 설명합니다. 그렇기 때문에 판사 앞에 가면 "하고 싶은 말을 다 할 수도 없고, 조리 있게 말해야 할 뿐만 아니라 절대로 판사를 감정적으로 자극하는 말을 해서는 안 된다"고 합니다. 물론 판사가 "아주 똑바른 사람이라서 모든 감정을 배제하고 법의 잣대로 딱 하는 사람도 있겠지만, 그렇지 않을 수도 있기 때문에 언제나 약자일 수밖에 없는 당사자들은 조심해야 한다"는 이야기입니다. 그래서인지 아무리 "미리 떨지 말자. 초연하게 있자"고 "마인드 컨트롤"을 하고 가도 판사 앞에만 가면 굉장히 떨린다고 했습니다. "판사가 내 이름을 부르는 순간부터 내가 왜 이런 일을 만들었나 싶어 나 자신이 너무 원망스러워진다"는 하씨의 심정을 판사들은 쉽게 이해하지 못할지도 모릅니다. 판사에 대해서 이 정도라면 검사 앞에서 시민들이 느끼는 공포는 더 말할 나위가 없습니다. 판검사가 특별히 권위적인 태도를 보이지 않아도, 당사자는 무조건 약자의 심정으로 그들 앞에 선다는 사실을 판검사들은 기억해야 합니다.

이와 관련하여 법원과 검찰의 고질적인 불친절 문제를 지적하지 않을 수 없습니다. 하경미씨는 이를 불편하게 느꼈을 뿐 억울하게 생각하지 않았지만, 기자든 경찰이든 심지어 판사든지 간에, 개인적인 문제로 법원이나 검찰을 드나든 적이 있는 사람이라면 누구나 자신이 경험한 불친절을 이야기했습니다. 질문을 하면 절대로 미리 구체적으로 가르쳐주지는 않고 계속해서 "빠꾸"만 시키는 공무원이 많았습니다. 서류에서 뭔가를 빠뜨릴 때마다 "이런 것도 모르느냐는 식으로 경멸하는 태도를 보이는" 공무원도 있다고 합니다. 가뜩이나 주눅든 시민들은 이런 불친절을 겪으면서 법원이나 검찰에 가는 일에 더 큰 공포감을 느낍니다. 그러다보니 증인으로 불려가면서도 아는 사람을 통해 판사에게 잘 봐달라고 부탁하는 웃지 못할 일이 생기기도 합니다.

판사로 재직 중인 공성원씨의 경우, 개인적인 일로 법원에 서류를 내러 갔다가 불친절한 법원 공무원을 만난 적이 있습니다. 물론 자신이 판사라는 사실을 밝히지는 않았지요. 법무사에게 맡겨도 될 일이지만 한번 직접 해보자 싶어서 법원에 서류를 들고 갔던 그는 신청서를 받아주지 않으면서 계속 보완하라고만 하는 직원의 말에 당황할 수밖에 없었습니다. 판사인 자기가 봐도 충분하다고 생각해서 제출한 서류를 그 직원은 계속 거절했던 것입니다. 결국 공판사는 그 서류를 우편으로 보내고 말았습니다. 우편으로 보내면 면전에서 창구지도를 할 수 없으므로 미비한 점이 있어도 직원이 판사에게 포스트잇으로 그 사항을 적어서 알려주기만 하고 일을 끝냅니다. 그러면 판사가 보정명령을 하고 그에 따라 당사자가 보정을 하면 되지요. 자신이 판사여서 이런 사정을 안 덕분에 공판사는 쉬운 길을 찾아갔지만, 대부분의 시민들에게는 공무원들의 이런 끔찍한 불친절을 피해갈 방법이 없습니다. 공무원들은 사법의 특성상 친절하게 모든 것을 알려주면 한쪽 편을 드는 것으로 오해받을 수 있어서 어쩔 수 없다고 변명하지만, 서류양식을 찾는 사람에게 "턱짓"으로 저기라고 가리키는 불쾌한 행동까지 정당화될 수는 없겠지요.

판검사나 일반 직원은 대개 '이야기를 다 들어주다보면 시간이 늦어져서 국민에게 손해가 될 수도 있다'고 생각합니다. 그러나 판사를 피곤하게 하는 당사자의 한마디가 어떤 과정을 거쳐서 나왔는지를 생각한다면 판사들도 귀 기울이지 않을 수 없습니다. 아무 이유도 없이 죄인처럼 떨리는 상태에서 용기를 내어 겨우 한마디씩 하는데, 이야기가 너무 길거나 사안과 관계없다는 판사의 판단만으로 말을 잘라버리는 바로 그 자리에서 사법 불신이 생깁니다. 당사자나 변호사를 무시하는 판검사와 함께 일하는 일반 공무원들에게 친절을 기대할 수 없음은 더 말할 필요도 없습니다. 권위주의는 위에서 아래로 물처럼 흐르면서, 아래로 내려갈수록 더 강고해지기 때문입니다.

언제나 한발 늦게, 가진 자의 편에서만 뛰어드는 법

그럼 하경미씨처럼 용기를 내서 정보를 모으고 직접 자기 권리를 찾기 위해 나서면 모든 일이 해결될까요? 문제는 그렇게 간단하지 않습니다. 면담에 응한 사람들 중에는 판검사가 아니라 우리 사법시스템 자체에 회의를 품은 분들이 적지 않았습니다. 노동운동가인 이해영씨는 1997년 학생운동을 정리하면서 노동운동에 뛰어들었습니다. 학생운동 출신들이 대부분 노동현장을 떠나는 시점이었지만, 이씨는 "무식해서 용감하게 그냥 공장 간다고" 봉제공장에 취직했습니다. 봉제공장 다음에는 유명한 과자공장에 취직했고, 2002년에는 손꼽히는 자동차회사에 비정규직으로 입사했습니다. 정확히 말하자면 자동차회사가 아니라 그 회사에 인력을 파견하는 조그만 하청업체에 입사한 것이지요.

비정규직문제는 이미 여러번 기사화되었지만, 극단적인 단순화의 위험을 무릅쓰고 쉽게 설명하자면 이렇습니다. 자동차를 만들기 위해 라인이 돌아가고 그 양쪽에서 수많은 노동자들이 똑같은 일을 합니다. 그런데 일부는 자동차회사에 소속된 정규직이고, 일부는 이름도 없는 조그만 회사(사내 하청업체)에 소속된 비정규직입니다. 같은 통근버스를 타고 출근해 하루 종일 똑같은 일을 하지만 비정규직은 임금도 적을뿐더러 신분도 불안정합니다. 자동차회사가 직접 관리하기 때문에 공장에 있는 하청업체 사무실에 가보지 않아도 일하는 데 전혀 지장이 없을 정도입니다. 그래서 같은 하청업체 소속이지만 서로 얼굴도 모르기 십상입니다.

만약 비정규직 노동자가 노조를 조직하려고 하면 자동차회사에서 그가 소속된 하청업체와 계약을 해지해버리므로, 먹고살려면 도저히 노조를 만들 수가 없습니다. 하청업체들끼리의 경쟁도 심해서 계약이 5년 이상 유지되는 경우도 흔치 않습니다. 문제가 생기면 바로 간판을 내리고 다른 회사 간판을 내걸기 때문에 회사 이름도 큰 의미는 없습니다. 사내 하청업체의 사장들이 자동차회사 중간간부 출신이기 때문에 실제로는 원청업체의 지시를 받아 움직이고, 비정규직도 실제로는 그 회사 직원이나 마찬가지입니다. 정규직 노조가 상당한 힘을 발휘하는 상황에서 회사는 정규직 숫자를 최대한 줄이기 위해서 이런 편법을 개발해냈습니다. 이는 매우 성공적이어서 노동자들을 정규직과 비정규직으로 나누어 그들 사이에도 차별과 배제가 싹트게 만들었습니다.[3]

이해영씨가 그 자동차회사, 아니 정확히 말하자면, 그 하청업체에 입사하고 얼마 되지 않아 비정규직문제로 2003년 '식칼 테러' 사건이 일어납니다. 사건은 사소한 다툼에서 비롯되었습니다. 비정규직 노동자 A씨가 "다음주 화요일에 월차를 쓰겠다"며 과장에게 갔다가, "월차 예약이 많아 쓸 수 없다"는 답변을 듣고 말다툼을 벌였는데 거기서 밀려 넘어지면서 뇌진탕을 일으켰습니다. 그런데 얼마 후 A씨가 입원한 병원에 바로 그 과장과 다른 직원들이 난입했습니다. 두명은 망을 보고, 한명은 다른 환자들을 제압하고, 다른 한명은 식칼로 A씨의 아킬레스건을 끊어버렸지요.

이해영씨는 함께 일하는 정규직 노동자에게 "야, 너네 업체 관리자가 칼로 쑤셨다더라"는 소식을 전해 들었습니다. 노동조합을 조직해야겠다고 마음먹고 입사했지만 아직 "오픈하고 있지 않은 상황에서" 이씨는 무척 당황합니다. 그러자 함께 일하던 나이 많은 아주머니들이 "라인에 들어가지 말자. 들어가서 죽으나 여기서 죽으나, 칼로 사람을 찌르는 판에 무슨 일을 하냐"고 말하며 파업에 앞장섰습니다. 다음 날 열두시 점심시간까지 파업이 이어졌고, 비정규직 노동자 대표, 정규직 노조, 자동차회사는 식칼 테러를 당한 사람의 병원 치료비를 산재처리하고 고용을 보장해주는 선에서 합의했지요. 합의해주지 않으면 산재처리가 안 된다고 했기 때문에 합의해줄 수밖에 없었고, 가해자들은 모두 집행유예로 풀려났습니다. 이씨는 63피치, 즉 1시간에 차를 63대 만들어낼 수 있는 최신 공장에서 월차 한번 쓰겠다는 사람의 아킬레스건을 끊어버리는 현실을 보고 눈물을 펑펑 흘렸습니다. 그리고 비정규직 노조를 만들었습니다.

노조를 만든 후 비정규직 노동자들의 현실을 외부에 알리려 노력했지만, 사안이 너무 복잡하다보니 노동부 관료들을 이해시키는 것조차 쉽지 않았습니다. "우리가 사실은 그 자동차회사 노동자인데요, 또 사실은 그렇지가 않고요." 처음부터 잘못된 악마적 시스템 때문에 생긴 일인데도 이 말도 안 되는 일을 설명할 책임은 노동자들에게 지워졌습니다. 이런 상황에서 비정규직 노조가 노동부에 요구한 것은 간단했습니다. "와서 한번 보라"는 것입니다. 같은 라인에서 마주 보고 똑같은 일을 하는데, 어떤 사람은 정규직이고 어떤 사람은 비정규직이라서 다른 대우를 받는 현실을, 여러 말 할 것 없이 한번 와서 보기만 해도 이해할 수 있으리라 생각했기 때문입니다. 실제로 와서 보고 나면 근로감독관들도 아무 말을 못했습니다. 그런데 그렇게 보고 간 근로감독관이 비정규직에 유리한 소견을 내려 하면 곧 사람이 바뀌었습니다. 최종판단이 내려지기 전에 새 근로감독관이 오면 노조는 처음부터 다시 설명해야 했습니다.

비정규직 관련 입법을 하면서 형식적으로나마 노동자를 위한 보호 조항들을 만들어놓았기 때문에, 비정규직 활용 과정에서 적지 않은 불법이 노출되었습니다. 노조는 그런 내용을 설명하려고 노력했지요. 파견근로자 사용이 금지된 부문에 이들을 고용하는 경우도 많았고, 2년 이상 일한 비정규직은 원청업체가 직접 고용한 것으로 보아야 한다는 조항을 지키지도 않았습니다. 심지어 일부 회사에서는 불법으로 비정규직을 2년 이상 부리고 나서, 이들을 직접 고용한 것으로 보아야 한다는 법률 해석에 대해서는 "우리가 불법으로 고용한 것이기 때문에 그 규정이 적용되지 않는다"는 억지 논리를 개발해내기도 했습니다. 불법행위에 따른 책임을 지기는커녕, 오히려 그 이익을 누리겠다는 파렴치한 논리를 내세운 것입니다. 2008년 9월 18일 대법원이 전원합의체 판결로 "불법 근로자 파견의 경우에도 직접고용간주 규정이 적용된다"는 상식적 판결을 내릴 때까지[4] 하급심에서는 이런 파렴치한 주장을 인정하거나 부정하는 엇갈리는 판결을 계속 내렸습니다.

식칼 테러 사건 이후 노조를 만들었다가 바로 해고된 이해영씨는 자동차회사 정규직 노조 사무실에서 5개월가량을 버티다가 구속되었고 집행유예를 받았습니다. 해고 효력을 다퉈보았지만 비정규직이었기 때문에 패소했고, 회사는 이씨에 대한 출입금지 가처분 결정을 받아놓았기 때문에 이씨는 노조 지회장을 하면서도 회사 출입이 쉽지 않았습니다. 노동부에 부당노동행위를 신고해도 제대로 처리되지 않는 상황에서 파업을 하면 경비회사가 조합원을 마구 끌어내서 아무 논바닥에나 내다버리곤 했습니다. 옷도 벗겨지고 신발도 벗겨지고 맨발로 한낮 뙤약볕에 버려져도 그 내용을 고소하면 언제나 처벌받는 것은 사측 사람들이 아니라 이해영씨였습니다. 출입금지된 상태에서 회사에 들어가 업무방해를 했다는 혐의였습니다. 불법파견을 문제 삼아도 검사는 회사 측을 무혐의 처리했고, 늘 노조원들만 기소했습니다. 이해영씨는 "그나마 근로감독관이나 경찰에게 자신들의 처지를 설명하면 이해하려는 척이라도 했는데, 검사들은 달랐다"고 이야기 합니다.

> 검사한테 가면 태도가 달라요. 그러니까 뭐 알려고 하지도 않고요. 이미 너는 노동조합활동 하는 애고, 너의 세계관과 나의 세계관은 다르고, 너는 어차피 그렇게 하면, 구속돼서 살 거 각오하고 하는 애 아니냐? 그런 태도죠.(이해영, 11면)

검찰의 조사를 받는 과정에서 재미있는 경험도 합니다. 이씨가 조사를 받고 있는데, 눈치 없는 검사실 직원이 전화를 받더니 "검사님, ○○자동차 ○○공장 공장장님이 점심약속 어떻게 하냐고 물어보시는데요?" 하더라는 것입니다. 그 순간 검사는 매우 당황해하면서 얼굴이 빨개졌습니다. 이씨는 "검사들이 떡값 이런 걸 받는지는 확인이 안 되어서 모르겠지만, 밥을 같이 먹는 것은 분명하다"고 이야기하면서 웃었습니다.

이씨는 "똑같이 고소를 해도 언제나 내 건은 기각하거나 아예 사건화하지 않고, 자동차회사의 주장은 다 들어주는 그런 검사들뿐만 아니라 전체 시스템이 재수없다"고 한탄했습니다. 지금의 법률적 잣대로는 노조활동과 관련한 이해영씨의 모든 행위가 공장 안에서 이루어지면 불법입니다. 억울하게 해고당하고 그에 뒤이은 출입금지 가처분을 받았기 때문에 회사 출입 자체가 불법일 수밖에 없음을 이씨는 잘 알고 있었지만, 그런 일을 겪을 때마다 "이 시스템 자체가 노동조합활동을 근본적으로 못하도록 만들려고 작정한 법"이라고 생각하게 됩니다. "노동 입법과 관련한 파업은 모두 정치파업이라 불법으로 규정되는데, 비정규직을 마구 늘리는 법안을 그냥 놓아두면 나중에 그 법 때문에 또 아무 일도 못하고 당하기만 할 텐데 어떻게 그런 법안 통과를 그냥 놓아두냐"는 주장도 같은 맥락이라 할 수 있습니다.

노동운동 과정에서 여러번 구속되었던 이씨는 법원에서 느끼는 공포에 대해서 하경미씨와 똑같은 표현을 했습니다. "구속되어 징역을 살지 안 살지 이 모든 것을 결정하는 것은 그 판사 한 사람이기 때문에 일반인들은 위축될 수밖에 없다"는 것입니다. 최근 들어 많이 나아지기는 했지만, 판검사들의 용어·말투·태도 자체가 여전히 권위적이라는 지적도 했습니다. 이해영씨가 구치소에서 만난 "언니들"은 대개 빌린 돈을 못 갚아서 사기죄로 온 사람들인데, 재판을 마치고 와서 물어보면 판사가 무슨 말을 했는지 하나도 기억하지 못하는 경우가 많았다고 합니다. 심지어 다음 재판 기일이나 형량조차 제대로 못 듣고 와서는 "판사가 뭐라고 웅얼웅얼했는데 목소리가 잘 안 들리더라"는 사람도 있습니다. 자기 운명이 걸린 일인데도 누구 하나 재판정에서 "잘 안 들리는데요"라고 말할 수 있는 사람이 없었습니다.

미지의 세계에서 결정되는 우리의 운명

철학교수인 변상환씨는 김기갑, 명성훈, 하경미 씨가 각기 다른 입장에서 우리 사법시스템에 대해 느끼고 이야기했던 것을 "완전 타자성의 세계로 던져진" 상태라고 정리합니다. 변교수는 한국사회에 대한 독창적이고 비판적인 분석으로 독보적 지위에 오른 학자입니다. 면담에 응한 그는 "법조계가 독과점체제가 되어 있기 때문에 불평등성이 내재돼 있을 수밖에 없다"고 지적했습니다. 오랜 세월 서울대·연고대로 상징되는 소수의 배타적 지배계급에서만 사법시험 합격자가 주로 배출되었고, 법의 운용도 그러한 불평등체제에서 벗어날 수 없었기 때문에, 그 외부에 있는 사람들은 법적인 문제에 부딪힐 때마다 "자기하고는 완전히 낯선, 어떤 타자성의 세계에 던져졌다"는 느낌을 받는다는 이야기입니다. 그 독과점체제 내부에 있는 사람들에게는 모든 문제가 "가족 내부의 일"이 되기 쉬운 반면, 외부에 있는 사람들로서는 그 안에서 무슨 일이 벌어지는지 알 수 없기 때문에 신뢰가 생길 수 없습니다. 심지어 변호사의 경우에도 의뢰인의 이익을 우선하기보다는 자기 이익을 챙기거나 법조계 내부의 논리에 충실한 경우가 많고, 그런 변호사들에게 일을 맡겨놓아도 결국 "자료를 찾는 것부터 시작해서 온갖 것들을 내가 직접 다 가져다 떠먹이듯 해야 한다"고 느낀다는 것입니다.

변교수의 이 같은 주장은 통계로도 확인됩니다. 서울대 사회학과 이재열 교수와 남은영 연구원은, 한국인의 사회생활에서 인맥이 어떻게 구성되며 그 효과가 계층에 따라 어떻게 달라지는지를 분석한 흥미로운 연구결과를 내놓았습니다.[5] 2006년 한국 사회학회에서 실시한 국민의식조사를 바탕으로, 일반인이 일상생활이나 사회생활에서 '도구적인 도움'을 받을 수 있는 권력 또는 전문성을 가진 인맥을 얼마나 확보하고 있는지 연구한 것입니다. 여기서 권력 또는 전문성을 가진 직업군으로는 고위공무원(4급 서기관 이상), 법조인(검사, 변호사, 판사), 대학교수, 언론인, 의사, 경영자, 군인(대령 이상), 경찰(총경 이상), 예술가(소설가, 화가, 음악가, 영화감독 등), 국회의원을 선정했고, 인맥이 일정 수준 이상이어야 한다는 조건을 충족시키는 관계는 응답자의 가족, 8촌 이내의 친지, 친한 친구, 동창으로 제한했습니다. 전국 만 19세 이상의 시민을 표본으로 했을 때, 전체 응답자의 48퍼센트는 인맥이랄 게 전혀 없었고, 응답자들이 가장 많이 알고 있는 소위 유력인사는 의사(23.8퍼센트), 대학교수(20.5퍼센트), 경영자(19.9퍼센트), 고위공무원(19.7퍼센트), 군인이나 경찰(17.4퍼센트), 법조인(14.2퍼센트), 언론인(9퍼센트), 예술가(8.6퍼센트), 국회의원(4.9퍼센트) 순서로 나타났습니다.

고위공무원이나 군인·경찰의 범위를 매우 한정한 반면, 법조인은 변호사까지 범위를 충분히 넓혔음에도 상대적으로 매우 미미한 수준에 머물렀습니다. 85.8퍼센트의 시민들은 인맥으로 칠 법조인이 단 한 명도 없었습니다. 흥미롭게도 연구진이 핵심 중산층으로 분류한 집단에서는 법조인을 인맥으로 확보한 비율이 21.5퍼센트에 이르지만,

하층으로 분류된 집단은 그 비율이 5퍼센트 내외로 뚝 떨어집니다. 핵심 중산층이나 주변적 중산층에 비해 하층에 속한 사람들은 법조인을 알게 될 가능성이 4분의 1 수준으로 떨어지는 셈입니다. 이런 통계는 많은 시민들에게 사법은 타자성의 세계이며, 미지의 세계에 속한 영역일 수밖에 없음을 잘 보여주고 있습니다.

이해영씨가 노동현장에서 느낀 문제들도 변상환 교수의 논리로 설명할 수 있습니다. 변교수는 "약자가 권리를 침해받고 있을 때는 침묵하던 법이, 견디다 못한 약자가 그걸 세상에 알리고 바로잡기 위해 몸을 일으키는 순간, 뒤늦게 개입하여 약자만을 처벌한다"고 이야기합니다. 변교수 자신도 1990년대 중반 대학에서 해직되면서 비슷한 경험을 한 바 있습니다. 당시 작은 대학에서 교수로 일하던 변씨는 원래 신학대학이던 학교가 일반대학으로 확장을 시도하다가 계획을 변경하여 규모를 다시 줄이는 과정에서 발생한 학내분규에 휘말렸습니다. 교수들은 재단의 비리를 고발했고, 학교 측은 축소 방침에 반대하던 주동 학생들을 제적한 뒤 업무방해로 형사고소를 했지요. 학교 측이 학생들에 대한 형사고소를 취소해주는 조건으로, 교수들은 재단에 대한 고발을 취하했고, 약 1년 후 변교수를 비롯한 몇명의 교수들은 재임용에서 탈락했습니다.

이런 사건이 늘 그렇듯이 학교 측은 변교수 등을 명예훼손으로 고소했고, 변교수는 크게 다투지도 못하고 벌금을 냈지요. 재임용 탈락에 대해서도 교육부에 소청만 해보고 소송은 포기했습니다. 학교 측의 비리에는 침묵하던 법이, 학생들이 학교 주차장을 점거했다는 이유로 업무방해죄를 적용하는 걸 보고, 변교수는 "약자가 몸을 일으키는 순간 개입하는 법의 실체"를 온몸으로 깨달았습니다. 사실을 있는 그대로 전하기만 해도 명예훼손죄가 성립할 수 있다는 사실도 처음 알았습니다. 그런데도 변교수는 그런 법에 끝까지 맞서 싸우지 않았는데, 그 이유는 묘하게도 교통사고 피해자인 김기갑씨의 경우와 같았습니다.

변교수는 재단에 맞서 싸우는 것이 공적인 소명일 수 있다는 사실을 인정하면서도, "자기 권리 구제를 위해서 동분서주하다보면 학자로서의 삶은 어느 정도 중지될 수밖에 없다"고 생각했습니다. 재임용 탈락 후 자기 자리를 찾기 위해 노력할 것이냐, 아니면 학자로서 열심히 공부하는 길을 택할 것이냐의 기로에서, 그는 후자를 선택했습니다. 요즘 주변에서 지금이라도 자기 권리를 찾고 보상을 받으라고들 하지만, 변교수는 그들에게 "당신이 날 뭘로 보고 그러냐? 송사라는 걸 해봤냐? 얼마나 피곤한 짓인데, 지금 내 나름대로 인생을 살고 있는 사람에게 돈 몇푼 받자고 다시 그 일에 말려들라고 하느냐?"고 화를 냈다고 합니다. 송사는 피곤하고 시간을 빼앗기는 일이므로 차라리 포기하는 편이 낫다는 생각은 변교수 같은 지식인도 일반인과 다를 바 없었습니다.

그는 또한 노조원 개인을 상대로 한 대기업의 민사소송은 "넘어서는 안 될 선을 넘은 것"이라고 지적합니다. 김대중 대통령 시절 파업 현장에 경찰력 투입을 자제하면서 사용자들은 노조간부와 노조원, 심지어 신원보증인에게까지 손해배상청구 소송을 제기하고 그들의 월급·퇴직금·승용차·아파트·선산 등을 가압류하는 조치를 강구하기 시작했습니다. 이에 항의하는 노동자들의 자살과 분신이 잇따랐지만 사용자들은 꿈쩍도 하지 않았습니다. 민주노총의 집계에 따르면 한때 노조원에게 요구한 손해배상 규모가 2천억원을 넘어선 적이 있을 정도입니다.[6] 변교수는 이런 식의 법률 남용은 "모든 저항과 자기 권리 구제에 따른 손실을 개인에게 책임지라고 함으로써 실제로는 법으로 저항을 불가능하게 만드는 것"이라고 비판합니다. 그 손해액을 계산하는 것도 결국은 자본가와 법률가들이기 때문에, 김대중 정부 이래로 법은 완전히 자본의 하수인이 되었다는 이야기입니다. "약자가 몸을 일으키는 순간 불법으로 만들어버리는" 우리 사법시스템에 대한 변교수의 통찰에는 귀 기울일 점이 많습니다.

의사소통의 단절, 시간과 비용 때문에 미리 겁을 먹고 포기하는 것이 지혜라고 생각하게 된 현실, 법원과 검찰이 부패했다는 일부의 믿음, 그리고 근본적으로 약자의 편에 불리하게 작동하는 시스템 등 지금까지 지적된 여러 문제들은 모두 사법 불신의 중요한 원인입니다. 일반시민의 삶에서 사법이 너무 멀리 떨어진 채 마치 '다른 세상'에 존재하는 것처럼 작동하는 셈입니다. 그럼 그 '다른 세상'에 속한 사람들이 내부의 눈으로 바라보는 법조계는 어떤 모습일까요? 지금까지 주로 사법시스템 밖에 있는 사람들이 느끼는 문제점을 들어보았다면, 이제는 그 시스템 안에 있는 사람들 이야기를 통해 원인을 분석해볼 차례입니다. 판검사들이 돈을 먹고 있다는 명성훈 사장의 의혹에서부터 이야기를 시작해볼까 합니다.

2장

큰돈, 푼돈, 거절할 수 없는 돈

"너희는 공정을 왜곡해서도 안 되고
한쪽을 편들어서도 안 되며 뇌물을 받아서도 안 된다.
뇌물은 지혜로운 이들의 눈을 어둡게 하고,
의로운 이들의 송사를 뒤엎어버린다."

「구약성경」「신명기」 16장

'과거'를 묻지 마세요?

법원과 검찰에 대한 불신을 이야기할 때, 돈문제를 거론하지 않을 수 없습니다. 명성훈씨처럼 적지 않은 시민들은 판검사들이 변호사들에게 돈을 받는다고 생각합니다. 판검사들은 과거에도 그런 일은 '거의' 없었고, 지금은 '전혀' 없다고 주장합니다. 면담을 시작하기 전에 사전조사 단계에서 만난 전직 판사는 "1997년 의정부 법조비리 사건이 일어나기 전에도 법조계는 결코 부패하지 않았다"고 이야기했습니다. 그분 말씀에 따르면, 비록 판사들이 변호사에게 실비 등의 명목으로 약간의 돈을 받은 것은 사실이지만 그 돈이 "재판에 영향을 주지 않았으므로" 부패와는 무관하다는 얘기였습니다. 의정부 법조비리 사건에 대해서도 법조 브로커들 사이의 갈등이 엉뚱한 사건을 만들어내고, 수사 검사의 욕심으로 과장되었을 뿐, 실제로는 비리도 아니라고 했습니다. 비슷한 이야기를 하는 분이 한둘이 아니었습니다만, 그런 분들은 대부분 면담과 녹취를 거절했기 때문에 그 이야기를 이 연구에 제대로 담을 수는 없었습니다. 그만큼 민감한 문제라는 뜻이겠지요.

이런 분들의 주장을 이해하려면 먼저 부패가 무엇인지부터 분명히 해두어야 합니다. 사람마다 깨끗함의 기준이 다르기 때문입니다. 법조계가 예나 지금이나 변함없이 깨끗하다고 믿는 일부 전현직 판검사들은 '사건과 관련하여' 돈을 받았는지를 부패의 핵심 요건으로 생각합니다. 사건과 관련하여 돈을 받은 게 아닌 이상, 실비, 휴가비, 전별금이나 술대접 등은 부패의 범주에 넣지 않습니다.

깨끗함의 기준에 대해서는 서울대 한인섭 교수의 분류를 참고할 만합니다. 한교수는 판검사가 변호사에게 받는 혜택을 크게 세가지로 나눕니다. 첫째, 변호사에게 이른바 실비를 조달받는, 관행에 가까운 비리가 있습니다. 법조사회에서 오래전부터 존재한 실비란 판검사의 식비와 직원 회식비 등의 명목으로 변호사에게 조달받는 돈을 말합니다. 휴가비나 전별금 등 다양한 명목으로 받는 비교적 소액(소액이라 해도 10년 전 기준으로 10만원 이상을 말하는 것이므로 일반시민의 입장에서는 결코 소액이 아닙니다)의 돈도 이 범주에 속한다고 볼 수 있겠지요. 둘째, 판검사들이 변호사에게 향응 수준의 술대접을 받거나 골프·도박 비용 등을 받는 경우가 있습니다. 셋째, 사건과 관련하여 거액의 돈이 노골적으로 오가는 경우를 들 수 있습니다. 한교수는 이 세가지 경우 모두 직무관련성이 있는 뇌물이지만, 그 범위를 좁게 잡아도 향응 제공과 거액의 뇌물 전달은 형사처벌을 받을 사안이라고 정리합니다.[1] 앞서 말씀드린 일부 전현직 판검사들이 셋째 경우만을 부패의 기준으로 삼으려 하는 것과는 구별되는 입장이라 할 수 있지요.

1995년에 제정되어 1998년과 2006년에 개정된 법관윤리강령은 "공정성과 청렴성을 의심받을 행동"을 포괄적으로 금지하여,[2] 첫번째 유형의 행위가 비록 형사처벌 대상은 아니더라도 징계는 할 수 있는 길을 열었습니다. 2006년에 처음 만들어졌고 2008년에 다시 제정된 법관 및 법원공무원 행동강령은 직무관련자에게 금전·부동산·선물 또는 향응 수수를 전면 금지하고 그 예외를 상세하게 규정하고 있지요.[3] 다소 추상적이었던 법관윤리강령을 구체화하여 실효성을 높인 것입니다. 검찰 역시 1999년 1월 검사윤리강령을 제정하여 검사에게 "공·사생활에서 높은 도덕성과 청렴성을 유지"할 것을 요구하고 있습니다.[4] 이 같은 변화에 따라 법원과 검찰은 첫째 유형에 속하는 실비와 휴가비, 전별금 등에 대해서도 일단 문제가 터지면 강력하게 징계하는 입장을 취해왔습니다. 2016년 11월 30일부터는 부정청탁 및 금품등 수수의 금지에 관한 법률(이른바 김영란법)이 시행되어 공직자의 금품수수를 막는 촘촘한 그물망이 만들어졌습니다. 이러한 규정의 변화와 적용은 법조비리가 터질 때마다 조금씩 깨끗해지고 제도적으로 보완되어온 우리 법조계의 궤적을 객관적으로 보여주는 좋은 자료입니다.

푼돈, '실비'라는 어두운 과거

그 당시에 실비를 우배석이 관리를 하면서도, 준다고 다 받는 게 아니고, 사건이 있고 좀 이상하면 그거는 안 받았습니다. 액수가 크면 안 받고, 모르는 사람 거는 안 받고. 그래서 대개 부장 하다가 나간 사람, 옛날에 부장 하던 사람, 우리 부장이 아는 사람, 그러려면 원장급일 텐데, 이런 변호사들한테만 실비를 받았지요. 검찰 출신이 갖고 오거나 그러면 또 안 받았어요. 저 사람이 이거 가지고 사기칠 것 같다 싶으면 안 받는 거죠.(김승헌, 58면)

법조경력 20년이 넘는 김승헌씨는 어느 모로 보나 법원이 자랑할 만한 사람이었습니다. 대학 재학 중에 좋은 성적으로 사법시험에 합격했고, 군법무관을 마친 다음 판사로 일하면서 대부분의 요직을 거쳤지요. 김판사의 아들은 아빠처럼 판사가 되겠다는 꿈을 가지고 있다고 합니다. 그래서 그는 나중에 아들이 자신의 재판을 봤을 때 "부끄러운 게 한건도 없어야 되겠다"며 정의로운 판사가 되기를 다짐합니다. 문제의 씨앗을 없애려고 술은 거의 마시지 않고, 골프채는 남에게 주어버렸습니다.

그러나 그런 김승헌 부장판사조차도 관행적으로 실비를 받아 관리하던 법원의 '과거'에서 자유롭지 못했습니다. 그런 관행 자체가 잘못이라는 데에는 토를 달지 않으면서도, 주로 판사 출신 변호사들에게만 선별적으로 받은 실비를 우배석이 조심스레 관리했고, 사건과 관련돼 있을 때는 받지 않았으며, 판사들끼리 그 돈을 나눠 가지지도 않았다는 설명으로 이해를 구하려 했습니다. 판사 출신 변호사 중에서도 부장판사 이상을 지내고 서로 인연이 있는 사람에게만 돈을 받았으며, 심지어 검사 출신 변호사에게는 아예 받지 않았다고 합니다. 그렇게 돈을 줄 수 있으려면 대개 "원장급" 정도가 되어야 했습니다. 또한 어떤 이유로든 돈을 주는 사람이 그 사실로 "사기칠 것 같다 싶으면" 받지 않았습니다. 1990년대 초반을 기준으로 할 때 그렇게 받은 돈은 한번에 "20만원이 제일 흔했던 것 같고, 30만원도 몇 사람 주었지만, 만약 50만원을 넘어설 때에는 받아야 할지 생각을 해봐야 했다"고 합니다. 100만원 이상을 가져오면 절대로 받지 않았습니다. 그렇게 받은 돈은 주로 판사들이 식사할 때마다 밥값을 내고, 명절 때면 계장·주임·직원 등 직원들에게 떡값도 주고, 가끔 회식하면 술도 먹는 식으로 "먹고 썼던 거지, 그 돈을 나눠가진 것은 아니었다"고 합니다. 김부장판사는 이런 관행을 길게 설명한 끝에 "그래도 문제가 있죠"라는 결론을 내렸습니다. 나름대로 엄격한 기준에 따라 관리하고, 그 돈을 나눠가진 것은 아니지만, 그래도 문제는 있다는 취지입니다.

김부장판사처럼 실비가 엄격하게 관리되었음을 강조하는 전현직 판사들은 "그렇게 돈을 받았다고 해서 그게 곧 사건의 결과로 연결되었던 것은 아니"라는 이야기를 하고 싶어했습니다. '돈을 받든, 청탁을 받든, 사건에 영향을 주지만 않으면 된다'는 생각은 우리 법원과 검찰을 오랜 세월 지배해온 특별한 믿음입니다. 돈을 받아서 먹고 마시는 데 쓴 것과 그 돈을 통째로 주머니에 넣은 것을 다르게 생각하는 점도 흥미롭습니다. 나눠 "먹은 것"은 죄가 아니지만, 나눠 "가진 것"은 죄가 될 수 있다는 얘긴데, 이는 판검사들뿐만 아니라 우리 사회에서 상당히 폭넓게 공유되는 기준으로 보입니다. 함께 술을 마시고 돈을 낸 쪽은 '로비 자금'으로 생각하지만, 얻어먹은 쪽은 '친구의 호의'로 생각하는 것과 같은 맥락이라 할 수 있겠지요. 물론 판검사들이 진짜 그걸 믿을 정도로 순진하지는 않았을 겁니다. 아마도 그렇게 믿고 싶어했을 뿐이겠지요. 또한 모든 판사실의 실비를 김부장판사의 말처럼 엄격한 기준으로 관리했는지도 의문입니다. 판사들 개인의 도덕성 차이도 있고, 어차피 누구에게 조사받을 것이라 예상하고 챙긴 돈도 아니었기 때문입니다.

판사들이 주로 판사 출신 변호사들에게만 실비를 받았다는 사실은 사회적으로 더 심각한 문제를 야기합니다. 그 돈이 여러가지 의미로 판사들에게 안전했는지 몰라도, 판사에게 돈을 줄 수 있는 위치 자체가 특권일 수 있기 때문이지요. 돈 받는 게 특권이 아니라 돈 주는 게 오히려 특권일 수 있었던 실비 관행은 우리 사법의 현실을 이해하는 중요한 단서를 제공합니다. 실비는 그 돈의 많고 적음을 떠나 언제나 관계와 연결되어 있습니다. 아무나 돈을 줄 수 있었던 게 아닙니다. '관계와 연결된 돈'은 뒤에서 살펴보는 '거절할 수 없는 돈'을 만들어 냅니다. 또한 실비 관행은, 비록 과거의 일이라 할지라도, 변호사에게 돈을 받는 것이 일부 썩은 사과만의 문제가 아니라, 법원 구성원 대다수의 구조적 문제였던 시절이 있었음을 분명히 보여줍니다.

판검사들이 전관 변호사들에게 각종 명목으로 돈을 받아 사무실 운영 또는 생활비에 보태온 전통은 우리나라 법조시험의 독특한 성격과도 관련이 있습니다. 해방 이후 한국의 법조시험은 언제나 국가가 관리했으며, 처음부터 판검사 임용시험 성격이 강했습니다. 변호사 '자격' 시험이 아니라, 판검사를 뽑기 위한 관료 '임용' 시험이었던 것입니다. 경북대 김창록 교수의 분석에 따르면 1950년부터 1963년까지 실시된 고등고시 사법과 시험의 경우, 인물정보 데이터베이스에서 검색되는 599명의 합격자 중에서 판검사를 지낸 사람이 무려

558명에 이릅니다. 합격자의 93.16퍼센트가 판검사로 임용되었던 것입니다.[5] 이를 바꾸어 말하면 해방 이후 우리 법조계는, 1981년 사법시험 합격자가 300명으로 증원될 때까지 사실상 모든 변호사가 전관이던 시절을 보냈다고 할 수 있습니다. 모든 변호사가 전관인 상황에서 실비는 박봉에 시달리는 후배 판검사들을 도와주는 일종의 미덕으로 받아들여진 면도 없지 않습니다. 이런 구조에서 돈은 받아도 사건에 영향을 주지는 않는다는 믿음이 폭넓게 퍼졌습니다.

> 다는 안 그렇다고 보이지만 많은 변호사들이 찻값을 5만원, 10만원 내놓고 갔었습니다. 이것이 굉장히 커다란 돈이죠. 뭐 한두 사람 찾아오는 거 아닐 테니까요. 물론 변호사가 직접 법정 외 변론을 하는 사건들이 많지 않을 테니까, 모든 사건들이 다 그런다는 건 아니고요. 이렇게 실비나 찻값을 받았고, 그다음에 재판 끝날 때 술을 사줄 만한 변호사분을 맨 뒤로 돌려서 재판 끝나고 같이 재판부 회식을 했죠. 법원 경위까지 데리고 가는 재판부도 많았습니다.(이정수, 11면)

실비 관행을 가장 가까운 곳에서 목격한 사람들은 법원의 일반직 공무원들입니다. 20년 가까이 법원공무원으로 일한 이정수 국장은 의정부와 대전에서 법조비리 사건이 터지기 전에 많은 변호사들이 "무상으로" 법관실을 출입했던 것으로 기억합니다. 그렇게 찾아온 변호사들은 판사실을 나가면서 "부속실 여직원"(부속실에 근무하는 공무원을 과거에는 이렇게 불렀습니다)에게 찻값 명목으로 5만원이나 10만원을 놓고 가기도 했습니다. 회계나 총무를 보는 배석판사들도 실비 명목으로 돈을 받았습니다. 잘 아는 변호사의 재판 순서를 일부러 맨 뒤로 돌리고, 재판을 끝낸 뒤 그 변호사와 함께 재판부 회식을 하기도 했습니다. 변호사는 회식비를 내는 일종의 스폰서 역할을 하는데, 해당 변호사는 이를 부담이라기보다는 오히려 영예로 받아들였습니다. 거의 공개적으로 이루어진 일이라서 일반 직원들도 모르는 사람이 없었지요. 이와 관련하여 이국장은 함께 일한 판사들의 속내를 들을 기회가 많았습니다. 판사들은 "판결 선고와 그런 금전은 정말 영향이 없다"고 말하곤 했다고 합니다. 이국장도 그 말은 사실일 것이라고 믿고 있었습니다.

실비 명목으로 돈을 받기는 했지만 재판에 영향을 주지 않았다는 정당화 논리는 여기에서 다시 한번 확인됩니다. 세상에 공짜는 없으며, 특히나 포괄적 업무 관련성이 있는 변호사에게 받은 돈은 재판과 무관할 수 없습니다. 그런데도 그런 상식에 반하는 믿음이 법원 내부에서 상당히 오랫동안 유지되었다는 사실은 정말 놀라운 일입니다. 그런 돈이 오가는 것을 '부속실 여직원'들까지 모두 알고 있었다는 것도 큰 문제입니다. 판사들이 오염된 상태에서 일반직원들이 깨끗하기를 기대할 수는 없을 테니까요.

이제는 어떤 판사도 과거 그런 일이 있었다는 사실조차 입에 올리려 들지 않습니다. 제가 아는 판사들도 실비 관행 이야기만 나오면 고개를 저으며 다른 이야기로 화제를 돌립니다. 그러나 1990년대 이전에 법원에 들어온 중견 판사들 대부분이 그런 부끄러운 경험을 한 우리 현실에서 시민들의 불신이 쉽게 사라지기를 기대하기는 어렵습니다. 김승헌 부장판사는 그런 과거 때문에 사법개혁 등의 문제에서 항상 약세일 수밖에 없는 법원의 처지를 한탄합니다.

> 저는 처음 임관할 때부터, 실비가 함정이라고 생각을 했습니다. 저게 한번은 터진다고 생각을 했고. 그건 이제 1997년 이후에는 싹 정리가 됐죠. 지금 실비 관리하는 데는 하나도 없으니까. 그 당시에 실비를 받으면서 마음 편한 판사가 있었겠습니까? 실비 그렇게 돌아가는 거 뻔히 알면서. 그 당시에도 찜찜했을 것이고. 그거만 없었으면 지금 법원이 더 큰소리치겠죠. 그런 약점이 있으니까 지금 사법개혁 말이 나와도 항상 약세고 그렇죠.(김승헌, 59면)

처음 임관할 때부터 "실비가 함정"이라고 보고, "저게 한번은 터진다"고 생각했던 김승헌 부장판사이지만, "1997년 이후에는 싹 정리가 됐"다는 데 만족하고 있었습니다. 다만 "그런 약점 때문에 사법개혁 말이 나와도 항상 약세"인 법원의 처지를 한탄했을 뿐입니다. 과연그 오랜 관행이 한번에 싹 정리되었을까요. 지금 기준이라면 모두 옷을 벗어야 할 정도로 잘못된 관행에 젖어 있던 판사들이 여전히 법원 상층부를 점하고 있고, 앞으로도 상당 기간 우리 법원을 지배하리라는 사실을 우리는 어떻게 받아들여야 할까요. 아무런 고백도 반성도 없이, 지금 깨끗하니 과거는 없었던 일로 치고 그냥 넘어가면 될까요. 그 오랜 관행이 우리 법원이나 검찰에 현실적으로 어떤 흔적을 남겼는지에 대한 연구나 검토 없이 하루아침에 깨끗해졌다고 믿으면 될까요. 과거에 변호사를 통해 판검사에게 돈을 주었던 사람들이 법원을 불신한다고 해서, "우리가 더이상 실비 관리를 안 하니, 그런 불신은 당신네 문제일 뿐"이라고 접고 넘어갈 수 있을까요. 시민들도 과연 그렇게 생각해줄까요.

판검사들이 '사건에 영향을 주지 않는 돈'이 있을 수 있다고 믿는 것과는 달리, 예나 지금이나 판검사에게 돈을 주거나 청탁해본 경험이 있는 사람들은 모두 그런 행동이 판결에 영향을 끼친다고 믿습니다. 돈을 받는 사람과 주는 사람 사이에 존재하는 이런 차이는 법원과 검찰에 대한 불신을 이해하는 중요한 단초입니다.

—
거절할 수 없는 돈

전현직 판검사로 면담에 응한 사람들 대부분은 실비 이외에도 '사건과 관련 없는' 돈이나 상품권 등을 받은 경험을 이야기해주었습니다. 돈을 준 사람은 대개 전관 변호사였고, 구술자들은 거절할 수 없는 곤혹스런 분위기에서 어쩔 수 없이 받은 경우가 많았습니다.

> 30만원 정도 되는 백화점 상품권을 받은 적도 있어요. 그분이 굉장히 대담하신 분이셨어요. 돈을 준 분이 전직 차장검사였거든요. 변호사 개업하고 나가서도 검사들을 부하라고 생각하시는 거예요. '내가 나가서 돈을 좀 벌었으니까 너네가 그냥 이거 좀 써라'는 식이죠. 밥 먹는 자리에서 느닷없이 갑자기 상품권이 돌아가는 거예요. 그래서 저는 저걸 어떻게 해야 되지 고민하는데 부장

이 받는 거예요. 저는 어떡하지 어떡하지 생각하고 있었는데 한 선배 검사가 자기는 안 받겠다고 그 자리에서 얘기를 했어요. 일순간 우스꽝스러운 상황이 돼버린 거죠. 부장은 받았는데, 자기는 안 받겠다고 하니 주는 손도 무색해졌죠. 그런데 그다음이 더 웃기죠. 그다음에 차장 출신 변호사님이 아이 김검사 또 왜 그래, 툭치면서 강제로 주니까, 그 검사가 자리를 박차고 나갈 수도 없고, 그냥 얼굴이 흙빛이 돼서 앉아 있고. 그리고 저도 받았습니다. 지금 생각해봐도 왜 그랬었나 싶은데 그게 너무 당연한 그런 분위기가 되어버린 거예요.(정종은, 7~8면)

면담 당시 검사 경력이 10년에 가까웠던 정종은씨는 처음부터 "다른 사람들 이야기를 하기보다는 제가 검사생활 동안 잘못한 것들을 성찰하고자 한다"는 입장을 보였습니다. 정검사는 우리가 일반적으로 상상하는 검사의 모습과는 사뭇 거리가 먼, 오히려 차분한 선생님에 가까운 분이었습니다. 그날 식사 자리에서 전직 차장검사가 돌리는 상품권을 받으면서 그는 "남들도 아무렇지 않게 받으니까 저거는 문제없는 거 아냐? 내가 법률적으로 생각해봤을 때 무슨 대가성이 있는 것도 아니고 그렇지 않나. 내가 만약에 수사를 당한다 해도 문제가 없을 거 같아. 내가 저걸 혼자서 돌려줄 수도 없는 노릇이고"라고 생각했다 합니다. 결국 상품권을 받아서 그냥 사용하고 말았지요.

정검사가 묘사하는 술자리 광경은 "일순간 우스꽝스런" 분위기를 만들지 않고는 도저히 돈을 거절할 수 없는 독특한 문화를 잘 보여줍니다. 전직 차장검사는 이미 변호사 개업을 했는데도 여전히 검사들을 자기 부하처럼 대하고, "내가 나가서 돈을 좀 벌었으니 후배들이 나눠 쓰라"는 태도를 보입니다. 이런 상황에서 법률적으로는 분명히 부하가 아닌데도, 법조계 상하관계가 아니라고 할 수도 없는 검사들은 아주 난처한 입장에 처하지요. 맨 먼저 상품권을 챙겨 넣어서 이 난처함을 완화해주는 사람은 술자리 최선임자인 부장검사입니다. 부장검사에 이어 한명씩 한명씩 상품권을 받아 넣고 나면, 이제는 오히려 그것을 거절하는 사람이 우스꽝스러워지는 상황이 됩니다.

상품권을 나눠주다가 거절당했을 때 얼굴이 흙빛이 되어야 하는 것은 차장검사 출신 변호사입니다. 그러나 이상하게도 얼굴이 흙빛이 되는 사람은 거절당하는 전관 변호사가 아니라 거절하는 검사입니다. 우리 법조계가 처한 기묘한 현실과 권력관계를 보여주는 독특한 장면입니다. 인간은 모방을 하며 움직이는 존재이며, 대열을 무너뜨리기보다는 차라리 자신의 목숨을 내놓는 존재입니다.[6] 생존이나 정의보다는 언제나 사회적 예절을 중시합니다. 이미 상품권을 받아 넣은 또래집단의 보이지 않는 압력 속에서 자신만은 이것을 안 받겠다고 선언한 검사는 오히려 예외적인 존재입니다. 검사들이 다함께 용기 있는 개인으로 살기를 결단한다면 문제되지 않을 터이지만, 개인보다는 조직의 힘이 중요하고 그 조직의 평가가 무엇보다 중요한 상황에서 모든 검사에게 이런 용기를 기대하기란 어렵습니다. 그리고 그 용기를 포기하면 동료들과의 뜨거운 연대의식 속에서 적절한 용돈도 챙길 수 있습니다. 선배가 돈이나 상품권을 받기 시작하는 순간, 후배는 '자신은 그런 잘못된 행위를 따라한 데 불과하다'고 생각하고 그 책임은 선배에게만 있는 것처럼 느끼게 되지요.

돈을 거절한 검사의 얼굴을 흙빛으로 만들 수 있는 것이 바로 법조계를 움직이는 시스템이자 관행입니다. 실비가 사라졌다고 하지만, 돈을 주고받는 현상이 드물게 나타날 뿐, 실비를 만들어낸 구조적인 배경까지 사라지지는 않았습니다. 법원이나 검찰이 눈앞에 보이는 작은 변화에 쉽게 만족하지 말아야 하는 이유가 바로 여기에 있습니다.

정검사는 초임 시절에 부장검사 출신 변호사가 임지를 옮겨가는 검사 모두에게 돌린 50만원의 전별금을 받은 적도 있습니다. 돈을 받으면서는 역시 "검사들한테 얼마나 많은 도움을 받아서 이만한 액수를 전별금으로 돌릴 정도가 되나" 생각했지만 거절하지는 못했습니다. 검사경력이 좀 쌓여 공판검사로 일하던 중에, 국회의원 출신 변호사에게 50만원을 받기도 합니다. 재판이 끝난 후 그 변호사가 직원에게 50만원을 맡기고 간 것을 알게 된 정검사는 그 돈을 우편환으로 바꾸어 돌려주지요. 전별금과 똑같은 50만원이지만 이번에는 그냥 돌려준 까닭은 "법률적으로 대가성이 있다"고 판단했기 때문입니다. 그 변호사로부터 누범기간에 범죄를 저질러 실형 선고가 예상되는 구속 피고인이 벌금형을 받을 수 있게 해달라는 부탁을 받았으나 재판장에게 아무 이야기도 전해주지 않은 터였습니다. 하지만 나중에 실제로 피고인이 벌금형을 받게 되어 변호사가 검사에게 사례를 한 경우였지요. 돈을 돌려준 후 정검사는 그 전직 국회의원에게 "변호사생활에 이렇게 돈을 돌려받은 게 처음이다. 내가 생각하기에는 정검사가 대한민국에서 가장 훌륭한 검사 같다"고 칭찬하는 전화도 받습니다. 그 변호사의 칭찬은 정검사에게 여러 고민거리를 남겨주었습니다.

그런 사례들에 있어서 돈을 돌려준 검사나 판사가 없었다는 거죠. 그런데 너는 돌려줘서 굉장히 훌륭하다 이렇게 얘기하는 건데, 뒤집어서 생각해보면 관행적으로 그 당시에도 그런 식으로 계속 변호활동을 해오신 거 같고. 그거 자체로 굉장히 법률적으로 문제가 있는, 말하자면 범법행위죠. 뇌물이죠. 그걸 판검사들이 하고 있는 게 아닌가 하는 생각이……(정종은, 9면)

지방법원 부장판사를 지내다 퇴직하여 중대형 법무법인의 대표변호사를 지낸 권용준씨도 비슷한 경험을 들려줍니다. 과거에 "모셨던" 부장판사가 변호사 개업을 한 다음 판사실로 찾아와서 "권판사님은 학 같은 분이야"라고 칭송하면서, "판사들하고 식사나 하라"며 50만원을 놓고 간 것입니다. 이를 "뿌리칠 수 없어서" 같은 부의 판사들하고 여러 차례 밥을 먹었지요. 모시던 분이었던 데다, 권판사의 방에 사건이 없었기 때문에 부담 없이 받아서 쓸 수 있었습니다. 권용준 변호사는 그런 식으로 10~20만원의 돈을 가지고 오는 변호사들을 많이 보았고, 그 돈을 거절했다가 오히려 어려움을 겪기도 했습니다.

그런 건 아주 관계가 더러워지는 거예요. '이 자식이 이거 참 선배가 준 돈을, 내가 뭐 봐달라고 했어? 새끼, 이거 웃기는 새끼네 이거 진짜? 상종 못할 놈이네?' 그런 눈빛으로 사람을 봐요. 지방에서도 한번은 놓고 간 걸 전화해가지고 돌려드리고 그랬더니 아주 분위기 싸늘하고, 아주 분위기 더럽고. 그런 경우가 좀 있었어요. 돈을 거절했다가 평판이 오히려 나빠질 수 있죠. 자기를 모욕 줬잖아요. 우리나라 사회는 그런 거거든요. 같이 안 먹으면 나랑 같은 편이 아니란 뜻이거든요.(권용준, 16~17면)

돈을 받는 것보다 돈을 거절하는 것이 오히려 "평판"에 나쁜 영향을 끼칠 수 있다는 권변호사의 이야기는 돈 자체보다 강력한 무언가가 작동하고 있었음을 보여줍니다. 돈보다 더 강력한 무엇이 작동하기에, 돈을 주는 변호사 쪽이 오히려 더 당당하고, 돈을 거절하는 쪽에서는 자신의 평판을 걱정해야 하는 이상한 상황이 만들어집니다. 이는 앞서 말씀드린 것처럼 모든 변호사가 판검사 출신이고, 전관 변호사들이 이런저런 명목으로 후배 판검사들에게 용돈을 주는 것이 미덕처럼 받아들여진 법조계의 오랜 전통과도 무관하지 않습니다.

돈을 돌려준 경험을 이야기한 전현직 판검사들 중의 누구도, 돈을 준 변호사를 입건하거나 고발하지 않았습니다. 만약 누군가 이런 조치를 취하면 그는 어떤 평판을 얻게 될까요. 일반인들은 혹시 그런 판검사를 청렴하다고 칭송할지 모르지만, 좁은 법조계 바닥에서는 '또라이'로 찍힐 개연성이 높습니다. 물론 법조경력이 일천한 젊은 변호사가 판검사에게 돈을 주는 경우에는 혹 그걸 입건하거나 고발하는 판검사가 있을 수 있습니다. 그조차도 아직 전혀 보고된 바가 없긴 하지만 말입니다. 법조계 전체가 어려운 시험을 통해 '한가족'이 되었다는 의식이 강하기도 했고, 그런 어려운 시험에 합격한 변호사의 인생을 한방에 끝장낸다는 부담도 있었겠지요. 무엇보다 워낙 뿌리 깊은 관행이라 혼자 어쩔 수 없다는 자포자기 분위기도 중요한 원인이었을 것입니다.

다만 사건 당사자가 판사에게 돈을 주었다가 구속되는 경우는 있습니다. 2007년 11월 전직 국회의원 강숙자씨는 자신의 민사소송을 담당한 재판장 집으로 현금 800만원이 든 유자차 상자를 들고 찾아가 부장판사의 딸에게 전달했습니다. 그날 저녁 늦게 집에 돌아와 상자를 열어본 부장판사는 바로 대법원 윤리감사관실에 전화해 이 사실을 알렸고, 법원은 강씨를 검찰에 고발하였으며 결국 강씨는 구속기소되었지요.[7] 강숙자씨는 1) 구체적인 사건과 관련하여 2) 아는 사람이나 변호사를 통하지 않고 3) 거액의 현금을 전달하려 했다는 점에서 상식을 벗어난 시도를 한 경우입니다. 그런 식으로 돈을 받았다가 구속되어 처벌받는 정치인들을 가까이에서 보아온 판사들이, 사건과 관련된 거액의 돈을 모르는 사람에게 받을 리 없는 까닭입니다. 김승헌 부장판사의 말을 빌리자면, "확신하건대, 판사가 얼굴 모르는 사람, 당사자를 앉혀놓고 거기서 돈을 받을" 가능성은 절대 없습니다. 그러나 그런 김부장판사조차도 다르게 이야기하는 부분은 정종은 검사가 말한 것과 같은 경우입니다.

저도 만약 그런 자리이면, 상품권 안 받는다고 거의 못 버틸 거 같은데요. 어떻게 그러겠어요. 모시던 부장님이 쭉 나눠주는데 거기서 "어, 이거 왜 이러십니까?" 하면서 정색하고 버티면 훌륭한 사람이긴 한데, 어렵죠. 그러기가 참 힘들죠. 제가 모시던 부장님들이 개업하고 나간 거는 1990년대 초반이니까 그때는 부장님들이 바깥에 나와서 준 게 아니고 명절에 주는 거죠. 1997년 이후에는 저는 그런 경험이 없는데, 아마 뭐 배석급에서는 그런 경험이 있을 것도 같아요. 전직 부장님이 배석들 둘, 셋 함께 있다가 식사하자고 해가지고 명절이라고 해서 조금씩 주면, 그거 거절하기 힘들 거예요. 아마 받을 것 같은데. 어쨌든 안 받아야죠. 그 부장 출신 변호사가 그 부에 사건이 없을 리 없거든요.(김승헌, 24면)

정종은 검사나 권용준 변호사 이야기는 모두 2000년대 초반의 일입니다. 그러나 정검사와 권변호사의 경험을 전해 들은 김승헌 부장판사는 자신도 "만약 그런 자리이면, 상품권 안 받는다고 거의 못 버틸 거 같다"고 이야기합니다. 시간이 지나고 법조계가 많이 깨끗해졌다고 하더라도 여전히 거절하기 어려운 돈이 있다는 것이지요. 다만 김부장판사는 "모시던 부장"이 찾아와서 돈을 주기에는 자신이 누군가를 모신 지가 너무 오래되어 최근에는 그런 경험을 한 적이 없다고 합니다. 그러고는 1분도 지나기 전에 단호하게 "그런 돈을 받아서는 안 된다"고 덧붙입니다. 전직 부장판사인 변호사가 후배 판사의 부에 "사건이 없을 리 없다"는 것입니다. 다소 오락가락하는 것처럼 보이는 김부장판사의 말이지만, 저는 이를 매우 정직한 태도로 이해합니다.

사법 불신을 주제로 연구를 진행하는 동안 이것이 우리나라만의 문제가 아니며 세계 어디에나 있는 보편적 문제라는 이야기를 여러 번 들었습니다. 주로 우리 사법을 옹호하려는 분들이 들려준 이야기였습니다. 김승헌 부장판사도 면담 내내 사법부에 대한 불신은 우리나라만의 문제가 아니며, 미국을 비롯한 다른 나라들도 심각한 사법 불신에 시달리고 있음을 강조했습니다. 미국에서는 판사의 신뢰도가 경찰보다 낮게 나온다든지, 주 법원 판사의 자질은 우리나라보다 훨썬 못하다든지, 매년 엄청나게 많은 변호사가 자격을 상실한다든지 하는 사실을 근거로 제시했지요. 그러나 만약 미국에서 판사가 돈을 받는다면, 돈이 좋아서 받는 것이지, 우리처럼 '거절할 수 없는 돈'이라서 받는 게 아닙니다. '거절할 수 없는 돈'은 우리의 독특한 문화에 기인한 것이기에 일반적으로 세계 어디에나 있는 부패와 동일한 맥락에서 설명할 수 없지요.

'거절할 수 없는 돈'은 판검사들이 변호사에게 용돈을 받으면서도 죄책감을 느끼지 않게 해주는 합리화 수단으로 오래도록 활용되었습니다. 나는 원치 않으나 '남들이 다 받기 때문에 할 수 없이 받는다'는 공동의 보호장막 아래에서 모두의 잘못이 면죄부를 받아온 셈입니다. 돈이 좋아서 받는 것은 아니라면서, 외국의 어떤 나라보다 더 관행화된 돈을 많이 받아 챙겼습니다. 결국 '거절할 수 없는 돈'이란 '돈을 받고 싶은 욕망'이 만들어낸 일종의 중화(neutralization) 또는 합리화 기술입니다.[8]

판검사는 어떤 경우에 돈을 받았는가? 이는 김승헌 부장판사, 정종은 검사, 권용준 변호사의 이야기에 잘 정리되어 있습니다. 첫째, 사건과 직접적인 관련이 없어야 하고 둘째, 잘 아는 사람들, 특히 함께 판검사생활을 했던 변호사들의 돈이어야 하며 셋째, 액수가 너무 크지 않아야 했습니다. 경우에 따라 '거절할 수 없는' 인간관계가 개입되면 돈이 좋아서가 아니라, 대열을 무너뜨릴 수 없어서 받아야 하는 특별한 상황이 연출되기도 했습니다. 한마디로 믿을 만한 돈, 안전한 돈만 받은 것이지요.

어느새 모두의 기억 속에서 깨끗이 사라져버린 2007년 삼성 비자금 사건의 떡값 관련 논란도 이런 기준에 따르면 쉽게 이해할 수 있습니다. 우리나라에서 가장 안전한 돈이 누구의 돈일까요? 아마도 '준(準)국가'에 해당하는 조직력과 자금력을 갖춘 삼성의 돈일 겁니다. 현재 자기 손에 삼성과 관련된 사건이 없는데, 삼성에서 일하는 전직 판검사, 예컨대 김용철 변호사가 몇백만원 수준의 돈을 "좋은 데 쓰시라"고 꾸준히 가져다준다면? 면담에 응한 전현직 판검사 한분은 당시 삼성 떡값을 받았다고 거론된 검찰 고위직 인사와 친한 친구라고 했습니다. 그 친구가 절대 그런 일이 없다고 하기에 그 자리에서는 '그래 네가 받을 사람이 아니라는 건 아는데, 김용철은 왜 그런 얘길 했을까?' 생각했다고 합니다. 물음표 쪽에 방점이 실린 생각이지요. 그는 김용철 변호사의 이야기가 "진실에 육박할 수 있다"고 덧붙였습니다. "틀림없이 그런 일이 있다는 느낌은 아니지만, 구체적인 케이스를 떠나서 현실적으로 그런 것들이 있을 수 있다고 느낀다. 그러나 상당히 예외적일 것"이라는 조심스러운 의견이었습니다.

그렇다고 판검사들이 믿을 만한 돈은 모두 받고 있으며, 이런 금품 수수를 일상적인 사실이라고 판단할 수는 없습니다. 자신의 경험을 솔직히 들려준 판검사들도 이런 '거절할 수 없는 돈'의 수수는 그들의 긴 경력 중 불과 몇 차례에 불과했고 이제는 뼈아프게 반성하고 있기 때문입니다. 판검사와 변호사 또는 일반인 사이에 돈이 오가는 것은 갈수록 '과거의 관행'이 되어가고 있습니다. 그런 점에서 2000년을 전후하여 지난 20년은 상당히 눈부신 변화를 보여준 시기입니다. 그러나 적지 않은 판사들이 과거에 이런 잘못된 관행을 경험했습니다. 지금도 이런 관행이 완전히 사라졌다고 단언하기는 이릅니다. 돈은 사라져도 법조계의 관계망은 살아 있기 때문입니다. 극복해야 할 과제가 여전히 남아 있습니다.

돈 대신 골프?

실비를 챙기던 관행이 법조계에서 거의 사라진 사실은 곳곳에서 확인할 수 있었습니다. 면담에 응한 시민단체 간사도, 경찰 간부도, 기자들도, 변호사 사무실 직원도, 법원과 검찰이 과거에 비해 훨씬 깨끗해졌다고 생각합니다. 판사들이나 법원 공무원들도 이제 최소한 관행으로서의 금품수수는 사라졌다고 자신 있게 이야기했습니다. 1990년대 후반만 해도 도저히 사라질 것 같지 않았던 잘못된 관행들이 생각보다 훨씬 빨리 자취를 감춘 것입니다. 이는 우리 사회가 지난 20년간 급속히 민주화된 것과도 관련이 있습니다. 일부 보수정치인들이나 언론인들이 잃어버린 시간을 이야기하지만, 관행화된 부패가 극적으로 줄어든 기간을 '잃어버렸다'고 평가한다면 되찾아야 하는 것은 과연 무엇인지 의문입니다. 그러나 실비 등 관행화된 금품수수가 사라졌다고 해서 법원과 검찰이 부패에서 완전히 자유로워졌다고 볼 수는 없습니다. 돈은 안 받지만 '접대' 관행은 여전히 남아 있는 듯합니다. 접대의 핵심은 골프와 회식이고, 특히 골프가 심각한 문제입니다.

군복무 이전에 비교적 일찍 사법시험에 합격한 사람들은 사법연수원을 수료한 후 군법무관으로 입대합니다. 군법무관들이 일하는 군사령부나 공군 비행장 등에는 골프장을 갖춘 곳이 많고, 과거에는 사단급에도 골프연습장이 더러 있었지요. 물론 일반 장교들이라면 중위나 대위가 골프 치는 것은 상상할 수도 없습니다. 중대장이나 소대장은 그럴 시간도 없을뿐더러, 영관급 이상이 되어야 겨우 얼굴을 내미는 골프장에 감히 나타났다가는 상급자들에게 찍히기 십상이기 때문입니다. 군법무관들은 아무래도 이런 일반 장교들과는 다른 대접을 받고 시간도 있는 편이어서 이 시절에 골프에 입문하곤 합니다. 김승헌 부장판사도 군법무관 시절, 장기 군법무관이었던 선임자와 상급자가 골프를 좋아했고 자신도 총각이라 시간이 많았기 때문에 골프를 배웠습니다.

군법무관을 경험하지 않은 판검사들은 지방근무 때 골프를 배웠습니다. 정종은 검사의 경우 할까 말까 굉장히 고민했지만 지방의 조그만 지청에서 몇명 안 되는 검사들과 함께 근무하면서 골프에 입문하곤 했습니다. "다들 치는데 혼자 빠지기가 곤란하기도 했고, 골프를 치려면 한번에 30~40만원이 드는데 그 정도라면 월급으로도 한달에 한번은 칠 수 있겠다" 싶었기 때문입니다. 그러나 시작은 그렇게 했어도, 젊은 검사가 지청장·부장 등을 따라가서 자기 돈 내고 골프를 칠수는 없었습니다. 선배 변호사에게 상품권을 받을 때와 마찬가지로 도저히 돈을 낼 수 없는 어떤 힘이 작용한 것입니다. 결국은 정검사도 "실질적으로는 골프 접대"를 받을 수밖에 없었습니다. 정검사는 이를 "뭔가 열외에 있는 사람에게는 굉장히 배타적이면서 자기들끼리 중요한 것을 공유하는 것 같은" 검찰문화 때문이라고 설명했습니다.

실질적으로는 지청장, 부장을 따라가게 되면 제 돈으로 못 내죠.

남들 다 자기 돈을 안 내는데, 나만 내겠다고 할 수 없어서, 시작할 때는 그런 고민으로 시작했는데, 접대는 실질적으로 받게 되고 하여튼 그렇게 했었던 거 같아요.(정종은, 5면)

오랜 세월 판사생활을 한 후 퇴직하여 변호사로도 상당 기간 일해 온 권용준 변호사는 한마디를 하더라도 "그런 일이 꼭 있지 않다고 볼 수는 없다"는 식의 매우 조심스러운 어법을 구사하는 분입니다. 권변호사의 이야기는 그런 신중함을 충분히 감안해서 주의 깊게 읽어볼 필요가 있습니다. 권변호사는 골프나 식사 접대가 폭넓게 이루어지는 현실을 일단 가볍게 받아들였습니다. 동기니까 같이 밥을 먹을 수도 있고, 골프를 쳐도 판사는 10만원만 내고, 변호사는 30만원을 내서 "어떤 실질적인 이득을 보전해준다든가" 하는 일이 일어나는 것은 사실이지만, 그 정도의 접대가 사건과 연결되지 않는다면 "정말 좋은 일"이 아니겠느냐고 반문합니다. 가끔 자기 골프비는 자기가 내겠다고 고집하는 사람이 있을 수 있지만, 나중에 밥 먹을 때는 또 변호사가 돈을 내기 때문에 "그게 그거"라고도 했습니다. 권변호사는 오히려 자기 돈은 자기가 내겠다고 너무 까칠하게 굴면 "인간성 고약하다"는 평가를 들을 수 있다고도 이야기합니다. 식당에서 함께 식사를 하고 나서 서로 돈을 내겠다고 다툼을 벌이는 우리 문화상, 충분히 이해할 수 있다는 이야기입니다.

비평준화 시절의 이른바 명문 고교와 대학을 졸업한 권용준 변호사는 우수한 선후배들에 대한 끈끈한 애정을 숨기지 않았습니다. 그런 선후배 사이에서 "형, 요번에는 내가 낼게" 하고 밥값을 내는 변호사는 사건 이야기를 전혀 하지 않고 사건을 처리하는 판사도 그것을 의식하지 않을 수 있다면 "정말 좋은 것, 참말로 좋은 것"이라고 생각했습니다.

그는 후배 판사들의 부킹 부탁도 "귀여운" 것으로 받아들입니다. 어차피 판사들은 자기가 부킹을 안 하고, 남이 부킹을 해놓고 나서 "같이 갑시다" 하면 따라가는 경우가 많다고 합니다. 그런 분위기에서 "형님, 저 부킹 하나만 해주세요. 돈은 우리들이 내고 칠게요"라고 부탁하는 후배 판사가 있다면 몇번 해주면서 귀엽게 느낀다는 것입니다. 물론 그는 "내가 뭐 사건이 있어서 그런 것도 아니고"라는 전제를 붙였습니다. 현재 그 판사실에 사건이 없어야 한다는 형식적인 요건의 충족은 그에게 굉장히 중요한 요소로 보였습니다. 그는 골프비, 캐디비, 식사비 정도를 변호사가 대신 내주는 것도 이해할 수 있다고 인정합니다. 그러면서도 내기골프에 대해서는 매우 복잡한 심경을 드러냅니다. 각자 25만원씩 걸고 내기골프를 하면서 판사들은 한푼도 안 내고, 스폰서들이 판사 몫의 판돈을 대신 내준 다음 서로 따먹는 방식은 썩 좋은 게 아니라고 말합니다. 자기 돈도 아닌 돈을 걸고 돈내기를 하는 것은 잘못이라는 이야기였습니다. 그런 마음의 부담을 줄이기 위해서 권변호사는 후배 판사들이 3만원씩만 내게 하고 자신은 좀더 많은 돈을 거는 방식으로 내기골프를 쳐보기도 했습니다. 그러나 스스로 생각하기에도 그게 무슨 차이가 있나 하는 회의가 들었답니다.

이런 식의 골프도박이 없어진 줄 알았지만 최근에도 여전히 남아 있더라는 이야기를 털어놓는 권변호사의 이야기를 듣다보면 옳고 그른 것에 대한 숨겨진 갈등을 읽을 수 있습니다. 남의 이야기를 하듯

자기 이야기를 할 때도 있고, 매순간 이 이야기를 해야 하나 고민하는 것을 엿볼 수 있지요. 그런 고민 끝에 그는 여러가지 노력을 해보았지만 결국 "그게 그거더라"는 결론을 내립니다. 권변호사 나름대로 괜찮은 접대의 경계선을 그어놓고 선을 지키려 했어도, 제3자인 제 눈에는 그 경계 역시 '그게 그거'로 보인 것도 사실입니다.

> 밥 먹는 거랑 뭐 캐디 피 같은 거 이런 것들 정도는 같이 간 사람이 내줄 수 있는 거 아닐까? 그 정도까진 내가 이해는 해줘요. 근데 내기한다고 돈 하나도 안 내고. 예를 들어서 25만원을 스폰서가 내고 그걸 따먹기하고 있는 거 이런 것들 썩 좋은 건 아니에요. 바람직한 건 아니에요. 돈내기 안 하는 게 좋죠. 또 어떤 사람은, 나 같은 경우는, 내기하자, 야 너희들 3만원씩만 내줘, 난 좀 많이 낼게. 내가 뭐 그렇게도 해보고 좀 마음에 부담을 좀 서로 적게 하기 위해서 그렇게도 해봤는데 그게 그거죠. 큰 차이 있어요? 그게 그거지요. 그게 그거예요.(권용준, 18~19면)

법조경력이 오래된 권용준 변호사가 자주 쓰던 "그게 그거"라는 표현은 법조계가 처한 현실을 잘 보여줍니다. 판검사도 변호사도 나름대로 깨끗이 처신해보려고 여러가지로 머리를 써보지만, 나중에 생각해보면 모두 "그게 그거"일 뿐 뾰족한 수는 없었습니다. "그게 그거"라는 회의가 들다보면 결국에는 그런 최소한의 노력도 포기하게 됩니다.

골프접대가 여전히 남아 있고 골프장 예약이 쉽지 않은 까닭에 엉뚱하게 골프장 사장이 보이지 않는 힘을 발휘하기도 합니다. 앞서 말한 명성훈씨는 소송 상대가 골프장 사장이었기 때문에 자신이 그런 힘든 과정을 겪었다고 확신합니다. 판검사들도 모두 골프를 치기 때문에 골프장 회원권이면 먹혀들 수밖에 없다는 것입니다. 명성훈씨는 나중에 골프장 사장과 화해를 하고 나서, 상대방이 그동안 어떤 로비를 했는지 자세히 들을 수 있었다고 합니다.

> 상대방이 어떻게 빽을 잘 동원하나 싶어서 봤더니 이게 골프장으로 그렇게 하더라고요. 내가 골프를 치면 그걸 알았을 텐데 골프를 안 치니까 그걸 나는 몰랐어요. 나중에 보니까 전부 골프장 빽이야. 골프장 하나로 안 되는 데가 없어요. 장관 차관을 비롯해서 검찰총장, 대법원장, 대법관, 부장판사, 평판사, 평검사 이르기까지, 쫙 줄줄이에요. 하다못해 연예인들까지, 줄줄이 줄줄이에요. "골프는 니가 평생을 회원권 없이도 니 이름만 대면 그냥 치게 할 테니까 해!" 하고 구워삶은 거예요.(명성훈, 18, 36면)

골프가 접대의 방법, 로비의 통로로 쉽게 이용되는 이유는, 네명이 함께 오랜 시간을 보내는 운동이기 때문입니다. 함께 골프를 친 사람들은 쉽게 친해지기도 하고, 사업상의 중요한 이야기를 나누기에 충분한 시간을 보낼 수 있습니다. 골프 이후에는 식사나 술자리로 자연스럽게 이어지곤 합니다. 그런데 이러한 골프의 장점이 판검사들에게는 함정이 될 수 있습니다. 판사가 친구와 골프를 치러 갔는데 네명을 채우려면 두명이 더 필요하다보니 엉뚱한 사람이 끼어들 수 있습니다. 친한 친구와 치기로 했는데 그 친구가 갑자기 일이 생겼다며 약속을 취소해 다른 사람이 대신 나왔는데 알고 보니 사건 당사자일 수도 있습니다. 평소 골프를 즐기다보면, 고등학교 선배나 예전에 모시던 부장 또는 선배 변호사들이 연락할 경우 거절하기도 어렵습니다. '거절할 수 없는 돈'처럼 '거절하기 어려운 골프'도 있지요. 판사가 사건 관계자와 함께 골프를 쳤다가 문제된 사건들은 대개 이런 경우에 속합니다.

> 1년 동안 전화도 없다가 골프나 한번 칩시다 하고 전화 오면, 그때는 뭐 청탁할 게 하나 있는 거거든요. 위험하더라고요. 그래서 끊어버리고, 골프채를 남을 줘버렸습니다.(김승헌, 5면)

김승헌 부장판사는 1년 동안 소식이 없다가 골프나 한번 칩시다, 하고 전화가 온다면 청탁할 게 있는 거라고 판단했습니다. 그래서 아예 골프채를 남에게 줘버렸습니다. 물론 그뒤에도 가끔 전화가 걸려왔습니다. 그래서 "골프를 안 친다"고 하면 금방 "옛날에 군대 있을 때 안 배웠어?"라고 물어왔습니다. "배웠는데요"라고 대답하면 상대방은 "그럼 며칠 연습하면 되겠네"라면서 꼭 치자고 한답니다. 거기에 "연습할 시간 없습니다"라고 답변하면 상대방이 금방 서운해할 수밖에 없습니다. 역시 인간관계 때문입니다. 그래서 김부장판사는 아예 채를 남에게 주어버리고 골프와 인연을 끊었습니다. 전화가 올 때마다 "골프채도 없습니다"라고 말하면 상대방도 금방 포기하고, 몇번 그런 식으로 전화를 받고 나자 그다음부터는 골프 치자는 전화도 안 온다고 합니다.

저는 이 이야기를 들으면서 그가 보통사람이 아니라고 생각했습니다. 판사가 되기 위해서 자기 인생의 상당 부분을 포기한 사람이었고, 용기도 보통 수준이 아니었습니다. 면담에 응한 정종은 검사도 마찬가지로 골프를 끊었습니다. 모든 판검사들이 김부장판사나 정검사처럼 골프를 끊은 것은 아니지만, 그 위험성을 인식하여 조심하기 시작한 것만은 분명합니다. 지금처럼 법조계가 복잡한 인간관계에 얽혀 있는 상황에서, 적어도 골프에 관한 한, 판검사들에게 김부장판사나 정검사의 선택 말고 다른 길은 없다고 생각합니다.

술을 통해 확인하는 '우리는 하나다'

법조계 문화를 이야기할 때 빼놓을 수 없는 것은 역시 술자리 문제입니다. 접대방식으로 흔히 술이 이용되는 이유는 판검사들이 특별히 애주가라서가 아닙니다. 그저 우리 사회의 보편적인 문화를 따라갈 뿐입니다. 우리나라에서 '갑'과 '을'의 관계'가 있는 곳에서는 대부분 접대가 따라다니고, 을은 일방적으로 갑에게 봉사하게 마련입니다. 그런 계약이 있는 것은 아니지만, 법조계에서 판검사는 언제나 갑이고 변호사는 을일 수밖에 없지요.

정종은 검사는 초임 시절 술자리에는 꼭 가야 한다고 생각했습니다. 술자리에 안 가겠다는 사람을 억지로 끌고 가지는 않지만, 은연중에 "문화가 그렇게 형성되면 외톨이가 되기 싫어서라도" 따라가게 되더라는 이야기입니다. 특히 함께 가자는 선배들이 "특별히 도덕적으로 문제가 없는 사람들"이고 "나를 가르쳐주는 사람들"인 경우에는 더 그렇다고 합니다.

검찰에는 이른바 '사수(射手)'문화가 있어서 초임 검사가 이를 외면 하기가 매우 어렵습니다. 공식적으로 정해진 것은 아니지만 군대 신병교육과 비슷하게 초임 검사에게 일을 가르쳐주고 어려운 일이 있을 때 도와주는 선배가 있습니다. 도제처럼 일을 배우는 처지에서 사수인 검사가 술 마시러 가자고 하는데 거절하기는 매우 어렵지요. 사수 검사가 '초임 검사에게 술을 가르치는 것도 사수의 임무'라고 굳게 믿는 경우에는 더욱 그렇습니다. 별다른 놀이문화가 없는 상태에서 밥 먹고 술 마시는 것이 유일한 사교 수단인 이상, 좋은 검사가 되기 위해서는 이른바 '주도(酒道)'를 배워야 한다는 것도 틀린 이야기는 아닙니다. 그런데 그런 회식자리에서는 늘 폭탄주가 돌고, 폭탄주에는 예외가 인정되지 않습니다. 술을 얼마나 마시느냐가 아니라 독주를 '함께' 마신다는 게 중요합니다.

> 폭탄주 안 먹으려 하면 억지로 먹게 하는 그런 상사들은 있어요. 이제 못 먹는다고 하는데도 계속 먹여요. 폭탄주를 먹여야 되는 이런 분들은 정말 일체감, 우리는 하나다, 이걸 느끼게 해야 되는, 열외가 없는, 이탈자가 없는, 다양성을 인정하지 않는, 그런 생각 때문에 그러시는 거죠. 폭탄주문화는 그런 문화 같아요.(정종은,6면)

정검사가 초임 때부터 지금까지 억지로 술자리에 나가는 것은 아닙니다. "1학년(초임지에서의 근무기간)"과 "2학년(두번째 발령받은 지청 근무기간)"때는 선배들의 술자리에 억지로라도 참석했지만, 그 이후에는 술자리를 가급적 피했습니다. 연차가 올라가니 "가고 싶은" 술자리와 "가야 되는" 술자리가 정리되었고, "인맥을 쌓아 출세하는 걸 포기"하자 술자리에 안 가도 그만이게 되었습니다. 그런데 흥미로운 것은 초임 검사 시절 폭탄주를 억지로 먹이는 것을 부정적으로 보았던 정검사가 어느덧 관리자 입장에 서자, 부하 직원들에게 폭탄주를 권하게 되었다는 사실입니다. 직원들에게 폭탄주를 돌리면 그중에 못 마시는 사람이 있는데, 그때마다 강요하지는 않지만 이상하게도 마음속으로 "먹어주었으면" 싶은 생각이 들더라는 것입니다. 폭탄주를 돌렸을 때 마시지 않는 사람이 있으면 조직을 장악하지 못하는 듯한 느낌이 들었답니다. 조직문화라는 것이 한 개인의 호불호에 따라 쉽게 바뀌지 않으며, 결국 개인은 조직에 동화되기 마련임을 보여주는 사례입니다.

> 우리 직원들에게 폭탄주를 돌리면 그중에서 못 먹는 사람이 있는데도 먹어줬으면 싶은 생각이 있어요. 이상하게. 그런 게 있나봐요. 더 위에 있는 분들은 그런 게 더 심하겠지요. 하여튼 폭탄주문화 자체는 좀 그런 거 같고, 룸살롱 가고 술 한잔하고 회식하고 이런 것들은 서로 그냥 별 생각 없이 하는 거 같고요. 죽어도 가기 싫다, 이런 사람을 굳이 데리고 가는 건 없는 거 같아요.(정종은, 6면)

저는 정종은 검사의 이야기를 들으면서 참여정부 시절 경험한 몇몇 술자리를 생각했습니다. 참고로 저는 대학시절부터 술을 입에 대지 않았습니다. 그전에도 안 마셨으니까 평생 안 마셨다는 게 정확한 표현이겠네요. 꼭 신앙 때문이라기보다는 뭘 억지로 해야 하는 게 너무 싫었기 때문입니다. 술 마시는 게 무슨 입학 조건 비슷했던 대학 신입생 시절에는 '사발주'가 제 앞에 오자 "평생 술을 안 마시기로 했습니다만, 이 학교의 일원도 되어야겠기에"라고 말하고는 사발을 그냥 머리에 부어버린 적도 있습니다. 선배들이 그 썰렁함을 메우기 위해 억지로 쳐주는 박수를 받으면서, '뭐 별로 어려운 일도 아니군' 생각했습니다. 그렇게 출발했기 때문인지 군법무관이나 검찰 시절에도 아무리 높은 사람이 술을 줘도 안 마셨습니다. 친구들이 "콜라 한잔 마셔도 취하는 녀석"이라고 할 정도로, 술을 안 마시고도 술자리에 잘 어울리고 잘 노는 체질이라 굳이 마실 필요를 못 느낀 것도 사실입니다. 때로는 이런 저를 잘 아는 선후배들이 옆에서 대신 술을 마셔주면서 희생을 감수하기도 했습니다. 여기까지 읽으면서 드디어 저의 정체를 파악했다고 하실 분이 있겠군요. '아, 말로만 듣던 그 또라이구나!'

어쨌든 그런 저였기에 민주화가 진행되면 잘못된 술문화도 바뀌리라 기대했습니다. 그러나 정부가 바뀌어도 저녁 술자리에서는 똑같이 폭탄주가 돌아갔습니다. 당연한 일인지도 모르지만, 민주화운동에 앞장섰던 사람이 장관이 되어도 폭탄주는 돌았고, 그런 장관은 조직 장악력이 있는 사람이라는 평을 받았습니다. 어느 자리에선가 한 사람씩 폭탄주를 마시는데 제가 끝까지 안 마시겠다고 하자 종업원이 대신 마셔준 적도 있습니다. 처음에는 "민주화도 되고 했으니, 강요하는 폭탄주는 아니"라면서 술잔이 돌아가기 시작했지만, 어느 누구도 그 술잔을 거부하지 못했습니다. 분위기가 썰렁해진 가운데 제 술잔을 대신 마시는 종업원의 모습을 보면서, 저는 굴욕감과 절망감을 느꼈습니다. 저에게는 술 안 마실 자유가 보장된 '생활 속의 민주화'가 중요한데, 이 땅에서 그런 민주화는 아직도 요원합니다. 보수와 진보가 몇번 자리바꿈을 해도 문화는 쉽게 바뀌지 않습니다. 힘 있는 조직일수록 그런 문화의 뿌리는 더 깊기만 합니다. 대법원장, 법무부장관, 검찰총장이 바뀐다고 쉽사리 바뀔 수 있는 문화가 아닙니다. 정검사처럼 억지로 마시는 폭탄주를 부정적으로 보던 사람이라 하더라도 관리자 입장에 서면 아랫사람이 그걸 마셔주기를 바라는 것이 바로 조직문화의 힘이기 때문입니다.

폭탄주문화가 검찰에만 있는 것은 아닙니다. 판사들도 폭탄주를 마시며, 그 문화가 검찰과 크게 다르지 않습니다. 법조 출입기자인 황영범씨는 검사들이 술을 많이 마시는 것은 상명하복과 단합을 중시하는 문화를 생각할 때 이해할 여지가 있지만, 판사들이 폭탄주를 마시는 것은 "딱히 이해가 가지 않는다"고 말합니다. 대체로 술을 잘 마시는 판사들은 사회성이 있는 사람들이고, 그런 사람들이 법원 조직에서 좋은 코스를 밟더라는 황기자의 생각은 '원만함'과 관련하여 뒤에서 다시 검토해보겠습니다.

> 법원은 왜 굳이 저렇게 술을 많이 마셔야 되고 그리고 굳이 폭탄주를 마시면서 폭력적인 술문화를 가져가야 되는가에 대해서는 잘 이해가 안 가는 부분이죠. 근데 아무래도 술을 많이 마시는 분들이 기자들하고도 스스럼없이 만나고 그렇기 때문에 제가 그런 부분을 좀 많이 보는 수도 있겠는데…… 좋게 이야기하자면 사회성이 있는 분들인데, 그런 분들이 또 법원 조직에서 좋은 코스를

밟아가는 부분들도 있을 것이고……(황영범, 39면)

술을 많이 마시는 법조계를 취재하기 위해서는 기자들도 술을 많이 마셔야 합니다. 사회부를 비롯한 여러 출입처를 거쳐 법조로 오게 된 기자 송형진씨도 "여러 출입처를 다녀봤지만 법조만큼 대단한 데는 없었다"고 말합니다. 기자사회도 술을 많이 마시는 편이지만 법조계만큼 "독특"하지는 않다고 했습니다. 하나라도 정보를 더 빼내기 위해서 기자들은 술자리에 동석해야 했고, 그런 자리가 일주일에 네번, 다섯번이 될 때가 많았습니다. "폭탄주 기본이 열잔"인 법조계 술자리에 참석해 일주일에 다섯번 먹었다가는 "죽을 것 같아서" 일주일에 세번 정도로 줄이려고 노력했지만 그것도 마음대로 되지는 않았습니다. 왜냐하면 술자리에서 듣는 한마디 한마디가 너무나 값진 정보였기 때문입니다. 구체적인 사건 정보를 검사가 흘려주지는 않더라도, 기자는 술좌석에서 들은 이야기를 통해 "이게 될 수사인지, 안 될 수사인지" 분위기를 파악할 수 있고, "수사가 이렇게 될 것"이라는 다른 검사의 관전평만 한두마디 들어도 큰 도움이 되었습니다. 법조 자체의 술문화가 그렇기 때문에 기자들도 거기에 "녹아들어가는 것" 말고는 선택의 여지가 없었습니다.

이런 이야기를 들으면서 도대체 왜 이렇게들 술을 많이 마셔야 일이 된다고 생각할까, 의문이 들 수밖에 없습니다. 주변 어디에서도 술이 좋아서 그렇게 마신다는 사람은 찾아볼 수가 없습니다. 모두가 사회생활을 위해서 어쩔 수 없이 술을 마십니다. 다같이 안 마시면 그만인데, 그럴 수는 없습니다. 혹은 그럴 수 없다고 믿습니다. 술이 인간관계를 만들어내는 최선의 수단이라는 믿음은 우리 사회를 좀먹는 대표적인 신화입니다. 이런 문화에서 근대적 개인이 자리잡을 공간은 너무나 협소합니다. 어쩔 수 없이 마시지만, 은근히 즐기기도 하는 게 술입니다. 술 이후에 혹시 마련될지도 모르는 어떤 자리, 이른바 '2차'에 대한 욕망이 일부 남성 판검사들을 술자리로 끌고 가는지도 모릅니다. 이런 술문화만 바로잡아도 법원 검찰에서 문제되는 비리의 절반은 해결할 수 있습니다.

일반적으로 이야기하자면 술을 많이 마시는 것 자체가 잘못된 일은 아닙니다. 분명 음주의 순기능도 있습니다. 다만 법조계에서는 누구 돈으로 술을 마시느냐가 늘 문제될 수밖에 없습니다. 특히 룸살롱 같이 비싼 술집에 드나들 때는 더욱 그렇습니다. 정검사는 초임 시절 부부장 검사와 함께 룸살롱에 가본 적이 있습니다. 검사들끼리 밥 먹다가 부부장 검사가 "오늘 스트레스를 많이 받는다"며 한잔하러 가자고 제안했습니다. 대부분 초임이던 검사들은 부부장이 가자면 당연히 가야 하는 줄 알고 모두 따라나섰지요. 그날 정검사 일행이 도착한 곳은 "밴드가 전자기타로 생음악을 연주하는" 강남의 호화로운 룸살롱이었습니다. 다른 남성 검사들이 여성 종업원들과 "추잡하게" 놀기도 한다는 이야기를 들은 적은 있지만, 정검사 일행은 그냥 "아가씨가 나오면 옆에 앉아서 술 먹고 술 따라주고 러브샷 하는 그런 정도"였지요. 검사들 대여섯명에 여성 종업원 두명 정도가 들어와서 노래 부르고 놀면서 "분위기를 살리는" 도우미 역할을 했을 뿐입니다. 정검사는 아마도 일행 중에 여성 검사가 있었기 때문에 더 점잖게 놀았을 거라고 이야기합니다. 어쨌든 그날 정검사는 몇백만원의 술값을 과연 누가 낼지 궁금했습니다. 이른바 스폰서가 나타나서 돈을 내줄 걸로 예상했기 때문입니다. 그러나 술값을 지불한 사람은 그들을 데려간 부부장 검사였습니다.

> 거기 술 먹고 누가 술값을 낼 것인가, 저는 그게 궁금했는데 카드를 내시더라고요. 근데 그 카드가 그 부부장 검사 친구 회사의 법인카드인 거예요. 술자리를 몇번 그런 식으로 했었던 거 같아요. 룸살롱 접대도 그런 식으로 받는 거죠. 직접 와가지고 하는 것도 있지만 그런 식으로도 하는 거예요. 일상적으로 카드를 가지고 있다가 마음 내키면 가서 마시는 거죠.(정종은, 4면)

검사가 술 마시러 가는데, 아예 신용카드를 주면서 마음대로 쓰라고 하는 '스폰서' 친구가 있는 경우가 흔치는 않을 겁니다. 그런 점에서 그 선배는 정말 '운 좋은' 검사라고도 볼 수 있습니다. 그런데 그는 왜 친구의 카드를 빌려서까지 후배들에게 막대한 돈을 들여 술을 사주려 했을까요. 혹시 판검사들 사이에 이런 선배를 멋있게 보는 문화가 자리잡은 건 아닐까요. 좋은 곳에서 안전하게 마시고 싶은 은밀한 욕망을 공유하기에, 선배들이 이런 호기를 부리는 것은 아닐까요. 2008년말에는 결국 건설업자의 법인카드로 1억원가량을 사용한 부산고검의 김모 검사가 적발되는 사건이 터집니다. 뇌물죄로 기소해야 한다는 일반시민의 여론과는 달리 검찰은 '직무관련성'이 없다고 보았고 법무부는 김검사를 해임하는 선에서 이 건을 마무리했지요.[10] 청탁금지법이 제정되기 이전이라 가능했던 일입니다. 정검사가 경험한 선배 검사 이야기를 전해 들은 김승헌 부장판사도, 김모 검사 사건을 처리한 검찰과 관점이 비슷했습니다(정검사나 김부장판사 면담은 이 사건이 터지기 한참 전에 이루어졌습니다).

> 그거는 아주 운이 좋은 검사죠 뭐. 그런 것은 대개는 사건하고 관련이 없죠. 카드는 하루이틀 쓰고 주는 게 아니니까, 그 친구는 보험 들었다고 생각하는 거죠. 그 친구가 만약에 대기업에서 오너 겸 대표이사로 판공비 카드 하나를 줬으면 그런 친구를 둔 거는 어떻게 보면 행운이죠. 그런 위치에 친구가 있는 판검사가 거의 없죠. 진짜 그런 거 있으면 좋죠. 저도 뭐 처갓집에서 그런 카드 하나 만들어주면 얼마나 인생이 편하겠어요? 카드 하나 주고 평생 마음대로, 죽을 때까지 긁고 써라 그러면, 얼마나 해피하겠어요? 힘들죠. 그런 카드 받아 쓰는 판사는 없을 거고요. 판사가 무슨 힘이 있다고 판사한테 그런 카드를 주겠어요. 검사한테 줘야죠.(김승헌, 40면)

세상에 공짜란 없는 법입니다. 정종은 검사가 경험한 룸살롱 사례는 '스폰서'가 부부장 검사의 친구였던 경우라 당장 그 술자리가 사건청탁으로 연결될 일은 없습니다. 김승헌 부장판사가 이야기하듯이 그저 '보험'이니까요. 그러나 말 그대로 '보험'이 언젠가는 현실적인 보상으로 변할 수 있습니다. 검사에게 신용카드를 준 친구에게 어느 시점에서 사건이 터지면 검사는 나 몰라라 할 수 없습니다. 사건이 터진 그 시점에서는 돈 때문이 아니라 우정 때문에 그를 돕는 것처럼 보이겠지요. 그 친구가 사업을 하는 이상, 우리나라처럼 합법과 불법의 경계가 모호한 영역에서 대박이 터지기 쉬운 환경에서는 언젠가 검찰이나 법원의 손을 탈 개연성이 매우 높습니다. 보험금을 타먹게 될 단순한 '가능성'보다는 훨씬 높은 '개연성'이 있는 것이지요. 극단적으로 이야기하자면, 법조계 주변에서 나누는 우정은 모두 이런 '보험' 성격을 띤다고 볼 수도 있습니다.

이런 '보험'과는 달리, 변호사의 접대는 바로 판검사에게 '접근'할 수 있는 권리로 연결되게 마련입니다. 함께 근무하던 판검사들이 변호사 개업을 하면 꼭 저녁식사를 하자는 연락이 옵니다. 개업한 입장에서는 그런 식사를 영업의 일환으로 생각할 수밖에 없지요. 거절하기가 굉장히 곤혹스럽기 때문에 부장검사들 중에는 이런 연락을 받으면 아예 어떻게 할지 회의를 하는 사람이 있을 정도입니다. 회의를 거쳐 거절하는 경우도 없지는 않지만 대개 간단한 저녁식사만 할지 같이 진탕 먹을지를 정하지요. 그런 식사를 한번 한 다음에는 대개 접대를 한 변호사 쪽에서 판검사에 대한 '접근'이 쉬워집니다.

> 그런 식으로 뭔가 접대를 하고 나면 그후에는 접근이 좀 쉽다고 생각하는 것 같고요. 그런 접대 이후에는 그분은 그 부에 있는 검사나 부장에 대해서는 상대적으로 찾아오거나 청탁하기가, 변호인으로서 오기가, 좀 쉽다고 생각하고, 실제로 쉬운 면이 있고요.(정종은, 7면)

그렇게 접근이 쉬워지는 이유를 정종은 검사는 "그냥 밥 먹고 술 먹고 하는 것이 서로 친해지는 유일한 방법"인 우리 문화에서 찾습니다.

그렇게 밥과 술을 함께 먹고 나면 가까워졌다고 생각하고, 실제 그렇기도 한데, 일단 서로 말이 통하면 사건에 영향을 주는 경우도 생깁니다. 전관 변호사들은 대부분 경찰이 신청하는 구속영장을 기각해주기를 바라는데, 구속에는 워낙 "재량의 여지가 많기 때문에" 검사 입장에서는 얼마 전에 함께 식사한 전관 변호사가 들고 온 사건에 바로 영장을 청구하기가 쉽지 않다는 이야기입니다. 만약 구속영장 관련한 사건이 먼저 일어났고, 그런 상태에서 선임된 변호사가 식사를 같이 하자고 하면 당연히 거절하여 사건에 영향이 없도록 하겠지요. 하지만 일은 대개 반대 순서, 즉 '식사 먼저, 청탁 나중'의 형태로 일어납니다. 접대는 접근을 위한 일종의 덫이 되는 셈이지요.

더 나아져야 하는, 그러나 더 나아지기 힘든

판검사들이 선후배 변호사나 친구들에게 술접대를 받는 일도 최근에는 많이 줄었다고 합니다. 법조계가 전반적으로 깨끗함을 지향하면서, 서로 조심하는 까닭이지요. 그렇다고 해서 술이나 식사 접대가 사라진 것은 아닙니다. 정종은 검사는 그런 접대가 사라지기 어려운 이유를 "판사, 검사, 변호사가 된 동기생 세명이 밥을 먹으면 언제나 변호사가 밥값을 내는 문화"에서 찾습니다. 변호사가 밥값을 내는 것이 너무나 당연해서 "판검사들 스스로 한번도 반성적 고려가 되지 않는", 그리고 그런 일이 "너무 일상적으로 되어 문제인 줄을 전혀 못 느끼게 되는" 문화가 자리잡았다는 이야기입니다. 작은 일이지만 계속

해서 밥을 얻어먹는 것 자체가 "빚지는" 것인데도 그걸 바꾸기가 어렵습니다.

> 누군가로부터 계속해서 밥이든 뭐든 접대를 받는 것 자체는 빚지는 건데, 그건 언제든 그쪽은 보상을 바라기 때문에 그렇잖아요? 그런 문화가 옛날에는 충격적이었는데, 오래 있다보니까 저도 닮아가는 거 같아요.(정종은, 3면)

식사나 술 접대를 하는 사람은 그걸 향응이라고 생각할 수 있지만, 그걸 받는 판검사가 향응을 받는다고 생각하기란 쉽지 않습니다. 판검사 대부분은 법과대학을 졸업한 사람들입니다. 법대를 졸업하지 않았다 해도 짧지 않은 사법시험 준비기간과 사법연수원 시절을 함께 보냈기 때문에 가장 마음 편한 친구들은 아무래도 비슷한 경험을 공유한 사법시험 합격자들일 수밖에 없습니다. 전두환 치하에서 대학생활을 한 김승헌 부장판사는 고시공부를 하면서도 늘 "떳떳지 못한 일을 한다"는 생각이 들었습니다. 나중에 판사가 되면 잘할 수 있다는 이야기를 하고 싶었지만 마음이 편하지는 않았지요. 그러다가 사법연수원에 들어가자 자신과 "똑같은 코스를 밟은 사람들이 친구가 되고" 그때부터는 그런 부담을 덜게 되었습니다. 이건 김부장판사뿐만 아니라 대부분의 사법시험 합격자들이 경험하는 일입니다. 그렇게 비슷한 코스를 밟은 사람들과 친구가 되어 이후 평생을 동행하는데, 그 과정에서 결국 친한 친구들은 어디를 둘러봐도 법조인뿐인 상황이 되게 마련입니다.

법조계 비판이 심해지고, 판검사 윤리가 강화될수록 판검사들은 교류의 범위를 좁혀 정말 '믿을 만한' 사람하고만 어울리게 됩니다. 그런 사람은 아무래도 사법시험 동기거나, 판검사생활을 함께 한 사람들이지요. 그 사람들과 식사를 하고 나면 누군가 돈을 내야 합니다. 애초에 접대하는 자리가 아니라면, 대개는 그냥 여러명이 어울려 누가 돈을 낼지 정하지 않은 상태에서 식사나 술부터 함께 하게 되지요. 식사가 끝나고 돈을 낼 때가 되면 누가 돈을 낼까요. 대개 변호사입니다. 판검사가 돈을 내려고 마음먹어도, 변호사가 중간에 "잠깐 화장실에 다녀오겠다"며 나가서는 미리 계산하고 올 때도 많습니다. 이런 일을 여러번 경험하다보면 판검사 입장에서는 '내가 돈을 내겠다고 하는 것이, 괜히 저 친구에게 화장실 다녀오는 척하면서 돈을 내게 하는 번거로운 일을 만드는 셈이 된다'고 생각할 수 있습니다.

변호사가 돈 내는 게 당연하게 받아들여지는 이유는, 모인 사람 중 가장 돈을 많이 번다고 '믿어지기' 때문입니다. 친구가 여러명 모였을 때 가장 돈을 많이 버는 (또는 번다고 믿어지는) 사람이 돈을 내는 것은 우리 사회에서 전혀 이상한 일이 아닙니다. 친구들끼리는 이것이 향응도 접대도 아닐 수 있습니다. 향응도 당사자들에게는 그저 친한 친구들끼리 어울리는 기회로만 생각될 수 있는 것이지요. 이것도 우리 사회가 작동되는 방식의 하나일 뿐, 법조계만의 특유한 일이 아니라는 말씀입니다. 그만큼 법조계의 술접대나 회식문화가 쉽게 바뀔 수 없다는 의미이기도 하지요.

우리 법조계가 시민들의 기대에 부응할 수 있을 만큼 깨끗해지기 위해서는 우선 골프, 술, 회식 등 문제의 소지가 있는 만남을 대폭 줄

일 수밖에 없습니다. 무리한 요구인 것은 사실이지만, 실제로 젊은 판검사들 중에는 이런 생활을 고수하는 사람들이 늘고 있습니다. 제 주변의 많은 판검사는 함께 식사를 하면 자기 쪽에서 먼저 돈을 내려고 합니다. 실비 관행을 없애는 정도를 넘어서, 아예 문제가 될 소지를 없애려는 사람들이 늘어나고 있는 것입니다. 영장전담을 맡은 기간에는 밖에서 누구와도 식사를 하지 않고 매일 집에 들어가 저녁을 먹는 판사가 있을 정도입니다. 눈에 보이는 청렴도 면에서는 상당히 큰 변화가 일어나고 있는 것입니다.

법조계가 돈문제에 관한 한 과거에 비해 깨끗해지고 있다고 해서 모든 문제가 해결된 것은 아닙니다. 면담을 진행할수록 문제는 돈이 아니라는 생각이 들었습니다. 왜냐하면 돈도, 골프도, 술도 모두 '거절할 수 없는 관계'에 기인하기 때문입니다. 일부 판검사들이 그냥 돈이 좋아, 골프가 좋아, 술이 좋아 아무한테나 접대를 받는다면 그 문제는 어렵지 않게 해결할 수 있습니다. 일부 썩은 사과는 그때그때 골라내면 그만이니까요. 그러나 우리 법조계는 학벌사회의 정점에 있는 몇몇 대학과 고등학교 출신들로 이루어진 소위 엘리트 집단입니다. 그런 사람들이 단 한번의 시험에 합격하여 똑같은 법조양성기관에서 교육받고 그중 상당수는 군생활까지도 함께함으로써 중층의 인간관계를 형성합니다. 이 네트워크 안에서는 일정한 평판이 떠돌고, 그 평판은 판검사, 변호사들의 법조생활에 큰 영향을 끼칩니다. 누구도 그 평판을 무시할 수 없습니다. 과거의 관행화된 금품수수도 이런 관계와 평판의 산물일 뿐, 금품수수 자체가 문제의 중심은 아닙니다. 이제 그 관계망 속으로 더 깊이 들어가보겠습니다.

3장

부담스러운 청탁, 무서운 평판

"어떤 일을 하려고 하는데 정상적인 절차를 밟아서는 하기 어렵다.
그럴 때 당신은 학연·지연·혈연을 찾아 누구에겐가 전화를 건다.
그러면 금방 해결된다. 당신에겐 전혀 죄의식이 없다.
그건 세상을 살아가는 지혜의 기본일 뿐이니까.
그러나 당신처럼 그렇게 전화 한통으로 해결할 수 있는
학연·지연·혈연을 갖지 못한 사람이 누구에겐가 돈을 주고 어떤 일을
해결했을 때 당신은 그건 부정부패라고 분노한다.
당신의 그러한 이중 기준을 어떻게 이해해야 하는가.
연고에 의한 청탁은 괜찮고 금품을 이용한 청탁은 범죄라면,
그건 정말이지 너무 불공평하지 않은가."

강준만 「서울대의 나라」

내가 모시던 분의 전화 한통

판검사와 변호사의 돈거래는 거의 사라졌다 해도, 청탁까지 자취를 감춘 것은 아닙니다. 옛날처럼 판사실이나 검사실에 변호사가 무시로 출입하지는 않아도 여전히 전화나 사적인 만남을 통해서 사건 관련 청탁을 할 여지는 남아 있습니다. 그러나 변호사가 판검사에게 청탁을 한번 하려 해도 여러번 고민해야 하는 분위기로 바뀐 것만은 분명합니다. 판검사를 지낸 이른바 '전관 변호사'라 해도 형편은 크게 다르지 않습니다.

제 옆에서 가끔 전관 변호사의 전화를 받는 분들을 많이 뵙는데요. 특히 부장검사하고 차 한잔 마시면 그동안에 전화가 계속 오잖아요. 그때 부장검사는 "내가 모시던 분인데…… 어디에 또 사건 하나 있다네" 이런 얘기 하거든요. 근데 이게 별로 은밀하지도 않아요. 부장검사 방에 여러 기자가 있을 때도 그런 전화가 와요.

물론 어떤 부장은 "어 선배님 제가 좀 이따 전화 드리겠습니다" 하고 피하는 분도 있고, "예, 예, 예" 하면서 대충 메모해서 받아두는 분들도 있어요. 근데 그거 전화 한통을 받았다고 해서 "이거 봐줘" 부장이 그러면 일선 검사가 바로 봐주나요? 봐줄 거 같으세요?(송형진, 31면)

법조를 오래 출입한 송형진 기자는, 검사들이 일상적으로 그런 청탁 전화를 받기는 하지만 그렇다고 그때마다 봐주지는 않을 거라고 이야기합니다. 청탁 전화는 우리 사회 어느 조직에나 걸려오기 때문에, 그런 전화를 어떻게 처리하느냐가 중요하다고 송기자는 생각합니다. 자칭 검찰에 애정이 있는 '친검(親檢) 기자'인 송기자는 검사들이 그런 청탁에 좌우되지는 않으리라 기대합니다. 그러나 설사 그렇다 해도 청탁이 오가는 환경 자체가 지닌 문제는 사라지지 않습니다.

송기자의 목격담에서도 드러나듯이, 이런 전화를 걸 수 있는 사람은 해당 판검사와 특별한 관계에 있는 변호사입니다. 그래서 사건이 터졌을 때도 대부분의 사람들은 담당 판검사와 연락할 수 있는 변호사를 찾고, 그런 변호사를 찾는 과정에서 '브로커'가 개입하기도 하지요. 이렇게 선임되는 변호사들은 아무래도 사법연수원만 수료한 이른바 '사법연수원 출신' 변호사보다 판검사 출신의 '전관' 변호사인 경우가 많습니다.

저도 이 책에서 어쩔 수 없이 그런 표현을 쓰고 있기는 하지만, '사법연수원 출신' 변호사가 '전관' 변호사와 대비되는 개념으로 통용되는 것도 흥미로운 일입니다. 과거에 서울대 사법대학원에서 사법시험 합격자들을 교육한 적이 있지만, 1971년 사법연수원이 문을 연 이후 2012년 제1회 변호사시험으로 로스쿨 출신 변호사가 배출될 때까지 우리나라의 모든 법조인들은 사법연수원에서 교육을 받은 '사법연수원 출신'이었습니다. 군법무관 임용시험 합격자들도 사법연수원에서 위탁교육을 받기 때문에 우리나라에서 사법연수원을 나오지 않고 법조인이 되기란 불가능했지요. 그런데도 '사법연수원 출신'은 아무런 경력이 없는 '그냥' 변호사라는 의미로 통용되었습니다. 사법연수원 수료를 기본으로 하고, 거기에 판검사라는 '관(官)' 경력이 덧붙은 사람은 상표를 바꿔 붙일 수 있으나, 그런 관 경력이 없는 사람은 기본 경력인 '사법연수원' 상표만을 붙일 수 있었습니다. '로스쿨 출신' 변호사까지 여기에 추가된 후에도 크게 달라진 것은 없습니다. 여전히 일반인들은 담당 판검사와 함께 근무했거나 상하관계에 있던 전관 변호사를 선호하고, 그에 따라 청탁문제는 전관예우와 맞물리는 경우가 많지요.

미국에서 오랫동안 생활하다 귀국하여 법과대학 교수로 일하는 손기병씨는 귀국과 동시에 집안의 소송에 관여하게 되었습니다. 직접 소송을 수행하게 된 그는 "억울한 상황인데도 해결되지 않는 법률시스템"이 너무 이상하다고 생각했습니다. 분명히 이쪽이 억울한데도 한국 변호사들은 처음부터 "이건 지니까 나는 못 맡겠다"며 수임을 거부했기 때문입니다. 미국 같으면 변호사들이 충분히 논리를 만들어내 소송에 나설 수 있는 사건인데도 한국 변호사들은 법률에 불리한 조문이 있다는 이유만으로 도리가 없다면서 손을 들었습니다. 결국 준비서면도 직접 쓰고 법정에 들어간 손기병 교수는, 법 규정의 문제를 찾아내 판사를 설득하게 되지요. 어느 정도 승산이 있다고 생각하던 시점에 상대방이 변호사를 선임했는데, 그는 헌법재판관을 지낸 전직 고위 법관이었습니다. 상대방 변호사는 선임되자마자 '조정'을 신청합니다. 이때 손교수는 매우 이상한 장면을 목격했지요.

> 헌법재판관 출신의 상대방 변호사가 붙자마자 조정신청을 하시더라구요. 조정하러 갔더니 그분이 먼저 와 있다가 판사실에서 나오시더라구요. 판사는 90도 각도로 인사하고(웃음).(손기병, 11면)

판사가 변호사에게 "90도 각도로 인사하는" 장면은 미국생활을 오래 한 손교수에게 승패를 떠나서 너무나 이상하게 보였습니다. 말로만 듣던 '전관의 힘'을 목격한 순간이었습니다. 전직 헌법재판관인 변호사는 손교수에게 "원금은 다 돌려주겠지만, 이자까지는 못 준다. 그렇게 합의하자"고 제안했습니다. 그는 "이런 사건이 이렇게 해결된 적이 없다. 네 입장에 있는 사람들은 지금까지 다 졌다. 헌법재판관을 해봐서 아는데 여기서 끝내고 원금만 찾아도 네 입장에서는 다행이니, 이 정도로 끝내자"고 설득했습니다. 결국 사건은 상대방 변호사의 제안대로 조정으로 끝났고, 가족은 다행히 원금을 돌려받았지만, 손교수는 여전히 마음이 불편했지요. 좋게 봐주자면 담당 판사가 법조계 대선배인 전직 헌법재판관에게 단순히 예의를 갖춘 것으로도 볼수 있으나, 사건 당사자 입장에서는 그런 장면을 보는 순간 이미 재판의 불공정을 확신할 수밖에 없습니다. 그러나 손교수가 목격한 장면은 법조계에서 전혀 이상한 일이 아닙니다. 실제로 이번 면담에서도 부장판사를 지낸 권용준 변호사는 후배 판사들에 대해 "귀엽다"거나 "가르친다"는 표현을 일상적으로 사용했습니다. 판사들이 권변호사를 부르는 호칭도 여전히 "부장님"일 때가 많습니다. 이 부분에 대해서는 도제식 교육과 관련하여 6장의 '네번째 시험' 부분에서 다시 이야기하겠습니다.

이번 면담에 응한 현직 판사들은 전관 변호사들의 청탁에 큰 부담을 느꼈습니다. 물론 변호사들은 '청탁'이 아니라 사건의 내용을 판사에게 자세히 '설명'했을 뿐이라고 변명할 수 있습니다. 다만 변호사는 어차피 의뢰인의 입장에서 사건을 설명하기 때문에 법정 밖의 설명을 청탁과 구분하기가 매우 어렵다는 게 문제입니다. 전관 변호사들이 들려준 설명이 사건에 어떤 영향을 미치는지에 대해서는 논란이 있을 수밖에 없습니다.

이와 관련하여, 판사 경력이 5년을 넘지 않아 비교적 젊은 축에 드는 장화영씨는 우리법연구회에서 벌어진 전관예우에 대한 토론을 소개합니다. 우리법연구회는 처음 만들어질 당시 핵심 성원이던 한기택, 박시환, 강금실 등이 여러 이유로 언론에 오르내릴 때마다 주목받은 진보적 판사들의 모임입니다. 양심에 따른 병역거부 같은 소수자 인권이 문제될 때마다 위헌법률심판제청이나 무죄판결을 한 상당수 판사들이 이 모임 소속이었지요. 진보적인 판사들의 모임답게 기수를 따지지 않고 사회 현안을 자유롭게 토론할 수 있는 것으로 알려져 있습니다. 장화영 판사가 참석한 그날 모임에서는 경력 5년 이상의 판사들에게 최종 근무지에서 퇴임 후 2년 이내에 개업을 금지하는 법안에 관한 토론이 진행되었습니다. 2~3년차의 젊은 판사들은 개업지 제한

이 필요하다고 강력하게 주장했습니다. 자기가 모시던 부장님들이 변호사 개업 후 법원에 들어와서 "법정 외 변론"을 하면, 그냥 듣고 말아야지 생각해도 "은연중에 영향을 받는다"는 주장이었습니다. "말을 한마디 듣고 안 듣고에 따라 차이가 있고, 자세히 들으면 영향을 받을 수밖에 없다"는 점에서 장판사도 젊은 판사들과 같은 의견이었습니다.

> 개업지 제한 주장하는 젊은 판사들은 "전관예우 있다. 나는 결론이 달라지는 것도 봤다" 뭐 이런 얘기를 하고, "각하인데 기각으로 해준 적 있다"는 사람도 있었어요. 변호사 체면을 봐서, 어차피 지는 건데 부장이 기각으로 써주라고 한 적이 있다는 거예요. 그렇게 각하에서 기각으로 바꾸는 건 혹시 몰라도, 인용에서 기각으로 바꾸는 건 쉽지 않을 거예요. 보통 마음먹은 법관 아니면 그렇게까지는 하지 않을 거예요. 그런 거는 뇌물문제처럼 아주 드문 문제이기 때문에 오히려 아주 간접적인 영향, 그게 문제인 거죠. 자기도 모르게 느끼는 영향, 그래서 "영향이 있다. 그러니까 어떻게 결론에 영향이 없다고 할 수 있겠느냐" 젊은 판사들은 그러는 거고요.(장화영, 23~24면)

그날 토론에서 젊은 판사들 중에는 질 사건을 이기게 하거나, 이길 사건을 지게 하지는 못하지만, 형식적 요건조차 갖추어지지 않아서 각하를 당할 사건을 기각으로 바꿔주는 정도의 배려는 해줄 수 있다고 이야기하는 사람이 있었습니다. 똑같은 패배지만, 각하가 실체적 판단도 받지 못하여 변호사가 망신당하는 것이라면, 기각은 적어도

실체적 판단은 받은 뒤의 패배이므로 전관 변호사의 체면을 살려줄 수 있습니다.[1]

이런 젊은 판사들의 주장에 대해서 우리법연구회의 중견 판사들은 그걸 꼭 전관의 문제만으로 볼 수는 없다는 의견을 제시했다고 합니다. 학교 동문이나 연수원 동기의 청탁에도 영향을 받을 수 있기 때문에 이를 모두 전관예우의 문제로 볼 수는 없고, 따라서 개업지 제한만으로 해결하기 어렵다는 논리였습니다. 영향이 있을 거라는 점은 인정하면서도, 단지 전관 변호사이기 때문이 아니라 결국 인간관계에서 비롯된 문제라고 좀 다른 각도의 평가를 내린 것입니다. 다만 나이 든 판사들에 비해 젊은 판사들이 전관들의 부탁에 더 심한 압박을 느끼는 것은 분명합니다. 이미 김승헌 부장판사가 설명한 것처럼, 경력이 있는 부장판사들은 더이상 다른 사람을 "모실" 위치에 있지 않기 때문에 부담을 느낄 전관 변호사도 상대적으로 적을 수밖에 없는 까닭입니다.

물론 판사들이 압박을 느낀다고 해서 마구잡이로 청탁을 받아들이지는 않습니다. 면담에 응한 전현직 판사들은 대부분 전관예우가 밖에서 보는 만큼 심각하지 않다고 말했습니다. 판사들 상호간에 감시와 견제를 하기 때문에 누구의 청탁을 마구 들어주거나 불공정한 결론을 내리기 어렵다는 이야기입니다. 특히 합의부에서 판사 세명이 함께 재판하는 경우가 많아서 부장판사라 하더라도 배석판사들의 눈치를 볼 수밖에 없다고 합니다. 판사들 사이에서는 "그런 걸 용인하는 분위기가 아니기 때문에" 적어도 결과가 엉터리로 뒤바뀌는 경우는 흔치 않다고 합니다. 장화영 판사는 법원 내에서 소문이 빠르게 퍼지기 때문에 징계를 받을 만한 일이 터지기 전에 다른 판사들이 눈치를 채는 일이 많다고 했습니다. 김승헌 부장판사도 최근 법조비리 사건을 예로 들면서, "오래전부터 그런 판사들에 대한 평가가 좋지 않았다"고 보았습니다. 그만큼 좁은 바닥이라 누구라도 청탁을 마구 들어줄 수는 없다는 말이지요.

최근에는 부적절한 상황을 거절하는 용기 있는 배석판사들이 많아지고 있어서 부장판사들도 배석판사들의 반응에 신경을 써야 합니다. 장판사도 그런 판사들을 본 적이 있습니다. 어떤 사건을 화해 조정으로 끝냈는데 알고 보니 한쪽 변호사가 부장판사와 알고 지내던 '전관'이었습니다. 그 전관 변호사는 사건이 끝난 후 재판부에 밥을 한 번 사겠다고 제안했습니다. 그러나 배석판사 한 사람은 '사건이 판결로 끝난 것도 아니고 화해 조정으로 끝났는데, 그리고 얼마 지나지도 않아서 한쪽 변호사하고 밥을 먹으면 상대방이 뭐라고 생각하겠느냐, 그 변호사에게 유리하게 해주려고 화해 조정한 거라고 하지 않겠느냐'라고 생각했다고 합니다. 그래서 그 배석판사는 "나는 안 나가겠다"고 이야기했고 결국에는 식사 약속 자체가 취소되었습니다. 부장판사하고 다른 배석판사는 '그냥 아는 부장 출신 변호사이고 사건이 끝났으니까 밥이야 먹을 수 있겠다' 생각했지만, 배석판사 한 사람이 단호하게 거절하자 어쩔 수 없었던 것입니다.

장화영 판사 이야기처럼, 자신이 담당한 사건의 변호사와 식사 한 번 하는 것도 부담으로 생각하는 젊은 판사들이 있기 때문에 부장이라고 해서 마음대로 부당한 결론을 끌어내기란 쉽지 않습니다. 김승헌 부장판사도 다른 판사들의 눈치를 볼 수밖에 없기 때문에 생각하는 만큼 전관예우가 심각하지는 않다고 말합니다. 예컨대 수원에서 개업한 변호사가 서울중앙지방법원 사건을 수임해서 들어오면 배석 판사는 이상하다 생각하고, 곧 그 변호사가 부장판사의 동기라서 수임되어 왔다는 사실을 알게 됩니다. 김부장판사는 "그때마다 부장이 엉뚱한 소리를 하면 다른 판사들이 어떻게 생각하겠느냐"고 말합니다. 단독판사들의 경우에도 상급심에서 보고 있고, 검찰에서도 지켜보고 있기 때문에 "합리적인 범위 안에서 봐주는" 경우는 있을지 몰라도 "팍팍 봐줄 수 있는 상황은 아니라"고 합니다. '재량의 범위 내'에서 전관들의 청탁을 들어주는 경우는 있을지 몰라도, 자기 재량을 넘어서까지 무리하는 경우는 없다는 이야기입니다. 하지만 그 재량의 범위가 상당히 넓다는 문제는 여전히 남아 있습니다. 정종은 검사는 "판검사의 재량이 너무 많기 때문에" 비리가 개입할 여지도 커진다고 이야기합니다. 재량껏 청탁을 들어줄 수 있는데, 그 범위가 외국보다 훨씬 넓기 때문에 청탁이 먹힐 개연성도 그만큼 커진다는 것입니다. 양형기준을 마련하려는 법원의 노력도 이런 재량의 범위를 줄이기 위한 시도라고 볼 수 있습니다.

김승헌 부장판사는 2005년경부터 법원 입구에 설치된 슬라이딩 도어도 청탁을 줄이는 데 크게 기여한다고 생각합니다. 서울중앙지방법원에는 층마다 슬라이딩 도어를 설치하여 직원들 이외에는 반드시 입구에서 출입증을 받아야만 통과할 수 있습니다. 입구에서 출입증을 받으려면 변호사 신분증을 맡겨야 하고, 그러면 기록이 남으니 변호사들이 아무도 모르게 법정 외 변론을 하기는 어렵게 된 셈이지요.

슬라이딩 도어 때문에 변호사들이 판사실에 출입하는 것이 확 줄었습니다. 큰 발전입니다. 변호사가 의뢰인 앉혀놓고 "내가 판사 만나고 왔는데 이거는 이렇고 판사 표정이 이렇고 이거는 틀림없이 이긴다"고 하면 믿겠지만, "내가 전화했는데 어쩌고저쩌고 하더라"고 하면 의뢰인이 벌써 '변호사가 판사에게 돈은 언제 줬을까' 생각할 것 아니겠어요? 판사실에서 만나고 오면 거기서 돈을 좀 줬을 수 있겠다는 생각을 하면서 활동비 달라고 하면 줄 텐데, 판사한테 전화했다 그래놓고 활동비 달라고 하면 돈을 잘 안 내놓을 거 아닙니까, 그렇죠? 돈 받아내기가 굉장히 어려워지는 거죠.(김승헌, 12면)

김승헌 부장판사는, 슬라이딩 도어를 통해서 변호사가 판사실에 들어가는 것이 얼마나 어려운지를 일반인들이 알면 사법 불신도 많이 사라지리라 기대했습니다. 이런 기대는 법조계의 모든 문제가 기본적으로 변호사들의 영업방식에서 비롯된다는 불신에 기초합니다. 그러나 슬라이딩 도어라는 물리적 장애물이 막을 수 있는 비리는 그리 많지 않습니다. 그 정도 물리적 장애물을 쉽게 뛰어넘을 수 있는 심리적 관계망은 여전히 견고하기 때문입니다.

전관의 힘, 믿음의 악순환

김승헌 부장판사와 장화영 판사도 "일부 문제 있는 법관"이 있음을 부인하지는 않았습니다. 그 못지않게 중요한 것이 전관의 힘에 대한 사람들의 믿음이라는 점에도 대체로 동의했습니다. 전관 변호사들의 높은 수입을 보고 사람들은 그 변호사에게 힘이 있다고 믿고, 그 믿음은 전관 변호사의 수입을 더 높여줍니다. 그러니까 '믿음의 악순환'인 셈인데, 일반인들이 전관의 힘에 대한 이런 믿음을 갖게 된 데에는 현재 법조계 최고위층에 있는 분들의 책임도 있습니다.

대법관을 마치고 변호사를 지낸 이용훈 대법원장은 2007년 40억 6,542만원의 재산을 신고했습니다. 서초동의 아파트를 비롯한 부동산 자산 20억 3,767만원, 본인과 가족의 현금과 예금 자산 18억 625만원 등이지요. 이 대법원장은 대법관에서 물러난 2000년 9월부터 대법원장에 임명된 2005년 8월까지 5년간 변호사로 일하며 472건의 사건을 수임하여 모두 60억여원의 수임료를 받았고 세금 비용을 제외한 23억여원의 수익을 올렸습니다.[2] 이 부분에 대해서는 대법관 출신으로 전관예우를 받아 그런 수입을 올린 게 아니냐는 논란이 일었지요.

대법원이 최종 판단하는 상고심 사건의 경우, 현직 대법관들의 관심을 받으려면 대법관 출신 변호사를 선임해야 한다는 것이 법조계에서는 기정사실로 받아들여졌습니다. 대법관 출신 변호사들은 직접 변론을 담당하지 않고 그저 이름만 빌려주고도 수천만원의 수임료를 받는다는 소문도 들립니다. 이용훈 대법원장을 비판하고 나섰던 정영진 당시 서울중앙지방법원 부장판사는 "실제로는 소송업무를 하지 않았으면서 대법관 출신이라는 명의만 내걸고 번 돈이라면 문제"라고 지적했습니다.[3] 진로 법정관리 재판에 관여했던 이대순 변호사는 이에 앞서, "이용훈 변호사가 사건을 수임하기는 했지만 골드만삭스의 변론은 '김앤장'이 맡았기 때문에 실제로는 명의만 내건 게 아니냐"는 의혹을 제기했지요.

이용훈 대법원장은 변호사 시절 수임료가 문제 되자, "10원이라도 탈세했다면 직을 버리겠다"고 공언했고, "세무사 사무실에 낸 수임명세서에는 자문료로 받은 30만원까지 다 적어 넣었다"며 "신앙인으로, 속인 일이 없다"고 해명하기도 했습니다.[4] 사람들은 그가 거짓말을 했다고 비판하지만, 저는 그렇게 생각하지 않습니다. 이용훈 대법원장은 자신의 청렴에 그만큼 자신 있는 사람입니다. 주변에서 보아온 어떤 전관 변호사보다 깨끗했다는 자신감이 있었기 때문에 그런 당당한 태도를 보인 것이지요. 소송업무를 실제로 수행하지 않고 대법관 출신이라는 명의만 내건 적이 있다는 일각의 비판이 사실이라 하더라도 그 자체가 위법은 아니므로, 이용훈 대법원장의 이런 자신감이 최소한 형식적으로는 근거 있다고 볼 수도 있습니다.

문제는 나름대로 청렴하려 노력했고 무리하지 않았다고 자부하는 전직 대법관 출신 변호사도 그렇게 많은 돈을 손쉽게 벌어들일 수 있다는 데 있습니다. 이용훈 대법원장이 변호사 시절 조금 더 무리했다면 아마도 몇배나 많은 돈을 벌어들였겠지요. 그런 의미에서 이 사례는 대법관을 마친 변호사들이 어떤 형태로 수임을 하며, 얼마나 많은 수입을 올리고 있는지를 잘 보여줍니다. 역으로 말하면, 무리하지 않고, 큰 부정을 행하지 않아도 퇴임 후 5년 동안 60여억원을 수임할 수 있도록 보장해주는 것이 대법관 자리인 셈입니다.

진보적인 판사로 일찍부터 이름을 날렸고, 그 결과 대법원에 진입했다는 평가를 받는 박시환 대법관도 변호사생활 22개월 동안 19억여원을 벌어들였습니다. 박대법관과 사적인 자리에서 이야기를 나눠 본 익명의 판사는, 그가 변호사 시절 철저히 자기관리를 했다고 전합니다. 언젠가는 대법관 임명이 예상되는 상황에서 변호사생활을 했기 때문에, 나중에 흠이 되지 않도록 매우 조심했다는 의미입니다. 그렇게 조심해서 번 돈이 22개월 동안 19여억원이었습니다. 박대법관은 인사청문회에서 "솔직히 저도 세속적인 욕심에서 자유롭지 못했던 것 같다"고 고백했습니다.[5] 박대법관 역시 서울중앙지방법원 부장판사 출신이 아니었다면 단시간에 그렇게 많은 돈을 벌어들일 수는 없었습니다.

물론 이용훈 대법원장이나 박시환 대법관은 법관 시절 뛰어난 실력을 보여주었으므로, 그 실력 덕분에 변호사 시절 큰돈을 벌었다고 생각할 수도 있습니다. 전직 대법관이 선임된 사건을 현직 대법관들이 더 주의 깊게 봐준다는 사실을 입증하기란 매우 어렵습니다. 다만 대법관 출신 변호사가 선임된 사건이 심리불속행 기각이 되지 않도록 현직 대법관들이 신경 쓰는 경향이 있다는 증언은 찾아볼 수 있습니다.[6] 심리불속행 기각은 상고 이유나 요건이 성립되지 않는다고 판단되면 심리도 하지 않고 상고를 기각하는 제도입니다. 결국 말도 안 되는 사건을 상고한 경우에 내리는 판단이지요. 대법관 출신 변호사가 상고했는데 심리불속행 기각을 받으면 망신이므로 그런 망신을 당하지 않게 배려하는 일은 있다는 이야기입니다. 이 경우도 결론에 큰 영향을 끼치진 않았으므로, 별로 문제될 게 없다는 것이 법원의 일반적인 시각인 듯합니다.

그러나 결과에 영향을 주었느냐 못지않게, 변호사나 사건 당사자들이 어떻게 믿느냐도 중요합니다. 사람들은 대법원으로 가는 사건에는 대법관 출신 변호사를 선임해야 한다고 믿습니다. 대법관 출신 변호사를 선임해 최소한 심리불속행 기각을 피할 수 있다면 아주 잘못된 믿음도 아닙니다. 지방법원이나 고등법원에서 전관 변호사 사건이 각하되지 않도록 해주는 일이 있다는 앞서의 진술과도 일치하는 내용입니다. 이런 관행은 사람들의 믿음을 더 강화합니다. 이런 믿음이 살아 있는 한, 대법관 출신 변호사들이 앉아서 떼돈을 버는 현실은 달라질 수 없습니다. 정도의 차이는 있어도, 이런 믿음 때문에 전직 부장판사나 부장검사, 일정한 경력 이상의 판검사들도 상대적으로 쉽게 돈을 법니다.

전관의 힘 이야기를 들은 사람이라면 누구라도 자신에게 가장 유리한 결과를 가져다줄 전관 변호사를 찾게 됩니다. 돈이 없어서 전관을 찾지 못하는 사람들만이 다른 변호사를 찾지요. 전관 변호사를 선임하고 그 변호사가 판검사에게 부탁을 하면 자신에게 유리한 판결이 나온다는 믿음은 매우 광범위하게 퍼져 있었습니다. 일반시민들이 그런 믿음에 기초하여 전관 변호사를 찾는 경향은 여러 구술자를 통해서 분명히 확인되었습니다.

사법연수원을 수료하자마자 작은 규모의 로펌에 고용되어 변호사 일을 시작한 조용남씨는, 매년 법원과 검찰의 인사가 있기 직전이면 변호사 사무실에 사건이 줄어든다고 말합니다. 모든 의뢰인들이, 변호사가 담당 판검사와 가까우냐를 우선 고려하기 때문에, 인사이동이 예정된 1월에는 변호사 사무실에 사건수가 줄어든다는 것입니다. 조변호사의 설명에 따르자면, 누가 담당 판검사가 될지 결정되지 않은 상태에서는 "여우 같은 의뢰인"들도 변호사를 선임하지 않고 기다리기 때문입니다. 사건 선임에 앞서서 사람들은 변호사의 실력보다는 그 변호사가 전관인지를 먼저 확인합니다. 이런 경향은 강예리씨의 이야기에서도 확인됩니다.

> 사법연수원 출신 변호사들은 연줄이 없으니까, 사람들이 안 오잖아요. 의뢰인들은 일단 오면은 이 사람이 어디 출신이냐 이거예요. "판사냐, 검사냐?" 묻고 "아니다" 그러면 나가요.(강예리, 9면)

강예리씨는 판검사 출신, 장관 출신, 헌법재판관 출신, '사법연수원 출신' 등이 운영하는 각종 사무실과 로펌에서 오랫동안 여직원*으로 근무했습니다. 그녀는 의뢰인들이 변호사 사무실을 찾아와서 판사 출신인지 검사 출신인지를 묻고는 아니라고 하면 바로 나가버리는 것을 여러번 목격했습니다. 그런 일이 있을 때마다 '사법연수원 출신'인 변호사는 마음이 상하여 결국 브로커를 통해서라도 사건을 수임해야겠다고 생각한다고 합니다. 전관예우에 대한 폭넓은 믿음이 의뢰인의 변호사 선택에 얼마나 큰 영향을 끼치는지를 보여주는 이야기입니다. 실력 있는 변호사보다는 청탁할 수 있는 변호사를 선호하는 경향은 우리 법조계의 가장 중요한 특징입니다. 청탁할 수 있는 변호사를 선

---

* 변호사 사무실 '여직원'은 사실 썩 좋은 표현이 아닙니다. 변호사 사무실 직원이면 직원이지, 성별을 왜 구분해야 하느냐는 문제제기가 있을 수 있지요. 분명히 잘못되었지만, 성별에 따라 임금이나 승진이 뚜렷이 갈라지는 법조계 내부의 성차별 현실을 잘 보여주는 표현이기도 해서 이 책에서는 그대로 사용하였습니다.

임하는 데 이른바 브로커가 제공하는 정보가 큰 역할을 한다는 사실도 기억해둘 필요가 있습니다. 이런 경향이 소규모 변호사 사무실에서만 나타나는 것은 아닙니다.

> 제가 일하던 로펌에서도 큰 사건 들어오면 담당 판사 아는 사람을 찾는 메시지가 항상 떠요. 결국에 친소관계를 이용하겠다는 거거든요. 그리고 형사사건은 친소관계가 상당히 중요하다고 하고 민사사건도 뭐 의뢰인이 "나 돈 있으니까 쓰겠다, 로비할 변호사 붙여달라" 그러면 로펌에서 "NO"를 안 해요. "도움 안 된다"는 얘기도 안 하더라고요.(손기병, 38면)

대학교수가 되기 전까지 대형 로펌에서 미국 변호사로 일한 손기병 교수는, 자신이 일한 로펌에서도 역시 사건과 관련해서는 끈을 먼저 찾더라고 이야기합니다. 로펌에서는 이것이 꼭 전관에 한정되지 않고 어떤 형태로든 담당 판검사와 연줄이 있는 사람을 찾는 식으로 진행됩니다. 실력 못지않게 관계를 중시한다는 측면에서는 로펌도 개인 변호사들이나 의뢰인들과 크게 다르지 않습니다. 의뢰인이 "로비할 변호사를 붙여달라"고 노골적으로 요구해도 로펌 쪽에서는 이를 거부하거나 그게 도움이 되지 않는다고 이야기하지 않습니다. 돈을 벌기 위해서라고는 하더라도, 너나 할 것 없이 사건을 청탁으로 해결하려 드는 우리 법조계의 현실은 실로 커다란 문제입니다.

관선 변론: 가족 그리고 또 하나의 가족

그렇게 많은 건 아닌데 부탁을 받는 경우가 있습니다. "이러이러한 사건이 있는데 잘 좀 검토해줘"라는 거죠. 이런 것들이 굉장히 유형이 다양합니다. 그냥 판사가 재판하는 데 다른 판사가(상급 판사일 수도 있고 동료 판사일 수도 있고 후배 판사일 수도 있습니다) "저희 집안에 이런 게 있습니다." "아무개 친구가 그러는데 이거 뭐 억울하다고 그러네." 대법관이 "내가 아는 사람이 억울하다고 그러는데 그것 잘 좀 검토해줘." 이런 형태의 부탁, 청탁이지요. 그 청탁에는 돈이나 압력이 개재되는 건 없습니다. 많은 경우에 그냥 순수하게 같은 식구이기 때문에 뭐 알음알음으로 이런 부탁을 받는 경우인데, 저는 지금도 사법부에 있을 거라고 생각합니다. 그런 거 직접 경험도 했고 저도 뭐 경우에 따라서는 그런 부탁을 한 적이 전혀 없다고는 말하긴 어려울 것 같습니다. 굉장히 어렵습니다.(권용준, 6~7면)

권용준 변호사는 자신이 판사 시절 다른 판사들에게 청탁을 한 적이 있는지에 대해서 "전혀 없다고 말하기는 어렵다. 굉장히 어렵다"고 이야기합니다. 전체적으로는 청탁이 있다고 말하면서도, 자기 자신에 대해서는 에둘러 말하는 이런 태도야말로 그가 법조에서 쌓아온 관록을 잘 보여줍니다. 변호사만 판검사들에게 청탁하는 것은 아닙니다. 동료 판검사, 일반직 직원, 심지어 법조를 출입하는 기자들도 청탁을 합니다. 조정위원이나 범죄예방위원처럼 법원이나 검찰 주변에서 보조 역할을 하는 사람들이 청탁하는 경우도 있습니다. 우리는 구술자들을 통해서 조심스럽기는 하지만 여전히 광범위하게 이루어지는 이런 관행을 확인할 수 있었습니다.

권변호사는 법원 내부에서 오가는 이런 청탁을 "그냥 순수하게 같은 식구이기 때문에" 주고받는 거라고 말합니다. 법원 사람들은 가족이라 할 수 있으므로, 가족끼리 그 정도 부탁이 오가는 것은 순수하다는 의미입니다. 권변호사가 판사들 사이의 청탁을 순수한 것과 그렇지 못한 것으로 구별하는 중요한 기준은 돈과 압력입니다. 돈과 압력이 개입되지 않으면 그 청탁은 순수한 건데, 단지 세상에는 그런 부탁을 할 수 없는 사람도 있기 때문에, 그런 사람들이 패소하면 상대방의 청탁 때문이라고 믿는 경향이 있다는 이야기입니다.

권변호사의 군법무관 시절 가족과 다름없는 분이 1심에서 집행유예 판결을 받았다고 합니다. 벌금형을 예상했는데 그보다 더 가혹한 집행유예를 받은 것입니다. 권변호사는 군복을 입은 채로 항소심 재판장을 찾아가 선처를 부탁했습니다. 재판장은 그때까지 전혀 알지도 못하는 분이었습니다. 결과는 벌금형이었지요. 권변호사는 그 재판장에게 늘 감사하는 마음을 품고 살았지만, 따로 사례를 하지는 않았습니다. 그는 이 사건을 아름다운 추억으로 간직하고 있으며, 이런 것들도 없어져야 하느냐고 항변합니다.

이런 것들이 일종의 청탁인데 뭐 그야 정말 인간적인 청탁이고 뭐 내가 그분한테 밥을 샀습니까, 커피를 샀습니까? 전혀 없었지만 그래도 저는 감사하다는 생각을 했습니다. 지금도 그분에 대해서 감사하게 생각합니다. 이런 것들도 그럼 없어야 되느냐?(권용준, 7면)

권변호사가 이야기하듯이 법원 직원 전체를 가족으로 본다면, 그 가족은 보통 가족이 아니라 매우 어려운 경쟁을 거쳐 선발된 일종의 '신성가족(神聖家族)'입니다. 신성가족은 맑스와 엥겔스의 첫번째 공동저작인 『신성가족, '비판적 비판주의'에 대한 비판: 브루노 바우어와 그 일파를 논박한다』에서 유래한 말입니다. 당시 카를로텐부르크에서 『종합문예신문』을 발간하던 바우어 형제와 그 추종자들은, 순수 비판주의의 담지자인 선택받은 인간과 게으르고 둔감하다고 평가되는 대중을 대비해 온건한 자유주의 관념론 철학을 전파하고 있었습니다. "비평가는 절대로 몸소 사회와 어울려서는 안 된다"고 주장하는 바우어 일파를 맑스는 신성가족이라고 부릅니다. 신성가족은 자신의 힘으로 창조한 것이며, 사악한 사회에서 자유롭기 위해 스스로 자신을 사회에서 해방시킨 존재입니다. 신성가족의 가장 큰 상징인 '거룩'은 처음부터 '구별'을 의미하는 단어이기도 했습니다. 맑스는 "불경스러운 대중과 모든 것으로부터 스스로를 해방시키기 위해 어마어마한 투쟁을 겪어온 비판적 비판주의는 마침내 고독하고 신을 닮았으며 자기만족적이고 절대적인 존재로 되는 데 성공했다"고 그들을 묘사합니다.[7]

저는 법원이나 검찰에서 가족이라는 표현을 들을 때마다 바로 이 신성가족을 떠올립니다. 법원 신성가족의 일원이 되려면 사법시험이라는 어려운 시험에 합격해야 할 뿐만 아니라 판사직 진입이라는 더 좁은 관문도 통과해야 합니다. 일단 이 관문을 통과하면, 다른 사람과 구별되는 '또 하나의 가족'이 되어 청탁이 '순수'할 수 있는 특권을 누릴 수 있습니다. 돈과 압력이 개입되지 않았기 때문에 이 가족 내부의 청탁은 변호사들의 청탁과는 본질적으로 구별됩니다. 변호사들의 청탁은 어떤 순수의 탈을 써도 결국은 돈과 연관되기 때문입니다. 이러한 신성가족의 모습을 우리는 앞으로도 여러 곳에서 확인하게 됩니다. 검찰도 검찰 나름의 신성가족을 형성하고 있습니다. 여러 청탁 중에서도 신성가족 구성원들의 청탁이 가장 부담스러운 것은 당연한 이치입니다. 이른바 '관선 변론'이지요.

> 우리끼리도 청탁을 하죠. 왜냐면 우리도 어머니가 있고 아버지가 있고 동생이 있고 이모가 있는데, 다른 사람들과 마찬가지죠.(정종은, 18면)

정종은 검사는 관선 변론을 주고받을 수밖에 없는 이유를 간단히 설명합니다. 판검사들에게도 "어머니가 있고 아버지가 있고 동생이 있고 이모가 있는 이상", 그 가족에게 사건이 생겼을 때 부탁을 할 수밖에 없습니다. 정검사 자신도 할아버지의 고소 사건으로 청탁해본 경험이 있습니다. 늘 정검사를 "자랑스러워하고 애지중지하던" 할아버지셨습니다. 정검사는 선배 검사에게 전화를 걸어 "억울하지 않도록 잘 조사해주셨으면 좋겠다"고 부탁했습니다. 그런데 할아버지의 사건이 계속 진행 중인 상태에서 바로 그 선배의 청탁 전화를 받게 됩니다. "정검사가 오늘 당직인데, 내가 아는 사람이 공무집행방해로 영장이 올라갔다. 가능하면 영장을 기각해줬으면 한다"는 내용이었습니다. 청탁이 맞물린 셈입니다. 공무집행방해로 구속하려면 할 수도 있고 기각하려면 할 수도 있는 경계선상의 사건이었습니다. 정검사는 "청탁한 게 있기 때문에 자유로울 수 없었다"고 이야기합니다. 그래서 결국 청탁받은 대로 영장을 기각했지요. "넓은 재량 범위 내에 속한 일"이기는 해도, 그는 반복하여 부끄러움을 토로합니다. 어차피 기각될 건이었다고 정당화하려고 노력했지만, 결국 자신의 청탁을 의식해서 상대방의 청탁을 들어주었다는 결론을 내릴 수밖에 없었기 때문입니다.

정검사가 영장을 기각한 다음, 선배 검사는 정검사 할아버지가 고소한 사건의 상대방에게 '혐의 없음' 처분을 내립니다. 정검사의 청탁을 들어주지 않은 것이지요. 선배 검사는 나중에 전화를 해서 "할아버지 고소가 어느 정도 신빙성은 있는데 증거가 좀 부족해서 상대방에게 혐의 없음 처분을 할 수밖에 없었다"고 설명합니다. 자신은 청탁을 들어주었는데, 선배 검사는 청탁을 들어주지 않은 이 상황이 정검사는 "서운하기보다는 오히려 다행"이라고 생각했습니다. 물론 마음이 편치는 않았습니다. 정검사는 그때의 복잡한 심경을 이렇게 표현합니다.

> 그때 서운하기보다는 다행이라는 생각이 들었어요. 마음이 오히려 편해지면서 다행이다 하면서 약간 서운하기도 했어요. '증거는 어차피 검사가 수집해야 하는 건데, 좀 잘해주지, 좀더 열심히 해

주지.' 증거가 없어서 혐의 없다고 하니까, 여러가지 복잡한 마음이 들긴 들었는데, 결과적으로는 저는 그 결정이 맞았다고 생각하고요.(정종은, 20면)

선배 검사가 자신의 청탁을 들어주지 않아서 오히려 다행이라는 생각도 했지만, 서운하지 않을 리 없었습니다. 일부러 부탁까지 했는데 증거가 없어 무혐의 처분을 했다니, "증거는 어차피 검사가 수집해야 하는 건데, 좀 잘해주지, 좀더 열심히 해주지" 하는 마음이 들었기 때문입니다. 그러면서 동시에 그런 결정에 "이의가 없고 신뢰를 하고 있다"고 이야기합니다. 만약 자기 청탁을 들어 선배 검사가 기소를 해버렸다면 오히려 그를 "신뢰하지 못했으리라"는 것입니다. 덕분에 "도덕적으로 좀 홀가분하게 되었다"는 안도감도 느꼈습니다. 어렵게 한 청탁이었는데 거절당하고 나서 그게 올바른 결정이라는 이성의 소리와 서운한 감정이 뒤엉키는 복잡한 경험이었습니다. 재미있는 것은 이 사건 이후 정검사 할아버지가 보인 반응입니다.

지금도 우리 할아버지는 저를 좀 원망하시긴 해요. '손자가 검사인데도 정의가 안 세워지는구나' 이렇게 생각을 하시는 거죠. 할아버지에 대해서는 이제 설득도 안 되고, 연세가 워낙 많아지고 뭐 이렇다저렇다 설명해도 하여튼 똑같은 얘기를 하시거든요. 이제 우리 할아버지는 어떻게 생각하시냐 하면, '이게 검사 빽 가지고는 안 되는구나, 검사장이나 대법관이나 법원장이나 이 정도 빽이어야 되는구나' 이렇게 생각하시는 거죠. 근데 이게 굉장히 어

려운 일이에요. 할아버지께 내가 설명할 수도 없고, 할아버지의
이런 사고구조가 평범한 보통사람들의 사고구조거든요, 그렇기
때문에 무섭죠. 그리고 슬픈 일이기도 하죠.(정종은, 20면)

할아버지는 정검사의 설명에도 불구하고 이러한 일처리가 공정하
다고 생각하기보다는, 손자의 "빽"만으로는 부족해서 더 높은 사람의
빽을 써야 했다고 후회합니다. 손자의 설명보다 더 강력한 어떤 "사고
구조"가 작동한 결과입니다. 할아버지에게 법률쟁송의 패배는 언제
나 '빽싸움에서의 패배'를 의미할 뿐입니다. 이는 정검사 할아버지에
국한된 문제가 아니라 소송에 패배한 일반인들이 흔히 보이는 태도
이기도 합니다. 소송이 빽싸움일 뿐이라는 이런 생각은 모든 사람이
방어적으로라도 청탁에 나설 수밖에 없는 상황을 만들어냅니다. 빽
쓰는 것이 비정상이 아니라, 빽 없는 게 오히려 불안한, '정상과 비정
상의 전도(顚倒)' 현상이 일어나는 셈입니다.

이런 청탁의 뿌리는 매우 깊습니다. 정검사 할아버지의 예에서 볼
수 있듯이, 판검사들이 다른 판검사들에게 청탁을 하도록 만드는 사
람들은 대개 친인척입니다. 사법시험에 합격했을 때 가장 기뻐해준
사람들도 바로 이 친인척들입니다. 그들은 왜 그렇게 기뻐했을까요.
물론 가족 중에서 그렇게 어려운 시험에 합격한 사람이 나왔을 때 함
께 기뻐하는 것은 당연합니다만, 정말 그것뿐일까요.

판사가 되었을 때 친척들의 반응은 출세했다는 거죠, 집안의 영광
이고요. 여자들은 "어휴, 어떻게 그렇게 공부를 잘했어" 이 정도

반응이고, 우리 엄마도 그냥 "우리 자식 장하다" 이 정도 반응인데, 남자들은 기대하는 바가 있습니다. 왠지 모르게 나중에 큰 도움이나 줄 것처럼, 그런 생각을 하거든요.(장화영, 18면)

장화영 판사는 한집안에서 판사가 나왔다는 것은 뭔가 불이익을 당할 처지에 "전화 한통"이라도 해줄 사람이 생겼음을 의미한다고 말합니다. 자기 집안처럼 "잘나가는 사람이 없는 집안"의 경우에는 더욱 그렇습니다. 당장 무슨 일이 있는 것은 아니더라도, 앞으로 무슨 일이 생길지 모르는데 "전화 한통이라도 해주면 크게 도움이 될 든든한 대변자"가 생겨서 안심할 수 있습니다. 장판사의 말처럼, 가족 중에 판검사가 나오면 기뻐하는 사람들의 심리에 깔린 것은 언제 당할지 모르는 '억울한 일'에 대한 불안입니다. 이런 불안이 없다면 "전화 한통이라도 해줄" 사람을 그리도 강렬하게 기대할 이유가 없지요. 장판사는 유난히 남자 친지들이 더 그런 기대를 보여주었다고 지적합니다. 여자들은 "어휴, 어떻게 그렇게 공부를 잘했어?"나 "우리 자식 잘했어" 정도의 반응인데, 남자들은 "전화 한통이라도 해주면" 크게 도움이 되리라 생각한다는 이야기입니다. 남녀 친지들이 보여주는 이러한 차이는 매우 흥미롭습니다. 여성들보다는 남성들이 주도적으로 사회활동을 해왔기에, "전화 한통"의 힘을 남성들이 더 실감하기 때문일 수도 있고, 주로 남성들이 그런 식의 문제해결을 선호하는 까닭일 수도 있습니다. 2007년부터 2016년까지의 범죄 통계를 보면, 형사사건으로 처벌된 여성 범죄자는 전체의 15~18퍼센트에 불과합니다.[8] 80퍼센트 이상의 범죄는 남성들이 저지릅니다. 잠재적으로 재판의 대상이 될 개연성이 높은, 그래서 억울한 일을 당할지도 모른다고 염려하는 남성 친지들이 판검사에게 큰 기대를 거는 것은 당연한 일인지도 모릅니다.

어쨌든 장판사의 사법시험 합격 덕분에 그 친지들은 인맥으로 칠만한 법조인이 한명도 없는 85.8퍼센트에서 그런 인맥을 얻은 14.2퍼센트에 진입하게 되었습니다. 실제로 청탁할 기회가 있는지와 상관없이 든든한 빽을 갖게 된 것이지요.[9] 친지들의 이런 염려와 기대는 우리나라가 저신뢰사회라는 사실과 밀접한 관련이 있습니다. 미국의 보수 정치학자 프랜시스 후쿠야마는 중국, 프랑스, 이탈리아 등과 함께 우리나라를 가족주의가 지배하는 대표적인 '저신뢰사회'로 규정했습니다. 가족주의사회에서는 혈연관계로 엮이지 않은 사람들이 서로를 신뢰할 만한 토대가 없기 때문에 자발적인 결속력이 약할 수밖에 없으며 이는 결국 고비용으로 연결되게 마련입니다.[10]

2006년 한국개발연구원(KDI) 경제정보센터가 공공기관과 민간기관들의 사회 신뢰도를 조사한 '사회적 자본 실태 종합조사' 보고서에 따르면, 불신을 0점, 신뢰를 10점으로 했을 때, 법원은 4.3점, 검찰은 4.2점이라는 매우 낮은 평점을 얻었습니다. 교육기관 5.4점, 시민단체 5.4점, 언론기관 4.9점보다 뒤떨어지는 것은 물론이고, 군대·대기업·노동조합·경찰보다 신뢰도가 낮았습니다. '법원의 판결이 정당하다'는 응답은 50퍼센트대였고, '공직자들이 법을 제대로 지킨다'는 응답은 5퍼센트에 불과했습니다. 처음 만난 사람의 신뢰도가 4.0이므로, 우리 법원, 검찰은 고작 낯선 사람 수준의 신뢰를 얻고 있는 셈입니다.[11] 이런 불신의 책임은 근본적으로 법원, 검찰에 있습니다. 그러나

이에 따른 피해자는 바로 시민들 자신입니다. 법원, 검찰에 대한 '불신'은 누군가 불공정하게 재판에 개입하고 있다는 '불안'으로 이어지고 그 불안은 내쪽에서도 뭔가 손을 써야 한다는 강박을 낳습니다. 공격적으로 자기 이익을 구하는 청탁이 아니라 최소한의 '방어'를 위해서도 청탁이 필요한 상황이 되는 것입니다. 우리 국민들이 동창회, 종교단체, 종친회 등 전통적 사회관계망에 의존하는 경향이 높다는 KDI의 조사결과 역시, "전화 한통"에 목마른 사람들의 절박함과 무관하지 않습니다.

모두가 "전화 한통"에 목말라 있기 때문에, 때로는 친지들이 한 다리 건너 또다른 사람들의 청탁을 들고 올 때도 있습니다. 예컨대 삼촌이 친구들과의 술자리에서 "내 조카가 검사"라고 은근히 자랑을 하면, 친구들이나 업계에서 알게 된 사람들이 개인적으로 어려운 사정을 털어놓습니다. 그러면 삼촌은 이미 자랑한 것을 거두어들일 수 없어서 "한번 부탁해보겠다"며 청탁거리를 들고 오지요. 이런 청탁은 초임 판검사들을 피곤하게 하는 중요한 원인입니다.

친척들 부탁에 관한 이야기는 민감해서 김승헌 부장판사는 익명임에도 불구하고 이런 이야기가 인용되는 것을 껄끄러워했습니다. "처음에는 집안 어른들의 부탁이 가장 어려웠다"고 이야기하는 그는 "그 당시에 생각을 잘못해서 거절을 잘하지 못했다"고 회고합니다. 집안 어른들이 "말 한마디 해주는 게 뭐 어렵나?" 하고 생각하는 것이 분명해 보였기 때문에, 자신도 "그런 말도 못하냐" 판단하고는 법원이나 검찰에 있는 동기들에게 몇번 전화를 걸어주었습니다. 그런데 얼마 후에는 그런 부탁도 해서는 안 된다고 생각하게 됩니다. 왜냐하면 전국의 판사 2천명 중에 자신이 그런 부탁을 해도 "나에 대한 이미지를 흐리지 않고 내 입장을 생각해줄 수 있는 판사"라고는 서너명밖에 없기 때문입니다. 나머지는 그런 전화를 받으면 모두 그를 "욕하고 다닐" 사람들뿐입니다. 그런 사람들에게 전화해봐야 일이 잘된다는 보장도 없습니다.

> 집안에 누가 사고 터지면 진짜로 제가 나서야 할 상황이 있을 수도 있죠. 그런데 자기 집에 사고 잘 안 나요. 재판해봐야 민사인데, "민사는 변호사가 하면 되는 거지, 전화로 되는 게 아니라"는 걸 설명하면 이해하거든요. 형사는 저희 집안 식구 중에 구속된 사람 없고, 기소된 사람 없어요. 제일 가깝다고 해봐야 누가 아는 사람 뭐 이런 건데, 뭐 그거는 그냥 제가 청을 거절한다고 해서 그 사람이 입장 곤란할 정도는 아니거든요.(김승현, 37~38면)

오랜 법관생활을 통해 김부장판사는 대부분의 청탁이 친척들 자신의 문제라기보다는 "친척들이 아는 사람들"의 문제인 경우가 많다는 사실을 깨달았습니다. 이렇게 여러번 거쳐온 청탁은 남 보기에도 우스워서 부탁받는 사람도 그냥 무시하기 쉽습니다. "내가 아는 판사의 친척의 아는 사람 사건"을 누가 성의 있게 봐줄 리 없습니다. 실제로 김부장판사도 그런 전화를 받으면 "저 사람 자기 일도 아니면서, 지가 아는 사람, 심지어 지랑 별 관계도 없는 사람 건 가지고 전화를 하는구나" 하고 우습게 생각한다고 합니다. 그는 어느 정도 경력이 쌓이면서 그런 식으로 거쳐온 청탁은 모두 거절하기로 마음먹었습니다.

그러나 모든 판사가 김부장판사 같지는 않습니다. 여전히 이런 청탁을 하는 고위직 법관들도 있다고 합니다. 어차피 법원을 '또 하나의 가족'이라고 생각하면 이런 게 별로 이상하지도 않습니다. 더욱이 김부장판사도 "집안에 누가 사고 터지면 자신이 나서야 할 상황이 있다"고 말합니다. 다른 사람의 청탁을 거절할 수 있게는 되었으나 가까운 가족에게 일이 생겼을 때에는 외면할 수 없습니다. 가까운 가족의 경우에는 무조건 도울 수밖에 없다는 생각은 법원과 검찰에 상당히 일반화되어 있고(그런 논의가 공적으로 이루어진 적이 없기 때문에 공식화된 적은 없지만) 그렇게 무조건 도와야 할 범위는 대개 삼촌 또는 사촌 이내로 합의된 듯합니다. 이처럼 판검사들이 "전화 한통"을 해야 하는 사안을 일정한 범위의 친족으로 제한하려 하는 것은 그나마 다행입니다.

면담에 응한 전현직 판검사들과 개인적으로 자문한 대부분의 판검사들은 모두 이런 식의 청탁은 10여년의 판사생활 중에 열번이 넘지 않을 거라고 말했습니다. 결코 심각한 수준이 아니라는 것입니다. 하지만 "전화 한통"할 곳 없는 85.8퍼센트는 "전화 한통"할 곳 있는 14.2퍼센트를 늘 부러운 눈으로 주시합니다. 판검사들이 1년에 한건 할까 말까 한 청탁의 파장은 생각보다 훨씬 클 수 있습니다.

'과선 변론'으로 분류하기는 곤란하지만, 기자들이나 범죄예방위원처럼 법원과 검찰 주변에서 활동하는 다양한 사람들도 판검사들에게 청탁을 합니다. 범죄예방위원회는 검찰을 도와 범죄자들을 선도하고, 장학활동, 각종 캠페인 등에도 함께 참여하는 민간단체입니다. 대개 지역유지들이 참여하기 때문에 검찰이 일반시민들의 의견을 듣는 통로로 활용하지요. 좋은 취지로 조직된 단체이지만 '의견을 듣는 통로'란 언제든지 '청탁의 통로'로 악용될 소지가 있습니다. 범죄예방위원들이 검사들하고 가까워지다보면, 그쪽에서 들어오는 청탁이 검사들을 괴롭히게 됩니다. 정종은 검사는 지역사회라는 게 "한 다리만 건너면 바로 연결이 되기 때문에 그분들이 일종의 브로커 노릇을 하는 일도 생긴다"고 말합니다. 범죄예방위원들이 검사장이나 지청장과 술자리를 하는 경우가 많다보니 주위 사람들이 그에게 부탁하는 경우도 있고, 그런 이야기를 듣고 온 검사장이나 지청장이 "불구속으로 한번 고려해보라"고 이야기하면, 평검사가 그걸 무시하기 어렵습니다. 그게 굉장한 부담을 주기 때문에, 검사에 따라서는 "결재권자의 이야기를 무시할 수 없어서" 그런 방향으로 사건을 정리하기도 하고, 또 일부 검사는 "지청장이나 검사장에게 대들다가 찍히기도" 한다고 합니다.

심지어 법조를 출입하는 기자들도 회사나 선후배의 청탁을 전달하는 통로가 됩니다. 송형진 기자는 "기자들이 판검사에게 부탁하는 경우가 왜 없겠느냐?"고 반문합니다. 신문사 사람들도 요즘은 조사를 받는 일이 많아서, 그들이 조사받으러 오면 그때마다 부탁을 하는 것이 "법조기자의 주요 업무 중의 하나"라는 것입니다. 예를 들어 "우리 편집국장이 이번에 조사받는데 어떻게 진술서로만 안 될까요?"라든지 "저희 선배가 하나 조사받는데 살살 해주세요" 같은 부탁을 일상적으로 하게 됩니다. 송기자는 이를 "미리 가서 기름칠 좀 하는 것"이라고 표현합니다. 하다못해 검사나 계장에게 "말이라도 이쁘게 하도록 만들어놓아야 좋다"는 것입니다.

미리 좀 가서 기름칠을 해둬야 한다. 뭐랄까 하다못해 검사나 계장들이 말이라도 이쁘게 하게 만들어놓아야 좋죠. 아무래도 기름칠을 해두는 편이 마음이 편하겠죠. 피의자 입장에선. 그래야 험하게 못하겠죠, 그렇다고 봐주겠다고 생각은 못하겠지만, 아무래도 인지상정인데, 봐주는 게 있겠죠.(송형진, 17면)

그래야 피의자를 "험하게 못한다"는 이야기인데, 송기자의 이야기를 통해 불이익에 대한 막연한 불안감이라는 면에서 기자들도 예외가 아님을 알 수 있습니다. 그렇게 부탁을 해놓으면 "인지상정"으로 봐주는 게 있습니다. 그러니 공격적으로든 방어적으로든 청탁이 일상화될 수밖에 없습니다. 세상에 공짜가 없는 법이니, 기자와 판검사 사이에 이런 청탁이 오가면 당연히 부작용이 생기겠지요. 이런 청탁문화는 법원·검찰에 한정된 것은 아니며, 특별히 더 심각하다고 볼 이유도 없습니다. 법원·검찰도 우리 사회가 작동하는 방식대로 움직이고 있을 뿐입니다. 그야말로 '만인의 만인에 대한 청탁' 사회입니다. 법원·검찰과 맺어지는 모든 관계는 이런 청탁의 통로가 됩니다. 그게 바로 우리 사회입니다.

립서비스의 이유, 평판의 공포

판검사들만큼 힘이 세진 않지만 법원이나 검찰의 일반직 공무원들도 함께 근무하는 판검사들에게 청탁을 합니다. 법원에 오래 근무하여 일반직으로 국장급에 오른 이정수씨는 20년 가까운 법원 공무원 생활 동안 딱 두번 개인적인 일로 판사에게 청탁한 적이 있다고 고백합니다. 하나는 음주운전으로 뺑소니사고를 낸 절친한 친구의 사건이었고, 다른 하나는 사촌 동생의 형사사건이었습니다. 그런데 이국장이 자신에게 들어온 부탁들을 처리하는 방법은 상당히 흥미로웠습니다.

> 부탁해달라는 전화를 많이 받습니다. "너 그 판사 아냐?" "응, 아는 판사인데" "내 사건에 대해서 얘기 좀 해줄래?" 그러면 전화로 "안 돼, 못해" 이렇게 할 수 있는 친구가 있는가 하면, "그래 한번 알아볼게, 잘 나오겠지"라고 이야기해야 하는 친구도 있습니다. 그래도 끝까지 부탁을 하면, "그래, 내가 아는 판사니까 얘기를 해볼게" 그러고 나서 판사에게는 이야기를 안합니다. (이정수, 17면)

판사에게 부탁해달라는 친구의 전화를 받으면 이국장은 보통 "민사사건은 판사에게 재량권이 없다" "형사 같은 경우에는 재량권이 있지만, 이런 사건은 어쩔 수가 없다"는 식으로 설명을 해주고 끝냅니다. 그래도 친구가 끝까지 조르면 그냥 "아는 판사이므로 이야기를 해보겠다"고 대답한다고 합니다. 그러고는 판사에게 부탁을 하지 않습니다. 그런 경우가 아마 "열건도 넘을 것"이라고 합니다. 그런데 아무 청탁을 하지 않아도 어쩌다 그 친구의 생각대로 좋은 결과가 나올 때가 있습니다. 친구는 "고맙다. 네가 얘기해줘서 잘 나왔다"고 인사를 하겠지요. 그럴 때 이국장은 농담 삼아 "자식아, 밥 한그릇 사"라고 이야기한다고 합니다. 나중에 실제로 밥 얻어먹는 경우도 있습니다. 결국 아무 청탁도 하지 않았지만 좋은 결과가 나오면 친구에게 공치사를 듣고, 나쁜 결과가 나오면 그만이라는 것이지요. 친구가 계속 부탁하는데 거절할 경우 인간관계가 깨질 수 있기 때문에, 그보다는 차라리 "부탁해주겠다"고 거짓말하고는 부탁을 안 하는 편이 낫다는 이야기인데요. 일종의 '청탁 전달 사고'라 할 수 있습니다. 이국장은 이 같은 '사고'가 사법의 기능에 특별히 나쁜 영향을 끼치지는 않는다고 생각합니다. 실제로 판사에게 청탁을 넣지 않았고 판결에 영향도 주지 않았으므로 무해하지 않으냐는 것이지요. 주변 사람들의 계속되는 부탁에 이런 식으로 대응하는 사람은 이정수 국장뿐만이 아니었습니다.

정종은 검사 역시 동료 판검사나 변호사의 청탁에는 "고려해보겠다"고 이야기하고는 아무런 조치도 취하지 않는 립서비스를 택합니다. 그리고 자신뿐만 아니라 "대부분의 평범한 검사들"이 그런 식으로 청탁을 처리할 거라고 말합니다. 정검사도 이국장과 마찬가지로, 청탁하는 사람이 자신과 가까운 사이일 경우에는 "제가 청탁 안 들어주는 거 아실 테니까, 저에게 그런 말씀은 하지 마세요"라고 웃으면서 이야기합니다. 그러나 상대방이 가깝지 않은 사이일 경우에는 "고려해보겠다"고 하고 아무런 조치를 취하지 않습니다. 정검사 스스로 자신의 태도가 문제라는 점을 잘 알고 있었습니다. 부탁한 사람들 입장에서는 원하던 결론이 나면 청탁이 통한 것으로 생각할 수밖에 없기 때문입니다. 정검사는 "밖에서 보면 이런 사소한 행동 하나가 엄청난 파장이 될 것"이므로 굉장히 "아슬아슬하다"고 생각합니다. 그러나 그럴 수밖에 없는 이유를 이렇게 설명합니다.

그걸 알면서도 검사로서 "그거 안 된다 못한다, 그런 말 하지 마라!" 이렇게 하는 게 인간적으로 굉장히 어렵고…… 실제로 그렇게 하는 검사도 있는데 그렇게 하는 검사는 조직 내에서 "걔는 정말 싸가지가 없다, 뭐 그렇게까지 하냐, 선배인데 무안하게"라는 말을 들어요.(정종은, 11~12면)

청탁을 받았을 때 "고려해보겠다"고 이야기하고 실제로 아무런 배려를 안 하면 두가지 상황에 직면합니다. 부탁한 사람 입장에서 좋은 결과가 나오는 경우와 나쁜 결과가 나오는 경우이지요. 앞의 경우에는 우연이기는 해도 그냥 고맙다고 인사를 받으면 됩니다. 뒤의 경우에도 부탁한 사람은 판검사가 나름대로 최선을 다해줬다고 생각하고 역시 고맙게 생각하지요. 반면에 대놓고 거절하면 선배를 무안하게 한 "싸가지 없는 행동"에 비난을 받습니다. 그것을 알기 때문에 문제 있는 행동임을 알면서도 일단은 "고려해보겠다"고 답변합니다. 물론 이런 태도는 청탁자로 하여금 '내 청탁이 먹혀드는구나' 하고 오해하게 만듭니다. 이런 오해는 주변으로 퍼져나가 우리 사법 전체에 대한 불신을 확산시킵니다. 눈앞에 있는 지인과의 불편함을 피하려는 태도가 더 큰 불신을 낳습니다. 상대방도 그 사건에 대해서는 고마워하겠지만, '사법이란 게 이런 식으로 굴러간다'고 오해하기 때문입니다.

이런 청탁을 원리원칙대로 처리하면 어떻게 되는지에 대해 정검사는 이런 이야기를 들려줍니다. 판검사들이 면전에서 거절하지 못하는 "인간적인" 이유를 잘 설명해주는 얘깁니다.

검찰 출신 변호사들이 선임계를 제대로 제출하지 않은 상태에서 담당 검사에게 전화를 걸어 부탁을 하는 문제는 이미 언론에서 여러 차례 지적되었습니다. 아무나 할 수 있는 일은 아니고 일종의 '검찰 신성가족' 변호사들만이 할 수 있지요. 변호사가 선임되어 정식으로 변론을 하기 위해서는 법원이나 검찰에 선임계를 제출해야 합니다. 그런데 선임계를 내면 세금도 내야 하는데, 만약 선임계를 내지 않고 변론을 할 수만 있다면 탈세가 가능해집니다. 검찰 출신 변호사들은 선임계를 제출하지 않은 채로 검사에게 전화로 청탁함으로써 세금 기록을 남기지 않을 수 있지요. 이런 경우 자기 이름이 공식 기록에 남지 않으므로 사건에 대한 책임감도 적습니다. 선임계도 내지 않고 전화 변론을 하는 사람들이 대개 '검찰 가족'인 까닭에 검찰은 이런 탈세 관행을 오랫동안 눈감아왔습니다. 그러다보니 고위직을 지낸 검찰 출신 변호사들이 "전화 한통"에 수천만원을 받는 일도 생깁니다. 그런데 어느 검사가 이런 전화를 건 변호사에게 "선임계를 내고 와서 똑바로 변호를 해라. 전화만 하지 말고"라고 이야기했다고 합니다. 정 검사는 그 검사의 운명에 대해서 "조직의 또라이"가 되었다고 설명합니다. 주변에서 다들 "그렇게까지 할 건 뭐 있냐? 그냥 관행으로 다 하는 건데"라고 반응했기 때문입니다. 이 이야기를 들려주는 정검사 자신은 그동안 한번도 선임계 내라는 이야기를 못했다고 합니다.

이로써 돈이 개입되지 않은 청탁인데도 판검사들이 귀를 기울일 수밖에 없는 이유를 알 수 있습니다. 면담을 진행하는 동안 적지 않은 판검사들은 '평판'의 압박을 이야기했습니다. 바닥이 매우 좁은 법조 계에서 한번 "싸가지 없다"고 찍히면 회복이 어렵습니다. 검찰 신성가족에서 전직 고위 검사들은 '아버지들'이나 마찬가지입니다. 검찰에서 물러났어도 여전히 가부장적 권위를 행사합니다. 그런 아버지들에게 '또라이'로 찍히지 않기 위해서는, 청탁을 들어주지는 않더라도 들어주는 '시늉'은 해야 합니다.

면담에 응한 전현직 판검사들은 명시적으로든 묵시적으로든, 이런 식으로 형성되는 평판에 두려움을 느끼고 있었습니다. '또라이 검사' 이야기는 이런 법조의 현실을 보여주는 삽화일 뿐입니다. 권용준 변호사도 판사 시절 선배의 청탁을 들어주지 않아서 불이익을 받은 경험을 조심스럽게 털어놓습니다. 권변호사가 판사로 일하던 시절 "더 높은" 판사님 한분이 전화를 했습니다. 평소 알던 분인데 "아, 권부장, 그거 좀 어떻게 될 수 있으면 좀 선처해줘"라고 하는 것이었습니다. 권변호사는 그 부탁을 들어주지 못했습니다.

> 근데 그 이후로 그 선배님을 보는데 굉장히 어려웠습니다. 굉장히 어려웠고, 또 한편으로는 그것 때문에 내가 어떤 인사상의 불이익을 받았을지도 모른다는 생각도 했습니다. 사실은 그런 일이 있을 수도 있었다, 라고 생각을 합니다. 그런 일이 있어선 안 되지만 있을 수 있는 거 아니겠습니까? "저 괘씸한 놈이네, 어? 선배가 말했을 때에는 다 이유가 있고 근거가 있을 텐데 더 알아보지도 않고. 나쁜 새끼네, 저거 정말." 그랬을 수도 있는 거 아니겠습니까? 판사들은 그걸 두려워하는 겁니다.(권용준, 7면)

신중하게 이야기했지만, 권변호사는 자신이 청탁을 들어주지 않았기 때문에 "그런 일(인사 불이익)"이 있었다고 생각했습니다. 선배 입장에서는 상당히 고민했을 테고, 나름의 이유도 있었을 법한데, 그걸 무시해버리면 "괘씸한 놈" "나쁜 새끼"로 찍힐 수 있다는 것입니다. 이미 말씀드린 것처럼 권용준 변호사는 흔히 말하는 최고의 코스만을 거쳤고, 말 한마디라도 점잖은 표현만 골라서 하는 분입니다. 그런 분도 이 장면에서는 격한 표현을 아끼지 않았습니다. 이런 식으로 청탁을 들어주다보면 형평에도 맞지 않아 선배의 부탁을 거절했지만, 그에 따른 불이익을 뼈저리게 느낄 수밖에 없었습니다. 그리고 자신에게 청탁하던 그분들은 "사법부의 아주 높은 사람"이 되었습니다. 권 변호사는 이에 대해서 "말 잘 들어주고 부탁 잘 들어주는 판사가 출세한다"는 이야기가 법조계에 있다고 전합니다. 그런 사람 '만' 출세하는 것은 아니지만, 그런 사람들이 좀더 잘되는 '경향'은 있다는 이야기였습니다. 어렵게 부탁했다가 거절당해본 적이 있는 사람은 누구나 그 불쾌감을 기억할 것이고, 언젠가는 불이익으로 되갚아줄지도 모릅니다. 경쟁이 심한 법조계에서 아무래도 그런 불이익을 잘 피해간 사람이 승진이나 출세에 유리할 수밖에 없지요.

정종은 검사는 비슷한 맥락에서, 왜 검사들이 찍히는 것을 두려워할 수밖에 없는지, 왜 평판이 중요한지에 대해서 "결국에는 모두가 다 변호사가 되기 때문"이라고 설명합니다. 검사가 더 높이 승진하고 출세하려는 것은 "검사장이 되면 빛이 나고 명예도 있기는 하지만" 그에 못지않게 "변호사가 되었을 때의 몸값이 높아지고 이후의 삶에서 더 많은 기회가 주어지기 때문"입니다. 물질적 풍요를 누리기 위해서는 조직 내부에서의 "출세"가 반드시 필요합니다. 그런데 "사소한 불의를 볼 때마다 계속 문제제기를 하다보면" 그런 많은 것이 보장되는 출세가 어려워집니다. 당연히 "침묵하고, 모른 척하고, 안 보려고" 할 수밖에 없습니다. 게다가 불법적 관행에 문제제기를 해봐야 바뀌지 않을 거라는 절망감도 검사들의 손발을 묶습니다. "나 하나가 변호사 선임계 내라고 말한다고 시정될 문제가 아니기" 때문입니다.

> 일단은 선임계를 내지 않고 전화로 해결하는 많은 분들은 검사 출신의 아주 고위직을 지냈던 분들이기 때문에 그런 분에 맞서 싸울 평검사는 없는 거죠. 부장검사도 없고. 그런 분한테 선임계 왜 안 내느냐? 이렇게 해가지고 될 일도 아닐뿐더러, 그분이 가지고 있는 어떤 막강한 인프라, 권력의 인프라는 굉장하기 때문에 감히 문제제기를 할 수 없는 거죠.(정종은, 16~17면)

검사로 출세하기 위해서는 평판이 좋아야 합니다. 그런 평판을 얻는 데 도움을 주는 사람은 현직 검사들만이 아닙니다. 이미 퇴직한 검사들도 (지금은 변호사이지만) 예전 동료들, 선후배들 사이에서 일정한 발언권을 갖고 있고, 그런 변호사들에게 찍히면 자연히 평판에 치명타를 입게 마련입니다. 한번 '신성가족'의 일원이 되면 검찰에서 퇴직했다 해도 그 '가족'의 지위를 유지합니다. 그 가족관계 안에서는 퇴직한 고위 검사들도 여전히 "권력의 인프라"를 누립니다. 이 거대한 가족구조 안에서 혼자 깨끗한 척해봐야 검찰 분위기가 바뀔 리도 없고, 싸가지 없다고 찍힌 검사 꼴만 될 뿐입니다. 그 검사가 싸가지 없는 이유는 이 거대한 신성가족을 무시하고, 그저 '현재 검사인 사람만 검사'라고 오해했기 때문입니다. 가족의 가치를 무너뜨린 사람에게는 호적에서 파내는 가혹한 처벌이 기다리게 마련입니다. 신성가족은 프리미엄도 누리지만, 그에 따른 의무도 준수해야 합니다.

이 같은 평판에 대해서는 공성원 판사도 비슷한 이야기를 들려줍니다. 10년 이상 경력의 중견 판사인 그는 개업을 계획하고 있습니다. 공판사는 면담 도중 몇번이나 "법학 교과서에는 이렇게 적혀 있다"고 설명할 정도로 '교과서적인' 사람이었습니다. 변호사 개업을 생각하면서 맨 먼저 법학 교과서를 찾아 다시 읽어보았을 정도입니다. 우리나라에서 법학 교과서란 일반적으로 대학 공부와 고시 준비에는 필요하지만, 실무에는 별 도움이 안 되는 것으로 받아들여져 왔습니다. 그런 면에서 공판사의 이런 태도는 상당히 이례적입니다.

교과서에 얽매인 원칙적인 사람과 이야기하기란 피곤하게 마련인데, 공판사와의 면담은 결코 그렇지 않았습니다. 공판사는 법원이 깨끗해졌다는 다른 판사들의 평가에 동의하지 않았습니다. 일반적으로 판사들은 "우리 사회 전체가 썩어도 법원만은 절대 그럴 리 없다. 있다면 극히 일부"라는 태도를 유지합니다. 그러나 공판사는 판사들이 실제로 부탁을 받거나, 아는 변호사 전화를 받으면 "그야말로 해당 사건 기록을 세밀하게 읽어보는" 경우가 많다고 이야기합니다. 판사에게 그 사건을 잘 봐달라고 청탁하는 것은 매우 무례한 일입니다. 그래서 보통은 "기록을 꼼꼼하게 봐달라"는 식으로 이야기합니다. 밖에서는 잘 모르는 아주 전통적인 표현입니다. 듣기에 따라서는 매우 고상하고 중립적일 수도 있는 말이지요. 그러나 공판사는 "부탁을 받고 기록을 꼼꼼히 읽다보면 사건에도 영향을 줄 수밖에 없다"고 생각합니다. 그리고 그렇게 부탁을 잘 들어주는 사람이 승진도 잘한다고 이야기합니다. "두루두루 인간성 좋다"는 평판의 열매를 따먹는 사람들입니다.

> 공무원이기 때문에 제일 중요한 것은 승진인데, 윗사람들로부터도 그 사람이 좋은 평가를 받아요. 두루두루 인간성 좋다, 이렇게 이야기하죠.(공성원, 25면)

판사 사회에서도 역시 승진은 중요합니다. 지나치게 서열화·관료화된 법원을 개혁하기 위해 판사 호봉을 단일화하는 등 많은 노력을 기울였지만, 여전히 고등법원 부장판사 승진은 모든 판사들의 숨겨진 꿈입니다.* 법원에서 어디까지 올라갔느냐가 변호사 개업 이후의 수입에 큰 영향을 미치는 것도 검찰과 다르지 않습니다. 앞서 살펴본 이용훈 대법원장이나 박시환 대법관의 경우에도, 실력 못지않게 그들이 법원에서 차지했던 위치가 변호사 개업 이후의 높은 수입에 영향을 주었음을 부인하기 어렵습니다.

---

* 엄밀하게 이야기하자면 고등법원 부장판사로 '승진'하는 것은 아닙니다. 배석판사, 단독판사, 고등법원 배석판사, 대법원 재판연구관, 지방법원 부장판사, 고등법원 부장판사, 법원장으로 이어지는 우리 법원의 인사제도는 형식적으로는 모두 보직의 변경일 뿐 계급 상승이 아니기 때문입니다. 그러나 모든 판사가 지방법원 부장판사나 고등법원 부장판사가 될 수 없는 상황에서 부장판사로의 보직 변경은 승진이나 마찬가지입니다. 법관의 계급제도가 존재하지 않는다고 주장하는 판사들 중에도 부지불식중에 '승진'이라는 표현을 쓰는 사람이 있습니다. 이 책에서도 이런 현실을 반영하여 '승진'이라는 표현을 사용합니다. 고등법원 부장판사 승진제도 폐지는 2017년 출범한 김명수 대법원장 체제의 중요 개혁 과제입니다. 2018년 12월 현재 국회에서 법원조직법 개정이 논의 중이지만, 변형된 '고등법원 부장판사' 제도의 편법적 운영 가능성은 여전히 남아 있습니다.

대법관 출신은 이름만 올려주고도 떼돈을 벌고, 부장판사 출신은 사건에 조금만 관여해도 큰돈을 만질 수 있습니다. 고등법원 부장판사 이상은 고등법원 사건에 발언권을 갖고, 지방법원 부장판사는 지방법원 단계까지만 발언권을 갖는다는 '믿음'이 있기 때문에, 고등법원 부장판사 승진이 더 큰 의미가 있습니다. 이러한 현실은 이번 면담에 응한 전현직 판사들이 종종 "원장급"이라는 표현을 쓰는 데서도 확인됩니다. 변호사를 "원장급"이라고 말할 때에는 그가 변호사이기는 하지만 법원장 이상을 지낸 사람이기 때문에 여전히 "원장급"의 영향력을 지니고 있다는 이야기입니다. "원장급" 변호사가 "지방법원 부장급" 변호사보다 더 힘이 세고 그것이 곧 수입으로 연결되는 것도 당연한 일입니다. 법원에서의 마지막 지위가 '신성가족' 내에서의 서열과 변호사 개업 후의 수입을 결정하는 셈입니다.

전관 변호사의 선임이 실제로 사건에 영향을 미치는지를 입증할 방법은 없지만, 그런 믿음만 있어도 수입에 큰 차이가 생기는 것은 분명한 현실입니다. 그런데 이런 잘못된 믿음으로 가장 큰 이익을 보는 사람들은 누구일까요? 단기적으로는 전관 변호사들이겠지만, 장기적으로는 바로 현직 판검사들입니다. 지금 당장 돈을 버는 것은 아니더라도 언젠가 변호사 개업을 하면 그 믿음에 따른 이익을 누릴 테니까요. 현직 판검사들에게는 이익이 묘하게 미래로 유예되는 셈입니다.

승진은 단순한 명예나 권력의 확장일 뿐만 아니라, 훗날의 변호사 업무에도 큰 영향을 미칩니다. 그런데 이런 승진에 가장 큰 영향을 미치는 것이 '평판'이므로, 판검사들은 누구라도 자신의 평판을 관리할 수밖에 없습니다. 좋은 평판을 얻기 위해서는 인사권을 쥔 사람뿐만 아니라 사건을 들고 오가는 변호사들에게도 최소한 욕은 먹지 말아야 합니다. 이런 부담 때문에 판검사들은 청탁에서 자유롭지 못합니다.

평판을 관리해야 하는 사람은 판검사뿐만이 아닙니다. 바닥이 좁은 법조계에서는 변호사로 쌓은 평판도 판검사의 평판 못지않게 중요합니다. 권용준 변호사는 청탁을 들어주느냐 안 들어주느냐가 "부탁하는 사람을 신뢰할 수 있느냐"에 달려 있다고 이야기합니다. 법조계에서 평소 쌓아온 평판의 중요성에 대해서는 장화영 판사도 비슷하게 이야기합니다. "아는 사람이 이야기하면 믿어진다"는 것입니다. 평소 거짓말할 사람이 아닌데, 그가 확신에 차서 억울한 사정을 주장하면 판사 입장에서도 '그게 사실이 아닐까?' 다시 생각해보게 됩니다. 특정한 사건들을 모아서 함께 다루는 전담부의 경우에는 거의 똑같은 변호사들이 계속 법정에 들어오다보니, 판사 입장에서도 변호사에 대한 선입견이 생긴다고 합니다. 심지어 "저 변호사가 가져오는 사건은 다 이기는 사건이다"라든지 반대로 "다 지는 사건이다"라고 미리 판단할 때도 있습니다. 평소에 능력이 있고 논리적인 변호사가 어떤 주장을 펼치는데 사실관계가 좀 불명확할 때에는 "변호사가 누구냐"에 따라서 결과가 달라질 수 있다는 이야기입니다.

여러번 말하지만 법조계는 바닥이 좁습니다. 부산에서 어느 변호사가 판사에게 대들었다는 소식이 다음 날이면 서울 서초동에 퍼질 만큼 좁습니다. 그러니 평판이 중요할 수밖에 없습니다. 믿을 만한 사람이라는 평판이 생기면 당연히 수임한 사건에도 좋은 영향을 미칩니다. 판사들도 부지불식간에 변호사 평가를 계속합니다. "안 되는 사건을 가져와서 우기는" 변호사는 판사들 사이에 생긴 선입견 때문에 그

다음 사건에서도 신뢰를 얻기가 힘듭니다. 이것은 전문가사회에서 당연한 일입니다. 그러나 평판이 반드시 실력 평가에 기초해서 생기는 건 아니라는 게 문제입니다. 전관 출신 변호사라고 해서 사건을 거저먹을 수 있는 것은 아닙니다. 그들도 계속해서 자신의 평판을 관리해야 합니다. 아주 작은 일 하나로 순식간에 그 평판을 잃어버릴 수 있기 때문입니다.

공성원 판사는 개업하기로 마음먹고 법조계를 지켜보니 평소에 안 보이던 것도 잘 보이더랍니다. 그는 전관 출신 변호사가 단 한번의 실수로 큰 불이익을 받는 장면을 목격했습니다. 그 변호사는 고등법원 법정에서 형사사건 피고인을 변호하는 중이었습니다. 재판과정에서 피고인에게 "할 말이 있으면 재판장에게 이야기를 한번 해보라"고 말했습니다. 우리가 들을 때는 전혀 이상할 것도 없는 말입니다. 그런데 변호사의 말을 들은 좌우 배석판사들은 불쾌했습니다. 왜냐하면 합의부 재판에서는 재판장뿐만 아니라 배석판사들도 있기 때문에, 정확히 말하자면 '재판장'이 아니라 '재판부'에 이야기하라고 피고인에게 지시해야 합니다. 그런데도 변호사가 좌우 배석판사를 무시하고 '재판장에게만' 이야기하라고 했다는 억지 해석입니다. 이 작은 일을 놓고 좌우 배석판사들은 "그 변호사는 태도를 고쳐야 한다"며 "그래서 그 변호사를 골로 보냈다"고 자랑스럽게 이야기합니다. "전관 출신인 변호사가 잘 알면서 어떻게 그런 식으로 이야기할 수 있느냐"면서 판사들이 불이익을 준 것입니다.

문제는 이 작은 실수 때문에 정작 "골로 간" 것은 담당 변호사가 아니라 피고인이라는 데 있습니다. 형사사건이었으므로, 변호사에게 이른바 "페널티"를 주는 방법은 피고인에게 중형을 선고하는 길밖에 없기 때문입니다. 실수라고 말하기도 곤란한 이 작은 해프닝으로 그 변호사는 사건에서도 손해를 보고, 평판도 잃었습니다. 공성원 판사는 "판사들이 변호사 욕을 마구 하는 것이 관행화되어 있다"고 이야기합니다. 변호사에게 제대로 말할 기회, 충분히 증거설명을 할 기회, 실력을 발휘할 기회도 주지 않으면서 늘 변호사 욕을 한다는 것입니다.

한번 찍히면 끝장인 법조계 분위기 때문에 공성원 판사는 만약 자신이 변호사 개업을 하면, 법정에서 판사가 아무리 터무니없는 소리를 해도 절대로 말대꾸하지 않고 그냥 "예, 예" 하며 넘어갈 거라고 이야기합니다. 일단 그 앞에서는 "예, 예" 하고 넘어간 다음, 나중에 적당한 시기를 봐서 "밥을 사주든지, 술을 사주든지, 그 판사가 좋아하는 것을 좀 하는 것"이 유능한 변호사입니다. 공성원 판사는 이 사건을 예로 들면서, 우리나라 법원에서는 "사건의 실체보다 대리인(변호사)이 누구인가에 따라서 결과가 달라진다"고 비판합니다.

> 판사들이 그런 식으로 나중에 불이익을 줘요. 실체가 그러면, 거기에 맞게 판결해줘야 되는 게 맞지, 대리인이 누구인가에 따라가지고 달라질 수 없는 거 아닙니까? 하지만 실제로 그런 일이 벌어지고 있습니다. 전관 변호사는 특히 건방지다는 소리를 듣지 않도록, 최대한 노력해야 됩니다. (공성원, 50면)

사건의 실체보다 대리인이 누구인지에 따라서 결과가 달라지는 상황에서, 모든 법조인들이 나쁜 평판이 날까 두려워하는 것은 당연한 일입니다. 좋은 평판을 얻으려는 열망은 '좋은 게 좋은 것'이라는 식의 태도를 낳기 십상이지요.

모두 다 결국은 변호사

판검사들이 용돈을 받거나 청탁을 받으며 전관 변호사의 영향을 받아온 과거 우리 법조의 잘못된 현실은 결국 한가지 원인으로 귀착됩니다. 정종은 검사가 말했듯이, 모든 판검사가 결국은 변호사를 하는 우리 법조계의 구조입니다. 고등법원 부장판사가 되지 못한 지방법원 판사들은 모두 옷을 벗고 나가고, 그 이전에도 어차피 승진이 어렵다고 판단한 판사들은 알아서 변호사 개업을 준비합니다. 검사들도 검사장이 못되면 옷을 벗고, 10년차가 되면 변호사 개업을 가늠하기 시작합니다. 고위직으로 진출하는 소수 판검사를 제외하고는 대부분 15~20년 사이에 변호사 개업을 합니다. 그리고 연줄 있는 판검사들에게 전화를 거는 '전관'들이 됩니다. 후배 판검사들에게 용돈도 주고, 청탁도 하며, 골프도 치고, 술집도 함께 갑니다. 어떤 판검사들은 이런 선배 변호사들에게 90도로 인사를 하고, 이런 변호사들 사이에 형성된 판검사에 대한 평판이 인사에 영향을 주기도 합니다. 판검사들은 이런 변호사들을 부담스러워하지만, 그 모습이 10년 후의 자신이라는 사실을 누구보다 잘 알고 있습니다. 결국은 변호사 개업을 할 것이기 때문에, 변호사로 높은 수입을 올릴 수 있는 더 높은 '전관'이 되려고들 하고, 그래서 판검사들의 경쟁이 심해지는 측면도 없지 않습니다. 그 사람들이 평생 판검사로만 일할 수 있다면 생기지 않을 문제들입니다.

판검사로 일하면서 실력을 쌓고, 그 실력을 이용해서 변호사로 돈을 버는 것도 문제입니다. 결국 국민들의 세금이 변호사를 키우는 데 쓰이는 셈입니다. 원래는 변호사로 일하면서 실력을 쌓고 그 실력으로 판사가 되어 정의로운 재판을 하는 것이 상식에 부합합니다. 젊은 경력 법관들이 능력과 효율 면에서 탁월한 것은 사실이지만, 젊은 나이에 판결부터 시작하느라 기계적 효율성만 갖추게 되는 것은 큰 문제입니다.

게다가 판검사처럼 다른 사람을 통제하는 권력기관에 있는 사람들이 통제대상을 최고의 직장으로 선망하게 된 것도 기이합니다. 예컨대 삼성은 법원과 검찰이 늘 감시하고 통제해야 하는 '돈의 힘'을 상징합니다. 그런데 퇴직 후를 생각하는 판검사 입장에서 삼성은 통제해야 할 대상이라기보다는 미래의 직장, 그것도 최고의 직장이 될 수밖에 없습니다. 이런 상황에서 삼성 사건에 제대로 된 수사나 판결을 기대하기란 매우 어렵습니다. 삼성을 통제하기는커녕, 삼성에서 연락이 오기를 기다리는 상황이 되고 맙니다. 언젠가는 개업을 해야 하는 판검사로서는 삼성 같은 곳에서 많은 월급을 받고 품위를 유지하며 사는 것이 '브로커'를 고용해 어렵게 개인 변호사로 사는 것보다 훨씬 매력적입니다. 이 역시 판검사들이 언젠가는 개업을 하는 우리 법조계 구조에서 당연한 현상이라 할 수 있습니다. 기이한 일이지만, 내부에서 보면 너무나 당연한 일이지요.

20대 판사가 법대에 앉아 있고, 30대 검사가 공소유지를 담당하며,

40~50대 변호사가 변론을 하는 우리 소송의 문제는 이미 수십년간 지적되어왔습니다. 그래서 변호사나 검사 중에 판사를 뽑는 법조일원화가 논의되고, 매년 수십명의 판사들이 그렇게 선발되지만, 여전히 생색내기 수준을 면치 못하고 있습니다. 법원은 변호사들 중에서 판사를 뽑으려고 해도 그럴 수가 없다고 변명합니다. 능력 있는 변호사들은 이미 너무 많은 돈을 버는지라 판사 월급으로는 살 수가 없어서 지원하지 않고, 상대적으로 능력이 떨어지는 변호사들만이 지원한다는 논리입니다. 그래서 법조일원화를 실현하고 싶어도 그럴 도리가 없다고 합니다. 사법연수원 수료와 동시에 판사가 된 사람들은 변호사로 돈을 많이 벌다가 판사로 들어와서 똑같은 경력을 인정받는 동료를 불편해하기도 합니다. 그만큼 법조계의 변화는 어렵습니다.

김승헌 부장판사는 우리 법조계의 문제들이 법조일원화로 해결될 수는 없다고 생각합니다. 그러면서도 판검사들이 모두 변호사로 개업하는 데서 비롯된 고질적인 문제들이 곧 해결되리라는 낙관적인 전망을 가지고 있습니다. 그는 일본과 우리나라의 사법시스템을 비교해 서로 다른 점이 있다면 "일본은 판사가 변호사 개업을 해도 돈을 못 버는데, 우리나라는 돈을 번다"는 사실이라고 지적합니다. 일본은 판사가 변호사 개업을 해봐야 뽑아주는 곳도 없고, 사건도 없는 데다 심지어 "이상한 사람"이라는 이야기까지 듣기 때문에 승진을 못해도 그냥 남아서 정년까지 근무한다고 합니다. 우리나라 사법의 문제는, 판사들이 승진 못해도 법원에 그냥 남으면 대부분 해결된다는 것이 김 부장판사의 생각입니다. 그는 10년 안에 그런 세상이 올 거라고 믿었습니다. 변호사 업계가 워낙 어려워졌기 때문에, 판사가 개업해봐야 수입을 보장받지 못할 테고, 그러면 판사들이 승진을 못해도 모두 법원에 남을 것이므로, 더이상 전관예우 문제는 생기지 않으리라는 것입니다. 분명히 이런 현상이 나타나고 있는 것은 사실입니다. 그러나 저는 김부장판사만큼 미래를 낙관하기가 어려웠습니다. 왜냐하면 변호사 시장이 아무리 어려워져도 실력 있고 로비력 있는 판검사에 대한 변호사 업계의 수요는 줄지 않을 것이고, 전관 변호사들의 수입도 당장 크게 줄지는 않으리라 보기 때문입니다.

청탁과 관련하여 여러 이야기를 했습니다만, 그렇다고 법조계에서만 평판이 중요하고 청탁이 극성을 부린다고 생각하면 곤란합니다. 우리 사회에서 어느 정도 지위를 차지한 사람들은 누구나 비슷한 문제에 부딪힙니다. 워낙 좁은 바닥이라 모든 사람들은 언젠가 청탁을 할지도 모르는 잠재적 청탁자 위치에 서 있습니다. 정도의 차이는 있지만 꼭 판검사가 아니어도 나름대로 작은 힘이라도 있는 사람은 언젠가 청탁을 받을 가능성이 있습니다. 이런 물고 물리는 관계에서는 청탁을 받는 사람이 '거절할 수 없는' 청탁에 신경쓰지 않을 도리가 없습니다. 함부로 청탁을 내쳤다가는 오히려 더 큰 불이익을 받을 수도 있으니까요. 판검사뿐만 아니라 다른 공무원들, 심지어 규모가 좀 크다는 회사 구성원의 경우도 마찬가지입니다. 판사를 오래 하고 연륜이 있는 분들은 예외 없이 청탁이 법조계의 문제만은 아니며 우리 사회 전체의 고질병이라는 의견을 밝혔습니다. 권용준 변호사는 "일반 행정부나 입법부에서는 오히려 이런 청탁이 당연하고, 100퍼센트 민원이기 때문에 그와 비교하면 사법부의 부탁은 아무것도 아니라"고 생각합니다.

그런 거에 비하면 사법부에서 오가는 부탁은 아무 부탁도 아닌 겁니다. 그걸 갖다 자꾸 청탁이라고 생각하고 옳지 않은 재판에 영향을 줬다고 말한다면, 글쎄요.(권용준, 7면)

앞서 살펴본 전관예우 논란에서, 우리법연구회의 경력 있는 판사들이 전관예우는 우리 사회 전체 문제일 뿐이라고 주장했다는 것과 같은 맥락의 이야기입니다. 판사를 오래 한 사람일수록 아무래도 전관의 압박을 덜 느낄 테고, 우리 사회를 깊이 알아갈수록 법조계의 청탁은 별것도 아니라고 생각하겠지요. 2008년 가을에 터져나온 홍익대 미대의 입시비리 논란은 이런 주장을 뒷받침하는 좋은 예입니다. 이 논란은 "미대에서 입시비리가 지속적으로 저질러졌고, 채점위원들에게 특정인의 이름이 적힌 쪽지를 전달하곤 했다"는 홍익대 김승연 교수의 주장으로 촉발되었습니다. 김교수는 재직기간 17년 동안 이런 부탁을 수없이 받았다면서 "청탁을 받은 교수가 나에게 와서 협조를 요구한 적이 많다. 그들은 나보고 공범이 돼달라고 한 것"이라고 주장했습니다. 문제된 다른 교수들의 반론은 흥미롭습니다. "쪽지를 전달한 것은 관행적으로 해온 립서비스에 불과하다. 어떤 교수도 그것 때문에 높은 점수를 주지는 않는다"는 이야기입니다.[12] 과연 이 변명을 들은 판검사들은 어떻게 생각할까요. 자신들의 립서비스와 똑같다고 생각하고 이 교수들이 모두 무죄라고 생각할까요, 아니면 말도 안 되는 변명이므로 중형을 받아야 한다고 생각할까요, 그것도 아니라면 사회에 만연한 립서비스이므로 판검사들의 립서비스도 문제될 게 없다고 생각할까요.

　그러나 우리 사회 어떤 분야도 판검사들만큼 막강한 재량과 권한이 없다는 점을 생각해야 합니다. 단 한명의 검사가 기업을 완전히 죽일 수도 있고 살릴 수도 있습니다. 판사 한 사람의 결정이 한 인생을 완전히 망가뜨릴 수도 있습니다. 매일 그런 엄청난 일들을 처리하는 흔치 않은 직업이 바로 판검사입니다. 법원이든 검찰이든, 결재과정도 비교적 단순해서 외부의 통제를 받는 일도 그만큼 적습니다. 그뿐 아니라 다른 직업이 자칫 청탁을 거절했다간 목이 날아갈 수 있는 위험을 안고 있는 데 반해서, 판검사들은 그럴 가능성이 아주 적습니다. 최악의 경우에도 변호사 개업이라는 길이 열려 있습니다. 이런 근본적인 차이를 무시하고 '우리 사회 전체가 그런 것처럼, 법원·검찰도 마찬가지일 뿐'이라고 변명하는 것은 옳지 않습니다. 판검사들에게 막강한 권한만큼이나 강한 직업윤리가 요구될 수밖에 없는 까닭입니다.

　청탁과 관련하여 마지막으로, '청탁을 들어주는 나쁜 판검사'와 '청탁을 거절하는 청렴한 판검사'를 칼로 자르듯 양분하는 시각의 위험성도 말씀드리고 싶습니다. 드라마에서는 흔히 이런 손쉬운 이분법을 선택합니다만 현실은 그렇지 않습니다. 청탁을 거절하는 청렴한 판검사가 어느 순간에는 거절할 수 없는 청탁에 직면하여 다른 판검사에게 그 청탁을 전달하는 사람이 될 수 있습니다. 가까운 친지의 청탁을 들어준 판검사가 반대로 대부분의 사건에서는 변호사의 청탁을 단호하게 거절하는 사람일 수도 있습니다. 뇌물을 받은 공무원을 수사하는 특수통 검사가 그 수사과정에서 쓸 수사비를 마련하기 위해 친지들의 용돈을 받아 쓰는 경우도 있습니다. 법조계의 모습은 그만큼 복잡하고 다층적입니다.

거절할 수 없는 돈, 거절할 수 없는 청탁을 제대로 이해하려면 그걸 만들어내는 시스템을 깊이 살펴봐야 합니다. 더 근본적으로는 거절할 수 없는 돈, 거절할 수 없는 청탁이라는 게 과연 존재할 수 있는지를 탐구해야 합니다. 그러나 그런 논의를 시작하기 전에 우리는 먼저 소통이 단절된 우리 사법시스템 한구석에서 자라난 독특한 중개인의 존재를 생각해봐야 할 필요가 있습니다. 사법 전체를 이해하는 데 결코 빠뜨릴 수 없는 존재이지만, 그동안 한번도 종합적으로 탐구되지 않은 브로커들의 문제입니다.

4장

신성가족의 제사장, 브로커

"'브로커가 필요 없는 하나님 나라'의 이름으로 예수는,
완벽하게 합법적으로 작동하던 성전의 브로커 기능을
상징적으로 파괴했다."

존 도미니크 크로산 『역사적 예수』

브로커들의 천국

면담에 응한 다수의 판검사, 변호사들은 브로커의 폐해를 이야기했습니다. 개업 변호사나 상당수 소규모 로펌의 브로커 이용은 누구나 아는 일입니다. 정도의 차이는 있어도 개인적으로 개업한 변호사들이 "모두" 브로커를 고용하고 있을 것이라 공언하는 브로커도 있습니다. 대법원, 대검찰청, 서울고등법원, 서울고등검찰청, 서울중앙지방법원, 서울중앙지방검찰청이 밀집한 서초동은 브로커들이 너무 많기 때문에, 근처 다방이나 목욕탕에서 어슬렁거리는 사람들은 전부 브로커로 봐도 된다는 변호사도 있었습니다. 그만큼 브로커에 대한 피해의식은 심각했습니다.

현행 변호사법에 따르면 브로커 행위는 금지돼 있습니다. 누구든 돈을 받고 변호사를 소개하면 처벌을 받고, 그렇게 사건을 소개받은 변호사나 사무직원도 처벌을 받습니다. 사건을 유치하려고 법원, 수사기관, 교정기관에 출입하거나 사람을 상주시키는 행위도 금지되어 있습니다. 재판기관이나 수사기관 소속 공무원이 사건을 소개하면 돈을 받지 않아도 처벌을 받습니다. 한마디로 사건 소개에 관한 한 거의 모든 구멍을 막아놓았습니다. 이러한 행위에 대한 처벌도 상당히 무거운 편입니다.

그러나 막상 브로커가 누구인지를 정의하기란 쉽지 않습니다. 시민들은 어두운 돈을 받아가며 법조계에 기생하는 브로커라는 직업이 따로 있다고 믿습니다. 변호사에게 사건을 소개해주고 수임료 중 일정 비율을 뜯어먹고 사는 사람들이 브로커라고 생각합니다. 그러나 브로커라는 직업은 따로 없습니다. 직업이라기보다는, 사건을 소개할 경우 소개비로 수임료의 30퍼센트를 나눠먹는 '관행'이 브로커의 실체입니다. 이 관행에 따라서 소개비를 받는 사람이 브로커인데, 그 직업은 변호사 사무장에서, 법원과 검찰의 전현직 공무원과 경찰·법무사·세무사·관세사에 이르기까지 매우 다양합니다. 앞서 설명한 대로 특별면회 오는 사람을 따라와서 명성훈 사장에게 변호사를 소개해준 "변호사 뺨치게 똑똑하고 샤프하고 신용이 있는 젊은 변호사 사무장"도 여기에 해당할 개연성이 매우 높습니다. 흔치는 않겠지만, 판검사가 사건을 소개해주고 일정 비율의 소개비를 받는다면 그 역시 브로커라고 부를 수 있습니다. 수수료, 와리, 리베이트, 커미션 등 소개비를 부르는 이름도 다양합니다.

브로커와 관련하여 권용준 변호사는 개업 초기의 경험을 들려줍니다. 어느 날 법원 시절부터 알고 지내던 법무사가 권변호사에게 사건을 맡아달라고 부탁했습니다. 원래 법원 직원이었다가 법무사 개업을 한 사람이었습니다. 권변호사는 그 사건을 맡아, 담당판사로부터 "부장님, 변론 듣고 정말 놀랐습니다. 너무 멋있는 변론입니다"라는 이야기를 들을 정도로 열심히 일했습니다. 이미 판사를 그만두고 변호사가 된 사람을 판사가 "부장님"이라 부르는 것이 일반인이 듣기에는 어색하지만 법원에서는 별로 이상한 일이 아니지요. 권변호사도 '평판'을 만들어낼 수 있는 사람이기 때문에 오히려 당연한 일입니다. 어쨌든 그렇게 열심히 일한 덕분에 권변호사는 의뢰인의 혐의를 대부분 벗겨내는 데 성공했습니다. 그런데 그때부터 그 의뢰인을 소개해준 법무사가 자꾸 "전화질"을 시작했습니다.

> 내가 그 법무사한테 돈을 줘야 되는 거였나봐요. 난 전혀 몰랐어요. 돈을 떼어줘야 되는 거면 맡지도 않았지. 그래서 아무것도 안 했어요. 그러자 자꾸 전화질을 했어요.(권용준, 21면)

　권용준 변호사에게 사건을 소개한 법무사는 소개비를 기대했습니다. 그런데 권변호사는 그가 옛정을 생각해서 판사 출신인 자신에게 사건을 소개한 것으로 오해했고, 그에 따른 대가를 치러야 했지요. 의뢰인이 "장갑 끼고" 찾아와서 겁을 주고 청와대에 찌르고 변협에 진정하는 등 권변호사는 온갖 복잡한 일을 겪었습니다. 의뢰인도 당연히 수임료의 일부가 그 법무사에게 흘러가리라 믿고 사건을 맡겼기 때문에 생긴 일이었을 겁니다. 권변호사는 거기에 굴복하지 않고 변협에 "나 얼마 받고 했다. 사정이 이렇다"는 소명서를 냈습니다. 진정 사건은 결국 불문 처리되었지요. 권변호사는 "거기서 조금이라도 부당한 게 있었으면 내가 졌을 것"이라고 회고합니다. 권변호사의 회고처럼, 만약 그가 수임료를 제대로 신고하지 않았거나 탈세를 했다면 훨씬 더 큰 어려움을 겪었을 것입니다. 이런 경우 그 법무사는 법무사 간판을 달고 있어도 행위 자체로는 전형적인 브로커라고 볼 수 있습니다.

대부분의 의뢰인들은 이런 소개비 구조를 전혀 알지 못합니다. 일반인들은 대체로 본인이 전혀 예상치 못한 시점에 갑작스럽게 민형사사건에 말려듭니다. 극도로 당황한 상태에서 가까운 사람들 중에 "법을 좀 알 만한 사람"을 찾지요. 친지들 중에 법원이나 검찰 직원, 변호사 사무장, 법무사, 경찰 등 누구라도 하소연할 사람이 있으면 당연히 그들에게 먼저 달려갑니다. 주변에 그런 사람조차 없으면 친지들 중에 발 넓다고 소문난 사람을 찾아갑니다. 그러고는 그 사람의 상담을 받고 변호사를 선임하지요. 의뢰인들은 법원이나 검찰에 대한 정보가 전혀 없기 때문에, 어떤 변호사가 "용한" 변호사인지 알려주는 그런 친지들에게 고마워합니다. 그러나 친지들이 공짜로 변호사를 소개해주는 것은 아닙니다. 의뢰인들에게 돈을 받지는 않지만, 담당 변호사에게 소개비를 챙기는 경우가 적지 않습니다.

변호사 개업을 생각하는 공성원 판사는 이런 구조에서 자신도 소개비를 주고 브로커를 써야 하는지 심각하게 고민할 수밖에 없었습니다. 개인 변호사를 할지 말지를 결정하는 관건은 바로 "브로커를 쓸지 말지" 다른 말로 "'와리'라고 하는 수수료를 떼어줄지 말지"의 문제였습니다. 그는 안 주기로 마음먹었습니다. 왜냐하면 현재 수수료가 "30퍼센트 또는 더 많을 수도 있는데" 그걸 주어서는 수지가 안 맞기 때문입니다. 직원들 월급 주고 세금도 내야 하는데, 수수료까지 떼어주고 나면 "시쳇말로 재주는 곰이 부리고 돈은 브로커가 가져가는 것"밖에 안 된다는 이야기였습니다. 특히 의뢰인들이 "전관에 대한 기대도 있고 효과도 있어서 자신을 찾아올 것이기 때문에, 그러니까 브로커 사무장을 두더라도 그가 아니라 자신을 보고 올 것이므로" 브로커에게 기대지 않아도 되리라 판단했습니다. 그렇게 결심하긴 했으나 공판사도 "아직 변호사 개업을 안 했기 때문에 이야기하기가 너무 일러서, 자신 있게 이야기하지는 못하겠다"는 전제를 달았습니다. 이어 변호사 사무장들이 브로커 일로 소개료를 챙길 수밖에 없는 현실을 지적합니다.

> 변호사가 사무장들에게 아주 바닥 수준의 기본급을 주고 나머지는 사건을 유치하는 것에 대해 성과급으로 정리를 하면, 구조 자체가 해먹으라는 구조예요. 비유를 하면 택시 사납금제 비슷해요. 사납금제를 하는 동안에 택시기사와 택시회사의 관계 이상으로 발전할 수가 없거든요. 항상 사고 터지고 서로 못 믿고 그렇죠. 변호사들이 그런 구조를 유지하는 것은 변호사들이 영업을 하기 싫어서, 사건에 관해서 사건 의뢰인으로 만나기 싫어서, 자기가 편하기 위해서, 사무장이 의뢰인을 만나서 일을 다 처리하도록 만드는 것이지요.(공성원, 28면)

변호사가 사무장에게 최소한의 기본급만 주고 나머지를 사건수에 따른 성과급으로 처리한다면, 그건 "해먹으라는 구조"라고 공판사는 생각합니다. 사무장들이 브로커 노릇 하라고 그냥 놓아두는 것이나 마찬가지입니다. 사건 수임이 그만큼 절박한 과제이기 때문입니다. 아무리 실력이 뛰어난 변호사라 해도 의뢰인이 찾아오지 않으면 당장 경제적 어려움에 시달립니다. 개업비용이 최소한 1~2억에 이르는 상황에서 빚을 내 변호사 개업을 하는데, 사건이 끊기면 당장 직원들 월급도 밀리고 은행이자도 낼 수 없습니다. 변호사는 겉으로 고상해 보이지만, 매달 사건 수임에 쫓기는 절박한 인생입니다. 의뢰인을 직접 만나 설명하고 책임지는 것을 귀찮아하는 변호사들의 성향도 오랜 세월 브로커를 키워온 원인입니다. 변호사들이 의뢰인과 부대끼지 않고 품위를 유지하는 대신, 의뢰인에게 설명하고 욕을 먹는 일이 모두 사무장 또는 브로커의 몫이 되었습니다. 사정이 이렇다보니 과연 누가 브로커이고 누가 사무장인지 경계도 모호합니다. 변호사가 사무장에게 주는 돈이 외근 인센티브인지 보수인지도 분명하지 않습니다.

오랜 기간 변호사 사무실에서 일하고 지금은 엔터테인먼트 회사에서 법무를 담당하는 홍기선씨가 나름대로 이해하는 "브로커 사무장(수임 사무장)"의 역할은 이렇습니다. 우선 변호사 사무실에서 일하는 "수임 사무장"은 병원이든 검찰이든, 어딘가에서 사건을 물어오는 사람입니다. 그들은 활동비와 기본급을 조금 받기로 하고 "건당 얼마" 아니면 "사건 수임료의 몇 퍼센트" 이런 식으로 변호사와 계약을 맺습니다. 대부분 그런 식으로 일합니다. 그렇다고 브로커 사무장이 자신이 찾아낸 사건을 다 그 변호사에게 가져다주는 것은 아닙니다. 자기 몸은 A 변호사 사무실에 소속되어 있지만, 자기 사무실에서 사건을 해결할 수 없다고 판단하면 그걸 B 변호사에게 주는 경우도 많습니다. 홍기선씨는 대학을 졸업하고 바로 변호사 사무실에 취직하면서 그런 사무장들을 많이 목격했습니다. 소규모 로펌에 고용되어 변호사로 일하는 조용남씨는 "법원·검찰 쪽을 맡은 실장님들이 계장 출신들"이라고 설명합니다. "그쪽 일을 해야 하기 때문"입니다. 그분들은 "당연히" 소개비를 받고 "일하는 스타일"도 다릅니다. 그런 의미에서 보면 조변호사가 말하는 "실장님"들도 역시 홍기선씨가 설명하는 브로커 사무장에 해당합니다.

상당수 변호사들이 다양한 형태의 브로커를 고용하고, 고수익을 올리는 개인 변호사들은 예외 없이 그렇다는 사실은 법조계 주변에서 더이상 비밀이 아닙니다. 여러 변호사 사무실에서 일한 경험이 있는 강예리씨에게 "혹시 변호사 사무실에서 브로커들에게 소개비 떼어주는 것을 본 일이 있느냐?"고 묻자, 강씨는 당연한 것을 묻는다는 듯이 "당연히 봤죠. 매일 봤는데요"라고 답변했습니다.

당연히 봤죠, 매일 봤는데요. 여기서는 브로커를 다 사무장이라고 불러요. 일단 브로커가 사건을 가지고 와요. 그러면 변호사가 의뢰인하고 약정을 하잖아요. 그리고 수임료가 변호사 통장으로 들어오잖아요. 그러면 변호사가 저에게 돈을 찾아오라 그래요. 얼마를 찾아오라, 그러면 찾아오는 그 돈이 브로커 줄 돈이에요. 거의 매일 그렇게 돈을 찾으러 다녀봤어요. 당연한 얘기인데. 브로커한테 가는 돈은 대개 30퍼센트이고, 가끔 40퍼센트 주는 경우도 있어요. 텔레비전 보면 브로커 잡는다고 그러는데. 아니 뭐 그냥 여기 교대 걸어다니다 보면 들어가는 사무실마다 브로커는 다 있을 텐데. 물론 브로커들이 사무실에 잘 안 있어요. 경찰서 왔다 갔다

하고 아니면 아는 친구, 친척 이런 사람들 다 쫓아다니면서 사건
있는지 보러 다니고.(강예리, 9면)

　강예리씨는 자신이 일했던 대부분의 변호사 사무실에서 브로커를
고용했다고 이야기합니다. 변호사가 수임료를 받으면 바로 강씨에게
브로커 줄 돈을 은행에서 찾아오라고 했는데, 그게 입금된 수임료의
30퍼센트였습니다. 변호사들은 '하급 여직원이 뭘 알고 있겠나?' 생
각하겠지만, 여직원들도 다 알고 있었습니다. "거의 매일" 브로커 줄
돈을 인출하러 다녔다는 강씨는, 이런 관행이 만연해 있어서 서초동
에 있는 변호사 사무실 어디를 들어가도 브로커를 잡을 수 있는데, 왜
못 잡는지 모르겠다고 이야기했습니다. 강씨는 "길에 널리고 차인 게
그런 (부패한) 변호사들이고, 늘 그런 사람들하고 일해왔다"며 변호
사들에 대한 강한 불신을 토로했습니다.
　강예리씨처럼 자기 눈으로 직접 보진 않았지만, 권용준 변호사나
김승헌 부장판사 같은 사람들도 이런 사실을 짐작하고 있었습니다.
권변호사는 판검사를 하다가 개업한 변호사들 중에 "날렸다"는 사람
들은 모두 "수상한 사람들"이라고 말합니다. 아무개가 나와서 많이 벌
었다, 몇십억 벌었다, 이런 이야기가 들리면 권변호사는 "다 그렇다고
본다"고 했습니다. 사건이라는 게 그렇게 몰릴 수가 없기 때문입니다.
자기 같은 사람도 개업해서 형사사건이라고 해야 "다 합쳐서 몇십건"
이 전부라고 했습니다. 그것도 거의 "무죄를 다투는 사건"만 했다고
합니다. 무죄를 다투는 사건들은 판사들과 안면을 내세워 해결할 수
가 없는 것이고 실력이 필요하기 때문에 권변호사는 상당한 자부심

을 가지고 있었습니다. 그런 판에 새로 개업한 어느 변호사가 사건을 싹 쓸어간다면 브로커를 고용한 것으로 봐야 한다는 이야기입니다.

김승헌 부장판사는 현재 법조계의 수임 경쟁은 "누가 브로커를 더 많이 확보하고 있느냐의 전쟁"이라고 정의합니다. 그는 매년 형사사건 선임 건수 통계를 살펴보았을 때 높은 등위에 오른 사람들은 "브로커를 많이 둔 걸로 봐야 한다"고 단언했습니다. 교도소하고 경찰서에 브로커들을 많이 두고 거기서 "그냥 사건을 받는 것"이 분명하다는 얘기지요. 그런 통계에는 "판검사 하다 나와 갓 개업한 사람"이 늘 끼어 있습니다. 김부장판사는 그런 사람들에게 사건을 보내는 쪽이 "브로커 입장에서도 편하기 때문"이라고 설명합니다. 의뢰인들에게 "연수원 나온 분이 있는데 정말 열심히 한다"고 아무리 설명해봐야 말도 잘 안 먹히고 돈도 잘 안 쓰려 합니다. 그러나 "금년 2월에 (법원이나 검찰에서) 나오셨는데, 거기 가면 잘된다"고 이야기하면 먹혀듭니다. 어차피 수임료에서 30퍼센트 내외를 받게 돼 있는 브로커 입장에서는 "액수가 클수록" 유리합니다. 김부장판사의 표현을 빌리자면 "많이 뜯어낼 수 있는 변호사한테 보내야지" 브로커에게도 좋습니다. 예외가 있다면 변호사와 브로커의 "고객관계가 오래 계속되어, 아주 정착이 딱 되어 있는" 경우뿐이라고 합니다. 결국 전관 변호사들이 돈을 많이 버는 이유도 순전히 실력 때문이랄 수는 없고 브로커의 도움 덕분인 경우가 많다는 이야기입니다.

강예리씨나 김부장판사의 설명처럼, 브로커는 변호사 수임료의 일정비율을 소개비로 받습니다. 현재는 수임료의 30퍼센트가 기준인데, 특별한 경우에 20~40퍼센트로 조정하기도 합니다. 30퍼센트가 기준이라는 데 대해서는 판검사, 변호사, 브로커, 법원직원 모두 동의하는 바여서 이론의 여지가 없습니다.

　그런데 이 같은 소개비 때문에 수임료가 오른다는 점이 문제입니다. 의뢰인들은 다급하게 "용한" 변호사를 찾기 때문에 전관 변호사를 선호하고 또 돈도 많이 내놓습니다. 브로커를 쓰는 변호사는 변호사대로 브로커에게 너무 많이 떼어주기 때문에 수임료를 한푼이라도 더 받아내야 합니다. 예를 들어 300만원을 수임료로 받아서 100만원을 브로커에게 떼어주고 나머지 200만원에서 세금과 사무실 운영비 등을 제하고 나면 정작 변호사 손에 떨어지는 돈은 50만원도 안됩니다. 그러나 1천만원을 수임료로 받으면, 300만원을 브로커에게 떼어주고 세금, 사무실 운영비를 제하더라도 상당한 금액을 손에 쥘 수 있습니다. 우리나라에서 변호사 수임료가 턱없이 비싼 데는 브로커에 대한 소개비라는 '보이지 않은 비용'이 매우 큰 몫을 차지합니다. 그렇게 큰 수임료를 받을 수 없는 변호사는 탈세를 생각할 수밖에 없습니다. 강예리씨는 브로커를 쓰는 개인 변호사나 합동법률사무소, 법무법인은 "탈세를 안 할 수가 없다"고 확신합니다. 수임료 액수를 줄여서 세금을 줄인다는 것입니다. 이런 탈세 사실을 사무장들이나 여직원들도 다 알고 있다고 합니다. 강씨는 이 상황을 한마디로 정리합니다.

　　변호사 사무실에서 일하는 직원들이 입 잘못 뻥긋하면 변호사들 다 죽어요.(강예리, 26면)

'보이지 않는 비용'은 변호사들에 대한 불신을 키우기도 합니다. 300만원을 들여 변호사를 선임한 사람들은 최소한 300만원어치의 서비스를 받기 원합니다. 그런데 막상 자기 돈을 들여 선임한 변호사의 얼굴 한번 보기 힘들고, 매번 사무장 또는 브로커의 얼굴만 보고 와야 하는 경우가 많습니다. 변호사는 변호사대로 할 말이 있습니다. 수임료는 300만원이지만, 변호사 잠재의식 속에 이 사건은 '50만원짜리'로 입력되어 있기 때문입니다. 은연중에 변호사는 '50만원어치의 서비스로 충분하며, 100만원어치의 서비스는 브로커가 해주어야 한다'고 생각합니다. 브로커는 브로커대로 자기는 변호사에게 사건을 소개해준 대가로 돈을 받은 것일 뿐 사건에 대한 책임은 없다고 생각합니다. 중간에 사라진 소개비 100만원을 의뢰인은 알 도리가 없습니다. 이런 오해 속에서 사법 전체에 대한 불신이 자라납니다.

어느 브로커의 고백

그럼 브로커들은 어떻게 냄새를 맡고 사건을 물어올까요. 브로커는 무엇보다 발이 넓어야 합니다. 애경사를 철저히 챙기고, 모임이 있으면 총무도 맡고, 해결사 노릇도 마다하지 않는 사람이 적격입니다. 그런 사람들이 택시회사, 유흥가, 성매매집결지, 건설현장, 병원, 경찰서, 교도소 등 사건이 터질 만한 곳을 맴돌다가 일이 벌어지면 맨 먼저 달려가서 사건을 물어옵니다. 이런 "유능한" 사람들을 많이 아는 전현직 경찰관이 브로커로 각광받기도 합니다.

예를 들어 내가 유흥업소를 운영하는데, 오늘 경찰이 단속을 나와 위법사항을 적발했다고 칩시다. 하루만 문을 닫아도 손실이 엄청나기 때문에 어떤 처벌을 받느냐에 따라 생사가 오락가락합니다. 그럼 내가 맨 먼저 찾는 사람이 누구일까요? 주로 무슨무슨 주점 총연합회 총무 같은 사람입니다. 발이 넓어서 유흥주점에서 무슨 일이 터지면 해결해준다고 소문난 사람이지요. 그 사람에게 연락하면, 그는 자신이 아는 전현직 경찰에게 사정을 알아보기 위해 또 전화를 해줍니다. 경찰수사가 어떻게 돌아가는지 알아봐줄 수 있는 끈 자체가 우리 사회에서는 이미 대단한 힘이지요. 그 총무는 전현직 경찰에게 자문도 받고, 어느 변호사를 선임해야 유리한지 조언도 듣습니다. 대개 이런 총무에게 자문을 해주는 전현직 경찰도 역시 발이 넓은 사람인 경우가 많습니다. 바로 이런 전현직 경찰이 "잘나가는" 브로커입니다. 유흥업소나 여러 연합회의 총무들, 건설회사나 조합의 마당발들을 잘 알고 지내는 진짜 '마당발 중의 마당발'이지요. 이런 '마당발 중의 마당발'인 전현직 경찰관이 변호사 사무실에 취직하면 최고의 사무장이 됩니다.

저는 이런 현실을 구체적으로 확인하기 위해서 브로커를 찾아나섰고, 믿을 만한 변호사로부터 한동근씨를 소개받았습니다. 한씨를 소개한 변호사는 "한씨가 능력 있는 사람이라는 이야기는 많이 들었지만, 정확히 무슨 일을 하는지는 모른다. 교수님의 연구에 대해서 자세히 이야기는 안 했지만, 경험을 들려달라고 하니 흔쾌히 승낙하더라"고 했습니다.

변호사 사무장인 한동근씨는 면담을 시작하자 처음에는 마치 브로커와 전혀 상관이 없는 양 "그런 일을 하는 사무장들도 있다"는 식으로만 이야기했습니다. 그러나 한시간쯤 흐르자 마음을 열고 자신도 그런 어두운 구조의 한 부분임을 고백하기 시작했습니다. 처음부터 상세히 털어놓기로 작정하고 나왔지만, 그런 이야기를 들어줄 수 있는 사람인지 우선 탐색해본 모양입니다.

한실장은 "서울에 있는 중급 법과대학을 다니며 사법시험을 준비하다 실패하자" 변호사 사무실에 취직하여 17년 동안 일해왔습니다. 처음에는 주로 변호사가 요구하는 각종 서류작성을 맡았지만, 보수가 너무 적었습니다. 그런데 주변의 고참 사무장들을 보면 일은 하나도 안 하면서 자신보다 훨씬 높은 수입을 올렸습니다. 그걸 보면서 한실장도 점차 브로커 일에 관심을 가졌고, 이제는 그 일로 상당한 수입도 올리게 되었지요. 자신이 하는 일을 설명해달라고 하자, "변호사라는 상품을 포장하여 사람들에게 광고하는 일"이라고 답변했습니다. 어떤 사람이 판검사를 하다가 개업을 했는데, 자기 입으로 선전을 하고 돌아다닐 수는 없으니 자신 같은 사람들이 명함을 들고 그런 광고를 대신해준다는 이야기였습니다. 그러나 한시간이 흐른 후 그가 설명한 업무는 정확히 브로커 일이었습니다. 그는 "목숨 걸고 하는 이야기"라고 하면서도, 여러번 "너무 깊이 들어왔다"며 매우 조심스러운 태도를 보였습니다.

그는 사건이 처리되는 과정을 이렇게 설명합니다. 만약 자신을 통해 변호사가 사건을 수임하면 그는 "리베이트"를 받습니다. 대개 수임료의 20~40퍼센트 수준입니다. 그의 표현을 빌리자면 이런 사실은 "훌륭하신 법관 출신"을 비롯해서 "모두가" 다 알고 있습니다. 개인 변호사만 브로커를 고용하는 것이 아닙니다. "엄청나게 유명한 법인"
도 마찬가지입니다. "연매출의 1퍼센트를 그 직원에게 준다"고 약속
하는 법인도 있습니다. 그는 이런 식으로 수임되는 이유를 한마디로
정리했습니다.

> 그런 식으로 돈을 주지 않으면 누가 사건을 소개해주지를 않
> 죠.(한동근, 8면)

한동근씨는 이렇게 사건을 소개해주고 변호사에게 받는 돈을 정
당한 대가라고 생각합니다. 변호사법이 너무 "타이트하게" 규정되
어, 그러지 않아도 될 일을 무리하게 처벌한다는 입장입니다. 그는 어
떤 변호사가 "성실한 변호사"이고, 어떤 변호사가 "돈을 많이 주면 해
결해줄 수 있는 변호사"인지 "상당한 지식"을 가지고 의뢰인에게 사
건을 소개해준다고 합니다. 사건을 소개하고 나서, 변호사에게 전화
를 걸어 일이 어떻게 되어가는지 의뢰인을 대신하여 "독촉"하는 것도
자신 몫이라고 생각합니다. 그런 의미에서 소개비는 일종의 "숨은 비
용"이며, 원래 의뢰인이 당연히 브로커에게 지급해야 하는 돈인데 구
조가 잘못되어 변호사가 준다는 얘기입니다. 그런 식으로 법조계가
굴러가는데, 늘 운이 없는 조무래기들만 단속에 걸려든다고도 했습
니다. 브로커 일을 해서 1년에 3억원씩 버는 사람도 있다고 하는데 그
돈을 혼자 다 갖는 것은 아닙니다.

> 그분들이 돈을 그렇게 받아도 혼자 절대 안 써요. 예를 들어가지

고 밥을 같이 먹더라도 또 술을 한잔하더라도 그 돈으로 자기의 영역을, 변호사가 할 수 없는 부분들을, 다시 새로운 영역을 구축을 하는 거죠. 처음부터 아주 친한 사람은 한 사람도 없잖아요. 교류를 통해서 친해지게 되지 않습니까. 무슨 일이 계기가 돼가지고 만났을 경우에는 그 사람을 계속 관리하는 거죠. 관리라는 표현 자체는 언어표현상 좀 문제가 있지만은 그 사람하고 친분관계를 계속 유지를 하는 거죠. 친구가 되는 거죠. 친구가 될 때에는 항상 그런 부분에 있어서 투명하게 해야 하는 겁니다.(한동근, 8면)

한실장은 이 일에도 무엇보다 '투명성'이 중요하다고 강조합니다. 브로커는 변호사에게 받은 소개료를 혼자 먹어서는 절대 안 됩니다. 사건을 소개한 누군가에게 일정비율을 반드시 떼어주어야 합니다. 앞서 이야기한 마당발이나 총무들이 바로 이 돈을 받아가는 사람들입니다. 영수증 한장 쓰는 것도 아니고, 통장이나 수표로 돈이 오가는 것도 아닌, 문자 그대로 '현금 박치기'만 존재하는 세계지만, 몫을 정확히 가르지 않으면 곧 "아웃"되어 더이상 일을 할 수 없게 됩니다. 실제로 고생해서 사건을 "맞춰준" 사람에게 그에 해당하는 돈을 전달해주지 않고 "배달사고"를 일으키면, 이 업계에서 바로 "생명을 다하는" 것입니다.

이렇게 떼어주어야 하는 비율은 대개 수임료의 15~20퍼센트 수준입니다. 변호사가 브로커에게 30퍼센트의 소개비를 제대로 지급하지 않으면 당장 그 변호사에게 사건이 끊기는 것처럼, 브로커 역시 전 단계의 마당발들에게 15~20퍼센트의 소개비를 지급하지 않으면 당장 밥줄이 끊어집니다. 사건을 소개해줄 법한 법원이나 검찰 사람들을 만나 술도 사고 밥도 사야 하는 "재투자"도 필요합니다. 한동근씨는 "친분을 유지하고 친구가 되는 것"이 무엇보다 중요하다고 강조합니다. 실로 대단한 먹이사슬 구조입니다. 브로커의 세계도 나름대로 '또 하나의 문화'를 형성한 것입니다. 앞서 권용준 변호사가 법무사에게 사건을 소개받고 소개비를 지급하지 않자, 법무사 쪽에서 의뢰인까지 동원하여 돈을 요구한 사례를 이야기했습니다. 법무사가 그렇게 당당하게 소개비를 요구한 배경에는 소개비의 '투명성'에 대한 이런 '또 하나의 문화'가 자리잡고 있다고 볼 수 있습니다.

이런 일을 하는 사람들이 무슨 대단한 정보를 가진 것도 아닙니다. 어떤 판사가 어떤 변호사와 친한지 정확히 알지도 못합니다. 이들이 자랑하는 무기는 우리나라 법조인 전체의 이름, 생년월일, 사법시험 응시 횟수, 경력, 저서 등을 빠짐없이 기록해놓은 『한국법조인대관』이라는 책입니다. 3년마다 개정판이 나오고, 개정판이 나올 때마다 판검사, 변호사들의 임지나 사무실 이동 상황을 알 수 있기 때문에 매우 편리한 책이지요.* 변호사 사무실에서는 사건을 맡을 때마다 담당 판사의 배경은 어떤지 혹시 연고를 찾을 수 있는지 알아보기 위해서 이 책을 활용합니다. 그렇다고 이 책에 특별한 비밀이 숨어 있는 것도 아닙니다. 변호사 사무실마다 거의 빠짐없이 비치되어 있고 서점에서도 구할 수 있습니다. 그러나 사정을 전혀 모르는 일반인들에게는 브로커들이 흘리는, "그 판사하고 누가 동기라더라. 고등학교를 같이 나

---

* 『한국법조인대관』은 2013년판이 최신판입니다. 요즘은 법률신문사나 로앤비 등의 웹사이트에서 온라인으로 최신 업데이트된 정보를 유료제공합니다.

와서 친하다더라"는 식의 단편적인 정보도 대단해 보일 수밖에 없습니다.

브로커들은 바로 이런 기본정보에 여기저기서 주워들은 이야기를 덧붙여서 의뢰인들을 설득하고 사건을 소개합니다. 저도 변호사로 일하면서 『한국법조인대관』을 가끔 찾아보았지만, 그 책이 브로커들에게 그렇게 큰 의미가 있는지는 몰랐습니다. 거의 신들의 계보를 정리한 '신통기(神統記)' 같다는 생각이 들 정도로, 한실장은 그 책을 비중 있게 설명했습니다. '신성가족'이라는 성별(聖別)된 사람들의 계보를 정리하고 있으므로, 한실장 같은 사람들에게는 그 책이 밥줄인 셈입니다.

한동근 실장이 이야기하는 브로커의 세계는 다른 곳에서도 여러 경로로 확인할 수 있었습니다. 예를 들어 법원 공무원인 이정수 국장도 치부에 속하는 오래전 경험을 솔직히 고백했습니다. 이국장은 먼저 이런 관행이 있을 수밖에 없는 이유를 "길 가다가 간판 보고 변호사를 찾아가는 사람이 한명도 없는 우리 현실"에서 찾습니다. 변호사가 수임하는 사건은 백이면 백 누군가의 소개를 받은 것들이고, 과거에는 법관이 사건을 소개하면 "영광"으로 생각했을 정도로 이런 관행은 법조계에서 뿌리가 깊다고 합니다.

그는 어려움을 겪는 사람들에게 좋은 변호사를 소개해주는 것은 "당사자에게 굉장히 도움이 되는 일"이라고 생각합니다. 자신이 아는 범위에서 "내 실력을 덧붙여주는 것"이기 때문입니다. 어떤 변호사가 잘하더라, 어떤 변호사가 성실하더라는 정보를 자신의 "실력"이라고 이해한다는 점에서 이국장의 입장은 한실장과 별로 다르지 않습니다.

과거에는 이런 정보를 알려주면서 "그 변호사 사무실에 가면 반드시 내가 보냈다고 이야기하라"고 했다고 회고합니다. 물론 이런 말을 들은 의뢰인은 "법원 공무원인 누가 보냈다고 하면 그 변호사 사무실에서 잘해주겠구나" 생각하게 마련입니다. 그러니 의뢰인이 변호사 사무실에 가서 그 말을 안 할 리가 없습니다. 이런 말이 그 법원 공무원의 소개료를 보장하는 수단이라는 것은 전혀 모르는 채 앞서 설명한 먹이사슬 구조의 투명성 확보를 도와주는 셈이지요.

> 제가 소개를 해서 가게 되면, 그리고 그 사실을 나타내면, 변호사들이 훨씬 성실하게 변론해주었습니다. 소개를 해주려면 당사자와도 어떤 관계가 있어야 되니까, 제가 그 사건 내용을 계속 들으면서 변호사분한테 상의도 했습니다. "그쪽 방향으로 생각 좀 해보셔야 되는 거 아닌가요" 혹은 "준비서면 늦었다고 당사자가 그런다는데 좀 성실하게 부탁드립니다." 그러니까 웃으면서라도 당사자를 위해서 채근을 해줄 수가 있는 거예요. 그리고 그 사건이 끝날 때까지 부담이 되는 겁니다. 결과에 대해서도 소개를 시켜준 저도 부담이 됩니다. 그리고 계속 신경을 써줍니다.(이정수, 21면)

이국장은 10년 이상 지난 옛날 일이지만, 자신도 아는 사람들의 사건을 변호사에게 소개해주었을 뿐만 아니라 소개비를 받은 적도 있다고 합니다. 의정부와 대전에서 법조비리가 터진 뒤에는 모두가 "몸을 사리게 되어" 이제는 그런 일이 없다고 하면서도, 자신의 과거 행위가 전적으로 잘못이라고는 생각하지 않았습니다. 우선 법원 공무원인 자신이 사건을 소개하면 담당 변호사가 훨씬 성실하게 변론을 해줄 뿐만 아니라, 자신도 사건에 관심을 가지고 변호사와 직접 상담하고 "채근"해주기 때문에 당사자에게 큰 도움이 된다는 생각입니다. 지방근무를 할 때에만 이런 일을 했는데, 당시에는 지방의 변호사 선임료가 100~200만원 수준이었기 때문에 한번 소개할 때마다 20~40만원을 받았습니다. 그의 월급이 40~50만원 수준이던 시절이라 한달에 한두건만 해도 "봉급 수준 이상"이 들어왔습니다.

이런 고백에 덧붙여 그는 "변호사에게 사건을 보낼 때 그래도 선임료를 20~30만원이라도 깎아주기를 꼭 요청했다"고 이야기합니다. 돈도 깎아주었고 사건이 끝날 때까지 신경도 써주었기 때문에 그렇게 받은 돈이 "아주 정당한 대가"라고 생각했습니다. 그는 우리나라가 외국과 달리 브로커를 인정하지 않아서 그렇지, 브로커라는 직업이 필요하다고도 말합니다. 브로커를 인정하지 않는 이유가 "전문가를 인정하지 않는 우리 평등주의 사상"이라고 봅니다. 브로커가 가진 "정보력과 능력과 경험"에 돈을 주고 싶어하지 않아서 문제라는 것입니다. 그런 의미에서 이국장은 법조 브로커가 양성화되어야 한다고 믿습니다.

브로커가 당사자에게 도움을 준다는 것, 일종의 전문가로 이해되어야 한다는 것, 그리고 양성화되어야 한다는 이국장의 생각은 정확히 한실장의 생각과 동일합니다. 이런 이야기를 듣다보면 이국장이 이상한 사람처럼 보일 수 있지만, 그렇지 않습니다. 그는 법원에서 일반직이 거치는 핵심보직을 두루 거친, 능력 있고 합리적인 사람입니다. 그런 사람이 이렇게 생각한다는 사실은 브로커를 통해 사건을 수임하는 관행이 얼마나 폭넓게 자리잡았는지를 보여주는 증거일 뿐입니다.

한실장이나 이국장이 생각하는 브로커의 "좋은 점"은 모두 기형적으로 운영돼온 우리 변호사 업계의 그늘이라 할 수 있습니다. 원래 변호사가 제대로 일을 못할 때 의뢰인이 독촉하면 될 일입니다. 의뢰인에게 사건을 설명해주는 것은 당연히 변호사의 일입니다. 법원 직원이 소개해주었든, 제 발로 찾아왔든, 의뢰인에게 잘해주는 것은 변호사의 기본 의무입니다. 그런 당연한 일들을 '중개인'(broker)이 해왔다는 게 오히려 이상한 일이지요. 우리나라 법조계를 소수 엘리트가 독점해 변호사들까지도 전관이라며 목에 힘을 주는 이상한 전통이 없었다면 결코 생기지 않았을 기현상입니다. 이런 기현상은 결국 '신성가족'에게 가기 위해서는 반드시 제사장이라는 중개인이 필요하다는 사실과 연관지어 이해할 수밖에 없습니다. 신성가족이 품위를 지키며 큰돈을 벌기 위해서는 일반인들과 이들을 중개해줄 사람들이 필요합니다. 이런 시스템에서 모든 지저분한 업무는 당연히 중개인들의 몫이 됩니다.

이국장의 설명처럼 의뢰인들에게 좋은 변호사를 소개하는 것이 "실력을 덧붙여주는 일"이라 하더라도, 법원 공무원이 사건을 소개하고 돈을 받는 것이 옳으냐는 문제는 남습니다. 의뢰인이 과연 자기 돈의 일부가 소개자에게 간다는 사실을 알았느냐도 문제입니다. 이국장도 일반인들이 이런 구조를 모른다는 사실을 인정했지만 그게 큰 문제라고는 생각하지 않았습니다. 자기 돈의 일부가 소개자에게 가는 것을 의뢰인들이 모르는 현실에 관해 계속 질문하자 그는 무척 곤혹스러워했습니다. 브로커가 양성화되어야 한다고 주장하던 한동근 실장도 "양성화해봐야, 의뢰인들이 '내가 왜 사무장한테 돈을 줘야 하냐?'고 반발할 것"이 분명하다며 난처한 표정을 지었습니다.

> 그러니까 그 비용이 결국에는 의뢰인한테 떠넘겨지는 거예요. 그렇다고 의뢰인의 돈을 변호사와 사무장이 나눠먹는다 이렇게 얘기하면 의뢰인이 아마 기절초풍할 거예요. 그런 점이…… 그래서 변호사 비용이 예를 들어가지고 좀…… 너무 이렇게 고액화되고 그러다보니까 인제 어…… 해결책은 이게 참 어려운 것 같아요. 이게 왜 그러냐면 없어질 수가 없어요. 없어질 수가.(한동근, 41면)

한실장에 따르면, 변호사는 사건이 필요하고 사무장은 사건을 공급하는데, 의뢰인들은 사무장에게 돈을 지불하려 하지 않으므로, 결국 의뢰인 몰래 변호사와 사무장이 돈을 주고받을 수밖에 없습니다. 양성화를 이야기하지만, 양성화될 수 없다는 사실을 한실장 자신이 누구보다 잘 알고 있었습니다. 이정수 국장은 양성화를 이야기하면서도 이런 점에 대해서는 생각해보지 않았습니다. 근본적으로 이국장은 자신이 과거에 사건을 소개한 것이 브로커 행위나 마찬가지라고 생각하지 않았습니다. 이국장은 "법조 주위에 정말로 안타까운 사람을 찾아다니는 사람들, 병원 사건 났을 때 찾아가는 사람들, 그리고 다방에 죽치고 있는 사람들, 변호사 사무실에 이쪽저쪽으로 이름만 올려놓고 사건 유치를 위해 뛰어다니는 사람들"을 "진짜 브로커"라고 불렀습니다. 자신처럼 주변의 어려운 사람들을 돕기 위해서 변호사를 소개해준 경우는 그저 "용돈을 받아 쓴 것"으로 이해했습니다.

이국장은 지금도 가끔 주변사람들에게 변호사를 소개해준다고 합니다. 다만 이제는 한명이 아니라 네명 정도를 소개해주면서 의뢰인에게 "네가 직접 상담해보고 고르라"고 조언합니다. 물론 소개료도 받지 않고, 소개해준 다음 관리도 하지 않습니다. 변호사에게 자기가 소개했다는 말도 못하게 합니다. 그런데 주변에는 아직도 예전 같은 스타일로 변호사를 소개해주고 소개비를 받는 "간이 부은 사람"이 있다고 합니다. 하긴 그런 사람들이 있기 때문에 브로커 중심의 구조가 아직도 굴러가는 것이겠지요. 이국장은 이런 식으로 소개비를 받는 관행을 근절하려는 법원과 검찰의 의지는 분명하다는 점을 강조합니다. 그것이 과거와 다른 점이라고 했고, 거기에서 변화가 시작되고 있다고 말했습니다. 과거 경험을 나누고 양성화를 이야기하면서도, 현재 그 일을 하는 사람들은 "간이 부었다"고 이야기하는 이국장의 태도는 모순이 있습니다. 이런 모순되고 복잡한 태도야말로 우리 법조계의 고질적인 병폐인 브로커 문제의 복잡성을 대변합니다.

투명인간: 바닥에서 일하는 사람들

브로커 일로 큰돈을 버는 사람들이 간혹 있지만, 그들의 삶은 매우 불안정합니다. 한동근 실장은 자신의 일에도 "애환이 많았다"고 이야기합니다. 우선 변호사 한 사람과 오랫동안 함께 일할 수가 없었습니다. 한 직장에서 10년 이상을 근무하는 사무장도 거의 본 적이 없습니다. 변호사와 직원의 관계를 상명하복이라 규정하는 그는, "그렇기 때문에 직원들이 무시를 당하는 경우가 많다"고 이야기합니다. 심지어 변호사 부인이 사무실에 나와 자금관리를 하면서 "일거수일투족을 다 감시하는 듯한" 사무실도 있다고 합니다. 변호사 부인까지 설치면 "변호사를 두분 모시는 것"과 같았습니다. 자신들을 "인간적으로 인정"해주면 계속 근무할 수 있지만, 보수도 별로 차이 나지 않는데 무시까지 당하면 일자리를 옮겼습니다. 갑자기 일을 그만두어 한참 동안 취직을 못한 적도 있었습니다. 자신을 준(準)전문직으로 분류하는 그는, 오랜 세월 "신용카드조차 쉽게 안 만들어주는" 처지였다고 한탄했습니다. "지금은 4대보험도 되고 세금도 원천징수되어 엄청 많이 좋아졌지만, 이게 보장되기 전까지는 정말 하루하루가 불안했다"고 합니다. 게다가 기본급만 받아서는 살 수가 없기 때문에 결국 사건 소개에도 뛰어들게 되었습니다. 이러한 삶의 불안은 변호사 사무장뿐만 아니라 법조계 주변 사람들이라면 모두 겪는 문제입니다.

이정수 국장은 법원 일반직 중에서 고위직을 지내고 퇴직하여 집행관으로 일하는 분들의 비슷한 문제를 지적합니다. 집행관은 법원의 판결을 집행하여 채권자가 만족을 얻도록 도와주는 직업입니다. 과거에는 집달리 또는 집달관으로 불렸지요. 그런데 집행관 사무실 직원들이 빠르고 정확히 집행해주는 대가로 따로 돈을 받는 경우가 많습니다. 동산 집행이든 건물 명도든, 사건이 들어오면 일정을 잡거나 새벽에 나가거나 특별송달을 할 때 가외로 돈을 받아 챙기곤 했습니다. 물론 불법입니다. 이국장은 그런 부정이 생기는 근본 원인을 직원들의 저임금에서 찾습니다. 그들에게 100~200만원밖에 봉급을 안 주는 경우가 많고, 심지어는 고작 70~80만원을 주는 곳도 있기 때문입니다. 집행관 자신은 많은 돈을 벌면서 직원들에게 푼돈을 쥐여주는 것은 직원들의 부정과 비리를 방조하는 행위나 다름없습니다. 이국장은 이에 대해 "그동안 그렇게 해왔으니까 너희도 그냥 그렇게 해먹어라, 알아서 벌어먹어라"는 셈이라고 비판합니다. 공성원 판사도 변호사 사무실 직원들의 처지에 대해 "알아서 해먹으라"는 표현을 합니다.

강예리씨는 이와 관련하여 특별히 나쁜 변호사가 따로 있는 게 아니라고 말합니다. "학생운동인지 노동운동인지로 이름을 날린, '이런 변호사도 있다'는 훌륭한 사례로 텔레비전에 소개되는 변호사"들도 브로커를 쓰더라고 했습니다. 그런 변호사라고 해서 직원들을 다루는 태도가 다르지도 않았습니다. 강씨는 변호사 사무실에서 처음 일할 때 월급 60만원, 식대 10만원에 보너스를 조금 더 받았습니다. 매년 10만원씩 월급이 올라갔는데, 그것도 초반 3~4년뿐이었습니다. 그다음부터는 "변호사들이 월급 인상에 인색해져서" 많아야 150~160만원을 넘지 못했습니다. 강씨는 변호사 사무실에서 잔뼈가 굵은 "언니들"의 형편을 보면서 "미래가 없다"고 느꼈습니다. 오래 있어봤자 "남좋은 일, 변호사 좋은 일만 시키는 것"이었습니다.

우리 사회에서 저임금에 시달리는 사람들이 그들만은 아니겠지만, 눈앞에서 변호사들이 큰돈을 버는 것을 매일 보는 이들은 더 큰 상대적 박탈감에 빠질 수밖에 없습니다. 강예리씨는 처음 일한 사무실에서 판사 출신 변호사를 모시고 매일 엄청나게 많은 일을 했습니다. 재판도 큰 건이 많아서 복사도 많이 했지요. 기록을 보관하는 법원의 복사기가 시원찮아서 어떤 때는 법원에 가서 2박 3일 동안 복사만 한 적도 있습니다. 서류의 끈을 풀어서는 안 되기 때문에 그 두꺼운 기록을 아예 어깨에 지고 복사를 해야 할 때도 있었습니다. 그런 큰 사건을 맡았으니 변호사는 큰돈을 벌었지만, 열심히 일하는 직원에게 돈을 더 주지는 않았습니다. 그저 정해진 봉급을 줄 뿐이었습니다. 그런 과정에서 강예리씨가 목도한 것은 변호사들의 위선입니다. 수임료 1억을 받는다고 해서 직원들에게 한푼이라도 더 쓰는 일이 없었습니다. 어떤 변호사는 "우리 사무실이 올해는 좀 힘드니까 연봉을 동결하자"고 이야기했습니다. 다음해에는 전년보다 서너배를 더 벌었는데, 언제 그랬냐는 듯이 그냥 동결된 임금을 유지했습니다. 어려울 때는 직원들을 "가족"이라고 이야기하다가도 돈을 잘 벌면 얼굴을 싹 바꿉니다. 이런 환경에서 직원들도 "내가 미쳤다고 여기서 목숨 걸고 일하냐?"는 생각을 할 수밖에 없습니다.

일은 많지만 제대로 대접 못 받는 것보다 더 심각한 것은 갑작스런 해고입니다. 강예리씨는 자기 경험을 이야기합니다. 임금을 동결하면서 변호사는 사무장을 통해 강씨에게 "사무실에 계속 있을지"를 물었습니다. 계속 있겠다고 하자 얼마 후 다른 변호사가 그녀를 불렀습니다. 강씨가 모시는 변호사가 아는 분의 딸을 직원으로 쓰려고 하니 나가달라는 이야기였습니다. 강씨는 "변호사가 뭔가 나에게 마음에 안 드는 것이 있는데 말은 안 하고 그냥 자른 것 같다"고 말했습니다. 자신에게 직접 이야기하지 않고 다른 변호사를 통해 해고통보를 한 것도 서운했습니다. 아는 사람의 딸을 대신 채용하겠다면서 강예리씨를 쫓아낸 변호사는 전관 변호사입니다. 강씨가 관찰한 바로는 전관 변호사에게는 특징이 있다고 합니다.

그 변호사도 전관이라 내려오자마자 제가 모셨어요. 개업 자체를 제가 모시고 했거든요. 그런데 전관 변호사들은 특징이 있어요. 일단 무조건 경력 있는 직원들을 뽑아요. 그래야 사무실이 초반에 편하잖아요. 그런데 한 2년 정도 지나면 그 경력 있는 직원들에게 주는 월급이 부담되기 시작해요. 왜냐하면 사무실도 자리잡았는데, 사무장이나 여직원이 둘 다 경력이 많고 거기에 따른 월급도 많이 줘야 되고 슬슬 경제적인 거에 눈을 뜬 거예요. 그리고 굳이 둘 다 경력 많은 사람이 필요가 없다고 생각하니까. 월급도 솔직히 많은 편이 아닌데, 전관 출신들이 짜다고 그랬잖아요. 월급에 대해서 약하다고. 솔직히 아마 그 변호사님은 저한테 줬던 그 월급을 주고 싶지 않았을 거예요. 근데 법인에서 정하니까 어쩔 수 없이 그 월급을 준 거거든요.(강예리, 24면)

강예리씨는 전관 출신 변호사들이 개업 초기에는 경력 있는 직원을 원하지만, 사무실이 자리잡고 나면 경력 있는 직원에게 주는 월급을 아까워한다고 말합니다. 변호사들은 월급을 올려주는 대신 그냥 사람을 바꾸는 쉬운 길을 택하고, 그래서 자신도 잘렸다는 이야기지요. 정도의 차이는 있어도 이런 불안정성은 법조 주변에서 일하는 사람들 모두가 겪는 상황입니다. 이런 상황에서는 누구라도 눈앞의 작은 이익을 좇게 마련입니다. 그야말로 각자의 형편에 따라서 "해먹을 기회"만 노리는 하이에나가 되고 맙니다.

강예리씨도 배달사고를 일으켜서 용돈을 챙긴 적이 있습니다. 사건 규모가 커서 복사량이 많은 경우에 변호사들은 의뢰인에게 따로

30~40만원씩 복사비를 받곤 했습니다. 그러나 그렇게 받은 복사비가 실제로 복사를 담당하는 직원들의 수입으로 돌아간 적은 전혀 없었습니다. 당연히 모두 변호사의 호주머니로 들어갔지요. 그런데 법원에 가서 기록 복사를 많이 하려면 아무래도 법원 직원의 눈치를 볼수밖에 없습니다. 강예리씨의 기억으로는 2004년까지만 해도 복사를 편하게 하려면 법원 직원들에게 따로 돈을 주어야 했습니다. 더 오래 전에는 돈을 얹어주지 않으면 아예 복사를 못하게 할 때도 많았습니다. 변호사 사무실에서는 이런 식으로 법원 공무원들에게 주는 돈은 아까워하지 않았습니다. "재주는 곰이 넘고 돈은 누가 받는 거야?"라고 생각한 강씨는 사무실 언니와 의논해서 이 돈을 떼어먹기로 작정합니다. 이후 강씨는 사무실에서 돈을 받아서는 그 돈을 법원 공무원들에게 건네지 않았습니다. 그들과 친해졌기 때문에 돈을 안 주고 넘어가도 괜찮을 때가 많았다고 합니다. 강씨는 그 돈을 언니와 함께 밥먹고 회식하는 데 썼습니다. 물론 정해진 복사비 외에 법원 공무원에게 돈을 건네는 것 자체가 불법이기 때문에 이런 이야기를 듣다보면 도대체 누구를 욕해야 하는지 헷갈립니다. 강씨는 자기 나름의 방법으로 "해먹었을" 뿐입니다.

브로커를 만드는 것은 바로 이런 구조적 모순입니다. 이런 구조에서 먹고살려면 그저 "해먹는" 길밖에 없기 때문입니다. 변호사나 법무사 사무실 직원들은 이런 불안정성으로 인해 일종의 브로커로 내몰리고 있었습니다. 그리고 이런 구조는 근본적으로 변호사의 탐욕이만들어냅니다. 그것도 비교적 쉽게 브로커를 고용해 돈을 벌 수 있는 일부 전관 변호사들의 탐욕 말입니다. 이런 구조를 뻔히 알면서도 변호사들은 자기 돈을 챙기는 일에 정신이 없습니다. 브로커에게 떼어 주는 돈을 아까워하면서도 의뢰인을 직접 대하는 피곤한 일은 브로커가 대신 해주기를 바랍니다. 법조계의 모든 문제는 브로커 때문에 생겼다고 이야기하지만, 정작 그 브로커를 양산해내는 사무실 직원들의 열악한 처우는 외면합니다. 판검사, 변호사만이 주인공이 되는 우리 법조계에서 '투명인간'처럼 살아가는 직원들의 미래는 썩 밝아 보이지 않습니다.

변화하는 상황과 브로커의 미래

브로커가 생길 수밖에 없는 우리 법조시스템을 생각하면 한숨만 나옵니다. 어디에도 해법이 없어 보이기 때문입니다. 그러나 지금은 과거에 비하면 훨씬 나아진 편입니다. 과거에는 경찰, 검찰, 법원 공무원들과 브로커가 아예 한통속이 되어 노골적으로 사건을 "말아먹던" 시절이 있었습니다.

한동근 실장은 그 시절에는 구속될 사안이 전혀 아닌데도 경찰에서 검사에게 영장을 신청하는 일이 비일비재했다고 회고합니다. 원래 영장청구는 검사의 일이지만, 경찰이 검찰에 구속영장을 신청하면 검찰이 이를 검토하여 법원에 청구하는 경우가 오히려 더 많습니다. 구속될 사안도 아닌데 경찰이 영장을 신청하면 일단 당사자는 당황하여 초주검이 됩니다. 그래서 담당 경찰관에게 "어떻게 하면 구속이 안 될 수 있느냐?"고 물어보면, 경찰관은 자신이 잘 아는 변호사를 소개해줍니다. 대개 검찰 출신인 그 변호사는 당연히 고액의 수임료를 요구합니다. 이렇게 신청된 영장은 대부분 검사가 검토하는 단계에서 기각되거나 그렇지 않더라도 법원에 가서 기각되게 마련입니다. 애초에 구속할 사안이 아니었으니까요. 당사자는 이런 사정을 알 리가 없기 때문에, 자신이 변호사의 노력으로 풀려난 줄로만 알게 마련입니다. 물론 일이 진행되는 과정에서 전관 변호사가 담당 검사나 판사에게 청탁 전화를 넣는 경우도 있었습니다. 이렇게 기각될 것이 분명한 사건인데 변호사 전화를 받으면 판검사들도 좀 이상하다고 생각합니다. 판검사 입장에서는 변호사가 공짜로 돈을 먹는다고 생각해 그들에 대한 불신을 키우게 되지만, 그렇다고 그럴 사안도 아닌데 구속할 수도 없는 노릇이지요. 이런 식의 구속사건 진행은 거대한 사기극에 가깝습니다. 사람의 신병을 가지고 노는, 질이 나쁜 장난입니다.

이런 사기극이 가능했던 근본 이유는 한 사람의 인생이 왔다 갔다 하는 구속사건이 너무 많았기 때문입니다. 이유가 분명한 만큼 해결도 비교적 간단했습니다. 구속전 피의자심문(영장실질심사)제도가 도입되면서 구속 권한의 중심이 검찰에서 법원으로 이동했습니다. 그 과정에서 검찰의 저항도 만만치 않았지만, 법원이 구속전 피의자심문을 실시하고 구속영장을 기각하기 시작하자 구속 사건의 숫자가 극적으로 감소하기 시작했습니다. 1996년도에 구속영장이 청구된 인원은 15만 4,435명이었고, 실제로 구속된 인원은 14만 3,068명이었습니다.[1] 구속영장이 청구된 사람도 워낙 많았고, 그렇게 청구된 영장은 대부분 발부되었습니다. 그런데 2007년 통계를 보면 구속영장이 청구된 인원이 5만 8,866명인데, 실제로 구속된 인원은 4만 5,875명에 불과합니다.[2] 10년 사이에 실제 구속자수가 3분의 1로 줄어들었습니다. 구속사건의 감소에 따라 형사사건에서 사선 변호인을 선임하는 비율도 급격히 감소했습니다.*

김승헌 부장판사는 이 같은 구속사건의 감소가 브로커 문제를 상당히 해결할 것이라고 믿습니다. 그는 10여년 전이나 지금이나 1심에서 실형을 선고받는 숫자는 비슷한데, 구속자수는 3분의 1 또는 4분의 1로 줄어든 현상을 이렇게 해석합니다. 과거에 구속되었다가 실형을 선고받지 않고 풀려난 사람들은 변호사를 선임하거나 어떤 형태로든 실형을 피하기 위해 발버둥을 친 사람들입니다. 구속사건의 급격한 감소로 이런 행위가 줄어들었고, 이는 형사사건의 급감으로 이어졌습니다. 과거에는 판사들이 절도범죄를 저지른 소년범들에게도 며칠이라도 구속된 상태에서 정신을 차리라고 영장을 발부하곤 했습니다. 하지만 지금은 그렇지 않습니다. 2000년대로 넘어올 때도 이미 변호사들은 "단군 이래 최대의 불황"이라는 이야기를 하고 다녔습니다. 그런데 지금은 변호사 한명이 1년에 형사사건 한건을 맡기가 어렵습니다. 경찰이 장난을 쳐서 피의자를 구속하고 변호사를 선임하게 하여 돈을 뜯어내던 일은 이제 없다고 봐도 좋습니다. 제도의 변화가 비리의 여지를 대폭 줄여버린 것입니다. 국선변호가 확대됨으로써 브로커들의 입지가 좁아지고 있습니다. 국선변호인의 도움을 받은 사람이 1998년에는 5만 8,396명이었으나 2007년에는 8만 6,704명에 이르렀습니다. 구속은 줄고 국선변호는 늘고 있으니 당연히 사선 변호의

---

* 2017년 통계에 따르면 구속영장이 청구된 인원이 3만 5,102명이고 실제 구속된 인원은 2만 8,340명입니다. 1996년과 비교하면 5분의 1 수준입니다.

비율은 줄어들 수밖에 없습니다. 선임에 비리가 끼어들 여지가 그만큼 감소한 셈입니다.

이전에 아무리 단속을 해도 줄어들지 않던 게 법조 브로커였습니다. 다급한 의뢰인은 판검사와 연결되는 변호사를 선임하고 싶어하고, 브로커는 정보를 제공하며, 변호인은 고액의 수임료를 받은 뒤 브로커에게 돈을 떼어주었습니다. 변호사는 사무장에게 임금을 적게 주는 대신 사건 소개료를 지급했습니다. 이런 구조에서 아무리 검찰이 단속을 한들 브로커가 줄어들 리 없습니다. 그러나 구조적 문제는 구조의 개선을 통해서 해결할 수 있습니다. 구속사건이 감소했다고 형사사건의 수임구조가 질적으로 개선된 것은 아니지만, 적어도 양적으로는 개선되었다고 볼 수 있습니다. 물론 변호사수의 급증에 따라서 당분간은 경쟁이 격화되고 형사사건의 수임비리는 더 심해질지도 모릅니다. 그러나 변호사수가 급격히 증가함으로써 '신성가족'의 경계가 무너지고 있습니다. 변호사의 도움을 받기 위해서 중개인을 찾아야 하는 시대도 막을 내리고 있습니다.

중개인 없는 법조시장을 만들기 위해서는 의뢰인의 각성이 반드시 필요합니다. 강예리씨는 의뢰인들의 무지와 욕심 때문에 브로커들이 이렇게 극성을 부리게 되었다고 지적합니다. 변호사 사무실에서 오래 일한 경험에 비추어 보면 전관인지 아닌지에 따라서 사건의 승패가 갈리지 않았습니다. 그런데도 의뢰인들은 한결같이 변호사님이 판사 출신 아니냐고 물으면서 "담당 판사님을 좀 만나달라"고 부탁하며 돈을 "막 갖다 바쳤"습니다. 입으로는 전관예우를 욕하면서 막상 자기 재판에서는 전관만 찾았습니다. 그런 사람들에 대해 강씨는 "바보"라고 말합니다. 그런다고 변호사들이 담당 판사에게 "돈을 가져다주는 것도 아니라"는 것이 강씨의 주장입니다.

전관이라고 해봐야 별 도움도 안 되고, 그것 때문에 승패가 갈리지도 않는데, 의뢰인들이 전관만 찾는다는 이야기는 한동근 실장도 합니다. 그는 "의뢰인들이 영향력 있는 사람을 찾아달라는데 그걸 골라줄 수밖에 없지 않느냐?"고 말하면서도, 대부분의 사건은 "연수원 출신이나 고등법원 부장판사 출신이나 별로 다를 것도 없다"고 설명합니다. 의뢰인들이 원하고, 자기 입장에서는 소개료도 많이 받으니 전관 변호사들을 소개해줄 뿐이라는 것입니다.

브로커와 관련하여 대형 로펌에서 일하는 고문들의 문제는 따로 짚고 넘어가야 합니다. 예컨대 '김앤장'에는 수많은 고위 관료들이 퇴직 후에 자리를 잡습니다. 이들에게는 퇴직 전 정부에서의 직위에 따라서 고문, 전문위원, 실장 등의 직책이 주어집니다. 김앤장에 소속된 고문들이 몇인지, 무슨 일을 하는지는 정확히 밝혀져 있지 않습니다. 김앤장에 있다가 다시 공직에 진출하기도 하며, 그랬다가 다시 고문으로 돌아오기도 합니다. 이헌재 전 재정경제부장관을 비롯한 경제부처 관료들, 서영택 국세청장을 비롯한 국세청 관료들 외에도 공정거래위원회, 산업자원부, 노동부, 청와대 등 거의 모든 힘 있는 부처의 전직 공무원들이 김앤장을 위해 일하고 있습니다. 『법률사무소 김앤장』을 쓴 임종인 전 의원, 장화식 투기자본감시센터 정책위원장은 변호사가 아닌 이들 고문들이 사무직원인데, 어디에도 사무직원으로 등록되어 있지 않다고 지적합니다.[3] 한동근 실장은 그들에 대해 이렇게 말합니다.

대형 로펌은 우리 같은 사람들을 쓰지 않고 장관 출신 뭐 그런 분들을 쓰잖아요. 장관도 변호사 사무실에서 일하면서 사건 유치하면 그냥 우리하고 똑같은 거 아닙니까? 고문으로 앉아 있을 뿐이지 똑같은 거죠. 근데 거기는 공식적으로 이제 뭐 고문이라는 이름 달고 엄청난 돈을 차지해가는 거구요. 예를 들어가지고 중앙 경제부처, 국세청, 감사원 같은 데서 근무하시던 분이 거기서 계시는데 거기 있는 일들이 상품화되지 않으면 무슨 필요가 있겠어요?(한동근, 22면)

한실장은 자기 같은 사람은 늘 검찰에 붙잡혀갈까봐 마음을 졸이는데, 대형 로펌의 고문들은 똑같은 일을 하면서도 아무 걱정 없이 살고 있으니 세상이 불공평하다고 생각합니다. 의외로 같은 생각을 하는 법조인들이 많았습니다. 중형 로펌의 대표변호사로 법조경력이 20년이 넘은 김상구씨는 "사건 물어오고, 정보 물어오고" 하는 것은 똑같은데, 왜 "다방에 앉아서 연결해주는 브로커"는 처벌하고, 대형 로펌의 고문들은 그냥 놓아두는지 모르겠다고 말합니다. 법조계보다 다른 직역의 전관이 더 문제라고 이야기한 권용준 변호사는 같은 맥락에서 대형 로펌의 고문들을 이해합니다. 그는 김앤장의 경우 행정부나 입법부하고 관련된 일도 많이 하는데, 그런 일의 경우 돈 단위도 "동그라미가 두개 정도는 더 붙는" 걸로 알고 있었습니다. "변호사 일은 소송사건 맡아봐야 1천만원 전후를 받으면 고작이지만, 거기는 받으면 10억 단위는 최소한 왔다 갔다 하는 게 아니겠느냐"고 반문했습니다. 예컨대 재경 쪽의 예규 하나를 어떻게 해석하느냐에 따라 대기업의 이익이 몇백억씩 왔다 갔다 하는데 그런 경우에 유리한 해석을 얻는 조건으로 몇십억을 줄 수도 있다는 추측입니다. 때로는 "당연히 될 걸 가지고 돈을 받거나 과다하게 받기도" 한다고 합니다. 일처리 방식도 브로커처럼 소개를 할 필요가 없습니다. "기업체가 알아서 그리로 가기" 때문입니다. 권변호사는 브로커와 대형 로펌 고문의 차이를 한마디로 정리합니다.

> 표현이 어떨지는 모르지만, 고급 창녀하고 사창가에 있는 창녀의 차이겠지요. 다를 게 뭐가 있습니까? 내가 아까 말했지 않습니까? 법조계에만 왜 전관을 얘기하느냐 이거죠.(권용준, 24면)

성매매 여성을 비하하는 표현을 쓰고 있어서 인용이 주저되기는 하지만,* 대형 로펌이 고문들에게 왜 거액을 지불하는지 생각해보면, 그들이 브로커와 본질적으로 다르지 않다는 것이 권변호사의 결론입니다. 전직 관료들이 있어서 사건이 몰리고 또 실제로 행정부처에 영향을 줄 수 있기 때문에 로펌은 그들을 고용합니다. 로펌이 자선단체가 아닌 이상, 예우를 갖추려고 전직 고위관료들에게 월급을 줄 리는 만무합니다. 살인적인 업무량에도 불구하고 변호사들은 브로커를 고

---

* 이 책의 초고를 검토한 대구대 이희영 교수는 이 인용과 관련하여 다음과 같은 문제를 지적했습니다. "이 인용문의 구술자는 '창녀란 본질적으로 타락한 여자'라는 사회적 낙인을 전제하고 있습니다. 법조계를 비롯해 한국사회에 만연한 성매매의 '구조적 맥락'에 대한 이해가 없는 이 같은 발언은 '조심스럽게' 인용되어야 합니다. 그뿐 아니라 법조계의 브로커를 '창녀'로 비유하는 것은 이와 비슷한 문제를 텍스트 속에 끌어들입니다."

용하는 등의 불법에 손댈 일이 적다는 이유로 대형 로펌을 선호합니다. 그러나 따지고 보면 대형 로펌도 고급 브로커들의 도움을 받고 있다는 점에서는 개인 변호사와 크게 다르지 않습니다. "다방에 앉아서 연결해주는 브로커"가 떠난 자리를 "로펌 소파에 앉아 연결해주는 고문"들이 채워가고 있는 것은 아닌지 지켜보아야 할 때입니다.

5장

팔로역정, 법조인이 이겨내야 하는 여덟가지 유혹

"불경스러운 대중과 모든 것으로부터 스스로를 해방시키기 위해
어마어마한 투쟁을 겪어온 그들은 마침내 고독하고 신을 닮았으며
자기만족적이고 절대적인 존재로 되는 데 성공했다."

칼 맑스·프리드리히 엥겔스 「신성가족」

판사, 검사, 헌법재판관, 사법연수원 출신의 다양한 변호사들과 함께 일하며 여러 로펌과 개인 사무실을 거친 강예리씨는 면담 도중 "이 새끼나 저 새끼나 변호사 새끼는 다 똑같아요"라는 절망적인 탄식을 내뱉었습니다. 어찌하여 법조인들이 가장 가까이에서 일하는 사람에게 이런 평가를 받게 되었을까요. 판검사와 변호사들은 여러가지 얼굴을 가지고 있습니다. 학벌사회의 정점을 경험한 '엘리트'로서 다른 사람이나 기업의 생사를 좌우하는 어려운 일을 맡은 사람들이지만, 동시에 사건 당사자에게 돈을 받는다거나 힘 있는 사람들에게 약하다는 비난을 받기도 합니다. 누구나 집안에 "전화 한통" 해줄 수 있는 판검사가 있기를 바라면서도, 다른 한편 법조인에 대한 노골적인 불신을 감추지 않습니다.

법조계 주변의 다양한 사람들을 인터뷰하는 과정에서 우리는 판검사, 변호사들에 대한 시민들의 다양한 불만을 전해 들었습니다. 또한 판검사, 변호사들은 남들에게 잘 알려지지 않은 자신들의 일상과 고뇌를 들려주었습니다. 법조인이 아닌 사람들은 법조인들이 "다른 세상"에서 행복하게 살고 있다고 상상하지만, 사실 많은 법조인들은

"거절할 수 없는 돈" "거절할 수 없는 관계", 사무실 운영의 압력, 브로커 고용의 유혹 속에서 힘든 하루하루를 보내고 있었습니다. 과연 무엇이 그들을 "다른 세상"에 사는 존재로 만들었을까요? 그들을 다른 세상으로 밀어낸 시스템을 이해할 수 있다면 판검사들이 말하는 "거절할 수 없는 돈" "거절할 수 없는 관계"의 실체를 파악하기도 한결 쉬워집니다.

그러나 저는 이쯤에서 시각을 한번 바꿔볼 것을 제안합니다. 판검사들이 뭐라고 변명하든, 세상에 거절할 수 없는 돈이나 관계 따위는 없습니다. 왜냐하면 누가 돈을 주든 거절하면 그만이고, 청탁을 해도 마찬가지이기 때문입니다. 거절할 수 없는 돈 또는 관계란, "원만하다"는 평판에 대한 판검사들의 갈망이 만들어낸 일종의 '종이호랑이' 입니다. 선배들이 만들어내는 평판에 젊은 판검사들이 부담과 공포를 느낄 수는 있습니다. 그러나 막상 눈앞의 불의에 맞선 결과로 잠시 나쁜 평판을 얻는다 해서 당장 죽지는 않습니다. 기껏해야 '또라이' 로 찍히는 게 고작입니다. 시각을 이렇게 바꾸고 나면 우리의 질문도, '왜 법조인들은 잘못된 관행이나 불의에 저항하지 못하는가?'로 수정될 수밖에 없습니다. 거절할 수 없는 돈이나 관계가 문제가 아니라, '돈과 관계를 거절하지 못하는 법조인' 또는 '그런 법조인을 만들어내는 시스템'이 문제인 것입니다. 현재의 우리 사법시스템은 사법시험 합격자들을 일단 "다른 세상"으로 밀어낸 다음, 도무지 거절할 줄 모르는 천편일률적으로 "원만한" 사람들을 찍어내고 있습니다. 그나마 그 원만함도 어느 단계 이상의 자리로 올라가면 뒤늦게 무서운 발톱을 드러내는 형식적이고 거짓된 원만함일 뿐입니다.

지금부터 우리는, 파릇파릇한 법조 지망생들을 "원만함"의 굴레 속에서 좌절 또는 변색시켰던 전통적인 여덟가지 시련과 유혹을 중심으로 이 문제를 살펴보겠습니다. 저는 이 과정을 천로역정(天路歷程)에 비유해서 팔로역정(八路歷程)이라 부릅니다. 2008년에 진행된 면담을 바탕으로 한 분석이라 아무래도 사법시험과 사법연수원에 관한 이야기가 많습니다. 면담 이후 사법시험이 폐지되고 로스쿨 제도가 도입되면서 적지 않은 변화가 있었습니다. 그러나 법조계의 기본틀은 아직도 과거의 관행에 뿌리를 두고 있습니다. 법원, 검찰, 변호사업계의 상층부는 여전히 예전 세대가 주류입니다. 아직까지 시련과 유혹의 본질이 완전히 바뀌었다고 보기는 어렵습니다. 시민들이 원하는, 실력 있고 서로 대화를 나눌 수 있으며 탈권위적인 법률가가 되기 위해서는 기존 세대가 남긴 이런 잘못된 유산을 넘어서야 합니다. 이 모든 단계를 이겨내지 못하면 '거절하지 못하는 돈'과 '관계'의 노예가 됩니다. 그러나 이 팔로역정은 어느 단계에서든 단호하게 'No'라고 이야기함으로써 전혀 다른 길을 걸을 수 있다는 점에서 시련인 동시에 기회이기도 합니다.

첫번째 시험: 새로운 언어로의 입문, 사법시험

　　면담에 응한 판검사와 변호사들은 대부분 사법시험 합격을 인생의 가장 중요한 전환점이라고 말했습니다. 오랜 세월 비정상적으로 어려웠던 사법시험에 합격했다는 것은 누구에게나 감격일 수밖에 없겠지요. 1980년대 학생운동에 참여했던 사람들 중 상당수도 1990년대 초반 그 어려운 시험을 통해 법조계에 입문했습니다. 1984년 학생회의 자율화를 이끌었던 81학번 학생회장들 중 서울대의 이정우씨는 사법, 행정, 외무고시에 각각 합격하여 변호사가 되었고, 연세대의 송영길씨는 변호사를 거쳐 국회의원이 되었습니다. 이들을 시작으로 수많은 1980년대 운동권이 사법시험을 새출발의 계기로 삼았습니다.

구술자에 포함되지는 않았지만, 사전준비 단계에서 만난 변호사 중에도 그런 경력을 지닌 분이 있습니다. 편의상 그분을 이변호사로 부르겠습니다. 이변호사가 고시공부를 시작한 때는 "운동을 접고 고시에 합격한 사람들의 숫자가 제법 되어 이미 거의 끝물"이던 시기였습니다. 그는 자신이 대학을 다니던 1980년대에는 운동권 학생이 "사법시험을 준비하는 것 자체가 도저히 용납이 안 되었다"고 이야기합니다. 학생운동을 마치면 노동운동에 뛰어드는 것이 당연한 과정이던 시절이라 누가 사법시험을 준비한다고 하면 돌 맞기 딱 좋은 분위기였습니다. 운동권이 사법시험을 거부했지만, 사법시험도 운동권을 거부했습니다. 어렵게 2차 시험에 붙어도 3차 면접에서 떨어뜨리곤 했으니까요.[1] 그런데 1990년대에 들어 물과 기름이 대타협을 하게 됩니다. 운동권 학생들이 고시에 몰려들었고, 사법시험은 이들을 받아들였습니다. 일종의 투항이었지만, 마땅히 다른 직종을 찾기 어려웠던 수재들에게는 '한방에' 제도권으로 돌아가는 가장 쉬운 길이기도 했습니다. 대부분의 운동권 '선수'들이 공부에도 역시 '선수'였던 까닭입니다. 사법시험이 수재들을 빨아들이다 못해 마지막에는 마치 블랙홀처럼 운동권까지 흡수했습니다.

이변호사와 그 동료들이 택했던 "운동권 스타일" 공부 방법은 흥미롭습니다. 운동권 출신의 누군가가 1년 만에 사법시험 1, 2차에 합격하자, 그 계획안과 팀의 운영요령 등이 전수되어 모두들 정해진 일정에 따라 법학서적을 매일 100~120페이지씩 함께 읽어나갔습니다. 운동권 시절에도 운동이론을 그런 식으로 공부했기 때문에 이변호사에게는 이런 방법이 낯설지 않았습니다. 운동권의 '의식화'와 사법시험 준비가 모두 단기속성 과정으로 진행되었습니다.

똑같은 방법이기는 했지만 다른 점도 있었습니다. 법학서적들은 "분명히 한글로 되어 있는데도 무슨 말인지 전혀 알 수 없었"습니다. 사회과학 서적이나 인문과학 서적은 "스토리"가 있는데, 법학 교과서들은 "그런 게 전혀 없더라"는 이야기였습니다. 비문에 가까운 엉터리 문장도 너무 많았습니다. 주변을 둘러보면 다른 친구들은 아무 소리 안 하고 그 책을 읽어내고 있어서, 이변호사는 더 힘들었습니다. 답답함을 나눌 사람이 없었기 때문입니다. 그러나 사실은 아무 소리 않은 그 친구들에게도 사법시험 공부는 쉽지 않았을 겁니다. 아무튼 그들은 나이와 성적을 불문하고 이때의 고생을 평생의 추억으로 간직했습니다.

법학은 일종의 '새 언어'를 익히는 과정이었고, 그 언어는 앞으로 평생 그들을 먹여살릴 도구였습니다. 이 과정에서 생존한 사람은 법조계에서 '신성가족'의 일원이 될 자격을 획득했습니다. 스토리도 없고 비문투성이인 글에 익숙해지면서, 자기도 모르는 사이에 그런 글을 쓰는 사람들로 변해갔습니다.

시험이 어렵다보니, 아무래도 합격자보다는 불합격자가 더 많을 수밖에 없었습니다. 그 불합격자들은 어디에 가 있을까요? 인터뷰에 응한 분들 중에도 몇 사람은 사법시험에 도전했다 실패한 경험이 있었습니다. 법원 공무원인 이정수 국장은 대학을 졸업하고 사법시험에 여러번 실패했습니다. 사법시험에 합격한 친구들이 이제는 "잘나가는 원장 클라스의 고법 부장들"이라고 했습니다. 법원이라는 현재의 직장에 매우 만족한다지만, 근소한 차이로 길이 갈린 그 친구들과 비교해보면 아쉬움이 없을 리가 없습니다. 변호사 사무실에서 일하며 브로커의 세계를 알려준 한동근 실장도 사법시험 1차 합격을 자랑으로 삼았습니다. 그는 7년이나 사법시험을 준비한 끝에 결혼을 하고 아이들이 태어나는 바람에 포기했다면서 "엄청 미련이 남아 있다"고 이야기했습니다. 변호사 사무실에서 일하다 이제는 엔터테인먼트 회사의 법무 담당자로 변신한 홍기선씨도 대학시절 사법시험 공부를 했습니다. 홍씨는 아버지 사업이 갑자기 어려워지면서 장남인 자신의 처지를 생각하여 빨리 포기하고 변호사 사무실에 취업한 경우였지요. 이런저런 이유로 신성가족의 일원이 되는 데 실패한 사람들은, 자신들이 사실상 판검사, 변호사와 거의 비슷한 일을 하면서도 제대로 대접받지 못해 상처받은 이들입니다. 한번의 시험이 그들의 인생을 완전히 다르게 만들어놓았습니다. 강예리씨는 그런 사람들의 모습을 이렇게 묘사했습니다.

사무장 중에 법대 출신이고 사법 공부하다 내려온 사람들이 좀 되는데 그 사람들도 자기만의 그게 있어요. 되게 거만해요. 거만해서 여직원을 "니들이 뭘 아냐" 이런 태도로 대해요. 이런 말 하면 그렇지만 사법고시 공부했다가 패스 안 되고 계속 실패한 사람들 보면 자기가 마치 판검사 곧 될 것처럼 진짜 거만해요. 그러니 여 직원들만 만날 피곤한 거예요. 상전을 여러명 모시고 다니는 거 죠.(강예리, 30면)

　신성가족 진입에 실패한 사람들 중의 일부는 법조 주변에 남아 신 성가족의 아우라(aura)를 먹고살았습니다. 강예리씨의 표현을 빌리자 면 사법시험 공부를 하다 "내려온" 사람들이었습니다. 그런 사람들일 수록 더 권위적이고 서열에 민감했습니다. 그들 중 일부는 사법시험에 합격한 친구들의 근황을 입에 달고 살면서 "자기가 마치 판검사나 된 것처럼" 행세하며 주변사람들을 우습게 봤습니다. 자기 눈앞에서 새 치기를 당한 사람이 한참 뒤쪽에서 기다리는 사람보다 훨씬 큰 분노 와 좌절감을 느끼게 마련입니다. 진입장벽이 지나치게 높다보니, 그 장벽을 통과한 사람들은 자신들만의 독특한 '가족'시스템 속에서 특 권을 누리고, 그 장벽을 통과하지 못한 사람들은 그 언저리에서 동경 하며 살아가는 구조가 만들어졌습니다. 그런 사람들이 많다보니 끝없 는 서열구조의 바닥에 있는 직원들은 "만날 피곤"할 수밖에 없습니다.

　사법시험을 통해 법조에 입문하는 과거 시스템의 가장 큰 장점은 공정성이었습니다. 사법시험에 합격한 경험이 있는 구술자들의 상당 수는 학연·지연·혈연이 판치는 우리 사회에서 그나마 사법시험이라 는 객관적이고 공정한 제도 덕분에 이나마 사법이 유지될 수 있었다 고 생각했습니다. 그러나 오직 지적 능력에 기초하여 객관적으로 합 격자를 선발하는 제도의 한계 역시 명백합니다. 그 한계를 이해해야

만, 우리 법조계의 근본 문제에 한발짝 다가갈 수 있습니다. 철학자 변상환 교수는, 사법시험을 인간성에 대한 "조직적인 파괴의 과정"이라고 이해했습니다.

> 오로지 자기 욕망 하나에 의해서, 수년에 걸쳐서 자기를 채찍질해서 결국 거머쥔 합격증이니까 저는 그것 자체가 인간성의 파괴, 어떤 조직적인 파괴의 과정이라고 생각해요.(변상환, 35면)

변교수는 학벌중심사회에서 상류계급이 예전에 비해서 훨씬 더 "자기중심적이고 뻔뻔해져가고 있다"고 생각했습니다. 노조들이 대학 건물을 빌려서 농성도 하고 행사도 하려고 할 때, 학생회가 나서서 "쌍수를 들고 막는" 상황이 이런 변화의 대표적인 예였습니다. 남을 배려하지 않는 이런 사회 분위기의 배경에는 잘못된 교육이 자리잡고 있으며, 그 정점에 바로 사법시험이 있다는 이야기입니다. 훌륭한 판검사가 되기 위한 열정, 헌신, 인간에 대한 애정 같은 것은 전혀 평가하지 않은 채, 오로지 "지적인 능력 하나를 테스트하는 방식"으로 "살인적인 경쟁"을 거쳐서 특권을 갖게 하는 사법시험이야말로 우리의 잘못된 교육시스템을 상징했습니다. "오로지 자기 욕망 하나에 의해서 수년에 걸쳐서 자기를 채찍질해서" 그 합격증을 "거머"쥐도록 하는 것 자체가 이미 비인간화 과정이라는 이야기였습니다. 이런 과정을 이겨낸 사람들을 의지의 화신처럼 칭송하는 사회 분위기도 정상은 아닙니다.

법학자인 손기병 교수도 표현은 좀 달랐지만 비슷한 지적을 했습니다. 손교수는 자본주의사회에서 양극화는 "메리토크라시" (meritocracy) 때문에 일어난다고 생각합니다. 흔히 실력주의, 업적주의로 번역되는 메리토크라시는 '더 베스트'의 지배를 의미합니다. 메리토크라시는 세습 귀족정과 달리, 능력을 스스로 증명한 사람만이 권력을 가질 수 있는 체제입니다. 처음 이 용어를 사용한 마이클 영(Michael Young)에 따르면 메리토크라시는 기본적으로 지능지수와 노력에 의해 수월성(merit)을 획득한 사람들에 의한 지배를 의미합니다.[2] 우리나라에서는 그 메리트를 오직 시험에 의해서만 증명할 수 있기 때문에 전형적인 메리토크라시 사회라는 것이 손교수의 주장입니다. 그는 "머리 좋은 사람을 더 많이 밀어주어야 한다"는 생각을 깨는 것이 양극화를 극복하는 길이라고 믿습니다.

> 결국 자본주의사회에서 양극화는 왜 일어나느냐? 사실은 메리토크라시 때문에 일어나는 겁니다. 메리토크라시의 중심에는 시험 중심의 사회가 있는 거거든요. 머리 좋다고 해서 더 많이 밀어줘야 된다는 그 발상부터 깨지 않으면 양극화는 계속 일어날 수밖에 없습니다. 그런데 메리토크라시의 표본이 뭐냐면 지금 사법시험이에요. 결국에는 시험 하나로 팔자 고치고, 다른 사람들은 거기에 다 희생해야 되고, 전체적으로 보면 그 몇천명을 위해서 온 국민이 다 희생을 해야 되고 힘들어지고……(손기병, 29면)

변교수나 손교수의 말처럼 메리토크라시 또는 학벌사회의 정점에 바로 사법시험이 있었습니다. 어떤 사람들은 이 시험 한번으로 "팔자를 고칠 수" 있지만, 거기에 이르지 못한 모든 사람들은 그 몇백명을 위해 "희생"해야 했습니다. 그게 뭐가 문제냐고요? 그게 문제인 이유는 수월성이 순전히 개인의 노력에 의해서 획득된다는 생각 자체가 신화이기 때문입니다. 우리는 돈이 돈을 만들어내는 사회에 살고 있습니다. 이런 사회에서 부모에게 돈을 물려받은 사람들은 처음부터 남과 다른 출발선상에 서게 됩니다. 또한 이미 충분히 살펴보았다시피 실력 못지않게 관계가 성공에 큰 영향을 미치는 곳이 우리 사회입니다. 법조계는 더합니다. 그러니 이런 관계를 물려받은 사람들 역시 출발 자체가 다른 사람과는 다르게 마련입니다. 그리고 사법시험같이 비정상적인 경쟁률을 유지하는 시험에서는 당연히 운이 크게 작용할 수밖에 없었습니다. 운도 실력이라고 우기는 사람이 많지만, 운은 수월성을 증명하는 요소가 아닙니다. 게다가 결혼이라는, 실력과는 별 상관없는 요인이 때로는 실력보다 훨씬 중요한 역할을 할 때도 많습니다. 오랜 세월 사법시험 같은 게임에 아예 뛰어들 수조차 없었던 여성이나 장애인의 존재도 잊어서는 안됩니다. 부와 인간관계의 승계, 운, 결혼, 차별 등의 요소를 생각해보면, 메리토크라시라는 관념 자체가 허구임을 쉽게 알 수 있지요.[3]

공부 잘하는 사람을 밀어주는 시험중심사회에서, 오로지 자기 욕망을 성취하기 위해 수년에 걸쳐 자기를 채찍질해서 결국 거머쥔 합격증으로 새 언어를 사용하는 신성가족의 일원이 된 사람들에게 이웃에 대한 배려를 기대하기란 쉽지 않습니다. 이 과정을 이겨내고 인간성을 지켜낸 사람들에게는 또다른 유혹이 입을 벌리고 기다렸습니다. 바로 결혼시장의 유혹이었습니다.

두번째 시험: 결혼시장의 유혹

대부분의 법조인들은 미혼인 상태에서 사법시험에 합격하고, 사법연수원 시절 결혼이라는 새로운 '시험'에 직면했습니다. 판검사의 경우에는 초임부터 3급 대우를 받기 때문에 일반 공무원들보다는 많은 봉급을 받지만, 돈을 모아 재산을 불릴 수 있는 수준은 아니었습니다. 서울의 33평 아파트 값이 웬만하면 4~5억, 강남의 경우 10억을 넘어서면서 판검사의 월급으로 상류층 생활을 누리기란 사실상 불가능해졌습니다. 변호사의 초봉이 상대적으로 낮아지고 있어서 더더욱 과거와 같은 풍요를 기대할 수 없습니다. 원래 부자가 아닌 이상, 남들의 기대에 맞춘 생활수준을 누리기 위해서는 외부의 도움이 필요합니다.

장화영 판사는 선배 법관들 중 상당수가 강남이나 분당에 살고 있다면서 그 이유를 "결혼 잘하신 분이 일단 많기 때문"이라고 설명했습니다. 여자 법관들은 남편 직업이 의사, 교수 등의 전문직인 경우가 많고, 남자 법관들은 대체로 결혼을 잘한 경우가 많다는 것입니다. 여기서 남자 법관들이 결혼을 '잘한다'는 말은 재력 있는 집안 출신 여성을 만나 결혼한다는 의미입니다. 장판사의 표현을 빌리자면, 결혼을 "잘하지 못해서" 평범한 배우자를 만난 사람은 "다른 맞벌이 부부와 비슷한 수준"으로 살아야 합니다. "자기 독자적으로 맨땅에 헤딩"해야 하는 법관이 "어느 정도의 생활수준"을 누리기란 쉽지 않습니다. 결혼에 따라서 생활수준이 달라지는 사례를 주변에서 자주 보기 때문에, 아무래도 사법시험 합격자들은 결혼 잘하기를 소망할 수밖에 없었지요. 그 소망을 더 키우는 것은 가족들이었습니다.

주변에서 그런 소망을 충족시켜줄 이성을 소개할 수도 있지만, 공부만 계속한 평범한 집안 출신의 합격자에게 그런 기회는 잘 찾아오지 않았습니다. 그런 상황에서 사법시험 합격자들 중의 일부는 결혼소개업자의 도움을 받아 결혼을 하곤 했지요. 이른바 '마담뚜'입니다.

결혼소개업자 송가빈씨는 동생 친구가 큰 데서 일을 배우고 독립하는 것을 옆에서 지켜보고는 자신도 "이걸" 할 수 있겠다는 생각이 들어서 동생과 함께 일을 시작했습니다. 자신이 하는 일을 분명히 표현하지 않는다는 점에서 법조 브로커의 태도와 매우 비슷했습니다. 그는 비록 뒤늦게 시작한 일이었고 일을 배운 지 몇개월 안 되었지만 "적성에 맞고, 재미가 있어서" 열심히 하다보니 좋은 성과를 거두었다고 말했습니다.

> 사법연수원 32기부터 제가 쫙 전화해요. 그러니까 항상 바빠요. 밤에도 집에 가서 기본이 11시까지 일해요. 어떤 때는 어머님들 관리하다보면 12시 이럴 때도 허다해요. 동생과 저는 좀 완벽한 성격이고 또 제가 딸을 가지고 있으니까 잘 알죠. 어머님들이 여기 오시는 것은 급한 마음에 오시잖아요. 결혼을 빨리 하려고 오시는 거지 연애하려고 오시는 거는 아니거든요. 제가 항상 남자보다는 딸 입장에서 생각하고 중매를 서요. 미팅을 짜더라도 여자 입장에서 짜요. (송가빈, 2면)

송가빈씨는 사법연수원 32기부터 모든 연수원생들에게 전화를 돌리다보니 항상 바쁘다고 말했습니다. 거의 9년치 사법시험 합격자들 모두에게 전화를 걸고 있는 셈입니다. 딸을 빨리 결혼시키려는 엄마 입장에서, 여자 입장에서 미팅을 짜다보니 성혼율도 높았다고 합니다. 사법시험에서 여성합격자가 차지하는 비중이 40퍼센트에 달하던 시절이었는데도, 송씨는 여전히 사법시험 합격자는 남성이고 상대방은 여성임을 전제로 이야기를 풀어갔습니다. 결혼시장에서 쉽게 바뀌지 않는 남성 중심적 시각 때문이었습니다. 그가 자랑하는 것은 무엇보다 "철저한 관리"였습니다. 그는 유명한 결혼정보회사 세곳의 이름을 대면서, 그런 곳은 "횟수만 채우고 끝낸다"고 비난했습니다. 그렇게 해도 "어머님들이 (환불하지 않는다는 내용이 적힌) 뒷장에 싸인을 했기 때문에 환불도 못 받는다"고 합니다. 자신은 가입비도 받고 성혼비도 받지만, "적정선"에서 받고, "그런 사람에게 맞는 아가씨"가 있을 때에만 미팅을 짠다고 말했습니다. 일단 진행이 되면 한달에 두번은 전화를 해서 어떻게 되어가는지 체크할 뿐만 아니라, 자기가 소개해서 성혼이 되면 결혼식도 빠짐없이 참석한다고 했습니다.

이에 덧붙여서 송씨는 여자 쪽의 정보를 잘 보호해주는 것도 중요하다고 강조했습니다. 사법시험 합격자를 비롯한 전문직 결혼시장은 바닥이 좁기 때문에 자칫 잘못하면 A라는 마담뚜가 소개해준 사람을 B라는 마담뚜를 통해서 다시 만나는 일이 생깁니다. 여자 쪽 집안에서 "꼭 사법을 사위로 삼겠다"고 마음먹은 때는 이런 일이 터질 개연성이 더 높아집니다. 그런 일이 생기면 "그 아가씨는 결혼하기가 힘들다"고 합니다. "오죽 못났으면 여기저기 나왔냐?"는 말이 돌기 때문입니다. 그래서 송씨는 여자가 등록을 하면 꼭 "한군데만 정해놓고 하시라"고 조언했습니다. 여자는 "좀 조심스러울 필요가 있다"는 것이 송씨의 지론이었습니다. 똑똑한 여자들이 많아지면서 마담뚜가 소개했다는 이야기를 들으면 아예 나오지를 않기 때문에, 대개는 부모들이 딸 몰래 등록을 하고 소개한다고도 했습니다. 그럴 때면 송씨도 남자에게 "만약에 물어보면 어머님 소개로 나왔다고 하라"고 조언하곤 했습니다.

이런 사정을 설명하는 송씨의 어법에는 참 재미있는 표현이 많았습니다. 소개한 대상은 그의 직업과 학력으로 쉽게 정의되었습니다. 예를 들면 "지난봄에는 고대 법대 아가씨랑 행시 총각이랑 서울대에서 결혼했어요"라고 말하는 식입니다. 사법시험 합격자는 앞뒤 없이 그냥 "사법"이라고 호칭했습니다. 사법시험에 합격한 남성들이 같은 조건의 여성들을 선호하지 않는다는 이야기는 "일단은 사법들이 사법 아가씨를 안 봐요"라는 말로 요약했습니다. 전문직을 가진 여성이 아니라면 "일반 아가씨"라고 불렀습니다. 다른 결혼정보회사를 비판하면서도 "노블레스 해준다고 해서 여섯번에 550만원을 받는 데도 있어요"라고 말하기도 했습니다. 그의 "노블레스"는 주로 '재력이 뒷받침된 상류층'을 의미했습니다.

송가빈씨도 사법시험 합격자들의 결혼시장이 옛날 같지 않음을 실감하고 있었습니다. 변호사나 의사가 워낙 많기 때문에 그 자격만 가지고 "열쇠"를 요구할 수 있는 상황은 아니라고 합니다. 그런데도 판검사, 변호사들은 의사들보다 "여자 집안의 재력 같은 것을 더 많이 계산"했습니다. 송씨의 경험에 따르면 의사들은 남녀 모두 같은 의사를 배우자로 선호하는 경향이 있었습니다. 같은 직종끼리 서로 이해할 수 있으리라 기대하기 때문이었습니다. 그러나 판검사는 여자의 "재력과 외모"를 많이 봅니다. 가끔 남자 변호사들이 의사를 보기를 원하지만, 여성 의사들이 변호사를 선호하지 않기 때문에 잘되는 경우는 거의 없다고 했습니다. 송씨는 남자 판검사와 여자 의사를 성혼시킨 경우도 거의 없다면서, 그 이유는 판검사들이 "재력"을 선호하기 때문이라고 다시 강조했습니다. "사법 아가씨들은 사법 총각들을 보고 싶어하는데 사법 총각들이 사법 아가씨들을 안 본다"면서, 송씨는 법조계 남성들이 선호하는 여성을 이렇게 설명했습니다.

> 사법은 여자의 외모, 재력, 성품 이렇게 봐요. 판검사나 변호사나 다 똑같아요, 외모, 재력, 성품. 똑똑한 것도 따지기는 하죠. 기본이 서울에 있는 4년제는 나와야지요. 법조계나 의사가 원하는 학력은 거의 이대까지예요. 지방대 나온 아가씨들은 아무리 재력이 많아도 전문직 보기가 좀 힘들지요. 그러나 예쁘면 돼요. 우선 예뻐야 해. 성형을 하더라도 예뻐야 해. 의사들은 눈만 해도 금방 성형한 걸 알더라고요. 하지만 사법들은 몰라요. 어쨌든 요즘 전문직들은 여자 외모, 재력, 성품 순서로 따져요. 집안은 둘째 문제예요. 같은 집안에 여자 외모는 기본이에요.(송가빈 3면)

송씨에 따르면, 사법들이 여성을 보는 조건은 외모, 재력, 성품의 순서입니다. 그러나 외모와 재력은 기본이기 때문에 두 조건의 우열을 따지기가 쉽지 않습니다. 어차피 재력이 안 되는 사람들은 이 시장에 나오지를 못하므로 문제될 일도 별로 없었습니다. 송씨는 "집안이 가

난하고 이런 사람들이 공부 열심히 해서 사법이 된 것이기 때문에, 주로 집안 안 좋은 사람들이 많다'고 설명했습니다. 그는 여자가 일단 예뻐야 한다는 이야기를 수없이 강조했습니다. 지방대 출신 여성들은 사법을 만나기 어렵다면서도, 예쁘면 가능하다고 말했습니다.

재력의 경우에는 좀더 복잡했습니다. 사법 총각을 사위로 보려는 사람들은 대개 "기본은 해줄 수 있는 댁"들이었습니다. "아버지가 고위직에 있거나 대기업의 사장님, 부사장님들이 있고, 그냥 평범하게는 아버님이 지점장을 하신 집" 정도가 있었습니다. 그렇게 기본을 갖춘 분들이 오기 때문에, 중매를 하면서도 절대 여자 쪽 재산을 노골적으로 내세우지는 않는다고 했습니다. 그래서 남자 사법에게 설명할 때는 그저 "이 집은 편안한 댁"이라는 정도만 이야기했습니다. 송씨가 말하는 "편안한 댁"은 "재력이 받쳐주는 집"의 완곡한 표현입니다. "기본을 해줄 수 있는 집" "편안한 댁" "재력이 받쳐주는 집" 등은 송씨가 여자 쪽 집안을 설명할 때만 쓰는 말들입니다. 그게 도대체 어느 정도를 이야기하는지 묻자, "혼수로 강남에 있는 30평 아파트를 가지고 올 수 있는 정도"라고 이야기했습니다. 사법 총각들이 원하는 것이 바로 그 정도라는 이야기였습니다.

그러니까 기본이 사법 총각들은 그렇게 집을 해주기를 원하더라고요. 요즘 강남에 30평 정도 되면 집값이 꽤 나가잖아요? 10억이 넘지. 여기에 오시는 어머님들은요, 저한테 오시는 분들은 거의가 재력이 받쳐주는 분들이세요. 근데 요즘에 하도 이혼율이 높으니까 부모님이 그래요. "내 딸을 위해주면 내 집을 줄여서라도 사위

한테 집을 사주고 싶은 마음이 든다"고요.(송가빈, 10면)

당연히 강남의 아파트 정도는 해주는 것이 적당하다고 생각하는 송씨지만, 나름대로 정해놓은 원칙이 있었습니다. 가끔 "대치동, 압구정동 같은 강남에 집을 마련해놓은 집만 보겠다"는 남자들이 있다고 합니다. 대체로 서른다섯이 넘은, 비교적 만혼인 남자들 중에 그런 경우가 많았습니다. 송씨는 어차피 나중에 집을 사주더라도 처음부터 노골적으로 "집을 사오라"고 요구하는 이런 사람에게는 아예 "작업을 안 해준다"고 했습니다. 품위를 지키기 위해서가 아니라, 그동안의 경험에서 얻은 지혜였습니다. 처음부터 그렇게 요구하는 사법들은 집을 해주면 다달이 생활비를 달라고 하는 등, 갈수록 "더 많은 걸" 요구했습니다. 여자 쪽 어머님들도 "뭐가 아쉬워서, 내 딸이 바보도 아닌데, 집까지 사서 가느냐"고 하기 때문에, 이런 태도로는 결혼하기 어렵습니다. 어머님들이 전문직을 보려고 할 때에는 "생각을 다 하고 계시기 때문에" 이런 식으로 요구하는 것은 적절치 않다는 이야기였습니다. 그런 경우에는 "어차피 상견례에 가면 다 깨진다"고도 했습니다. 가끔 그런 남자들이 "왜 소개를 더이상 안 해주나요? 요즘에는 아가씨가 없나요?"라고 물어오기도 했습니다. 그러면 송씨는 "글쎄요. 아가씨들이 가입을 안 하네요"라고 대답하고는 소개를 안 해주곤 했습니다. 그러나 송씨가 이렇게 거절하는 것은 노골적으로 요구하는 경우에 한정됩니다.

보통 집 얘기까지는 안 해요. 판사 분들도 "내가 아직 돈이 없기 때문에 기왕이면 여자 쪽에 좀 재력이 있었으면 좋겠다" 그렇게 만 말씀하시지 "집을 해왔으면 좋겠다" 하는 분들은 거의 없으세 요. 판사분들은 본인들이 보상심리 같은 게 있다고 그러세요. 공 부만 하다보니까 내가 열심히 이렇게 해서 전문직인데 기왕이면 아가씨 쪽에서 집을 해왔으면 하고 바라게 되더래. 지난번에 결혼 한 판사분은 여자 쪽에서 전세만 해줬어요. 그것도 고맙다 하셔 요. 그분은 사고가 제대로 되신 분이지. 아가씨면 족하대요. 근데 여자 쪽에서 성혼비 많이 받았거든요, 고마워서.(송가빈, 12면)

노골적으로 요구하는 사람들에게는 작업을 안 한다는 송씨도 은근 히 요구하는 사람들에 대해서는 별다른 거부감이 없었습니다. 무슨 차이가 있는지 모르겠지만, 어쨌든 송씨는 나름대로 '은근하면서 솔 직한 경우'와 '노골적인 경우' 사이에 선을 그었습니다. 특히 여자 쪽 에서 전셋집만 해주는데도 고마워하며 결혼한 판사에게 특별한 호감 을 표했습니다. 송씨의 얘기에 등장하는 뭔가를 요구하는 사법이 모 두 남성들인 것도 흥미롭습니다. 여성 사법이 상대방 남성에게 아파 트를 기대한다거나 외모, 재력, 성품을 따진다는 얘기는 전혀 없습니 다. 사법시험에서 남녀성비의 극단적 불균형은 이미 오래전에 깨진 상황이었지만, 결혼시장은 여전히 남성을 중심으로 돌아가고 있었습 니다.

모든 판검사나 변호사가 이런 식으로 결혼하는 것은 물론 아니었 습니다. 문제는 법조계 주변의 문화입니다. 결혼을 사법시험 합격의 첫번째 전리품으로 생각하는 문화에서 법조인들은 은연중에 자기도 강남의 아파트 한채 정도는 받을 수 있는 사람이라는 생각을 하게 되었습니다. 일단 이렇게 생각하고 나면, 비록 마담뚜를 통해 배우자를 소개받지는 않는다 하더라도 은근한 기대를 갖는데 그것이 깨지면 실망했습니다. 본인은 그렇지 않다 하더라도 가족을 비롯한 주변사람들은 그렇게 됐습니다. 그뿐만이 아니었습니다. 그냥 평범한 집안 출신의 배우자를 맞은 사람들은, '나는 그런 식으로 돈에 팔린 것이 아니'라는 이상한 자부심을 갖게 됐습니다. 정상이 비정상으로 받아들여지는 분위기에서, 유혹에 넘어가지 않은 사람들까지도 이에 따른 내면의 변화를 경험했던 것입니다.

세번째 시험: 끝없는 서열경쟁과 관료제의 늪에서

사법시험이 끝나도 경쟁이 끝난 게 아니었습니다. 법조인으로 살아남으려면 사법연수원에서 더 심한 경쟁을 해야 했습니다. 한번 정해진 서열은 좀처럼 바뀌지 않으므로, 출발선에서 유리한 고지를 선점하는 것이 중요했습니다. 법조계 내부에는 각종 서열들이 벗겨도 벗겨도 끝이 보이지 않는 양파처럼 겹겹이 자리잡고 있었습니다. 판검사들 세계에도 엘리트와 그렇지 못한 사람들을 가르는 다양한 기준이 있습니다. 관료화된 조직에서 이런 서열은 법조인들에게 말할 수 없는 스트레스를 줍니다. 변호사들도 어디 출신으로 어떤 로펌에서 일하는지에 따라 또 나름의 서열이 매겨집니다. 그리고 이 서열 밖에 있는 사람들도 일반직 공무원, 사무장, 여직원 등 또다른 서열을 만들어 서로 차별하고 차별받습니다. 법조계 종사자들만 이렇게 구별되는 것은 아닙니다. 회사 법무를 담당하면서 법원을 오래 출입한 홍기선 씨는 "서울중앙지법에 오가는 당사자들과 동남북서 지법에 오가는 당사자들은 외관이 확 다르다"면서, 심지어 법원에 재판을 받으러 오는 사람들 사이에도 서열이 있다고 말했습니다. 잘사는 동네 법원과 못사는 동네 법원을 오가는 사건 당사자들도 분명 다르다는 이야기였습니다.

판검사도 처음 임관할 때는 희망과 성적에 따라서 임지를 정합니다. 판사들은 서울에서 가까운 곳부터 서울중앙지법, 동·남·북·서부 지법, 수원지법, 인천지법 등의 순서로 배치되고, 검사들은 검찰청의 규모에 따라서 서울중앙지검, 서울의 동·남·북·서부 지검, 부산지검 등의 순서로 임지가 정해지지요. 그래서 법조인들끼리는 판검사의 초임지만 들어도 그의 사법연수원 수료 성적을 거의 정확히 가늠할 수 있었습니다.

검사의 경우에는 사법연수원 성적이 최초 임용과 임지에만 영향을 주고 그뒤부터는 실적에 따라 달라졌습니다. 판사들은 따로 실적이라는 것을 평가하기 어렵기 때문에 과거에는 사법시험과 사법연수원 성적이 평생을 따라다녔습니다. 임지를 정할 때마다 희망하는 곳을 적어내는데, 대부분 수도권을 선호하기 때문에 모든 판사가 희망하는 곳으로 갈 수는 없습니다. 그러다보니 인사에서 누구를 우선 배려할지를 정하는 기준이 필요했고, 이렇다 할 기준을 찾을 수 없는 법원으로서는 철저히 임관 성적에 따를 수밖에 없었습니다. 기수에 따라 서열이 정해지고, 같은 기수 안에서는 성적에 따른 서열이 매겨져 있었습니다. 결국 사법연수원 성적에 따라 이미 최고 엘리트인지 아닌지, 나중에 어디까지 올라갈지가 대충 결정되었던 셈입니다. 신문에 정기인사 발령이 나더라도 지방법원별로 서열에 따른 명단이 나왔으므로, 판사들이 각자 이마에 성적을 붙이고 다닌다 해도 과언이 아니었지요.

이 같은 서열제도는 법관 인사의 공정성과 투명성을 유지하는 데 중요한 역할을 했지만 관료화의 원인이 된다는 지적을 받아왔습니다.[4] 판사들은 길을 걸어도 언제나 이 순서대로 걷고, 등산을 해도 이 순서 그대로 산에 올라가며, 심지어는 화장실을 들어갈 때도 이 순서대로 들어간다는 농담이 있을 정도입니다. '신성가족' 안에도 명백한 등급이 있는 것입니다. 2004년 정기인사 때부터 이러한 서열제도는 형식적으로는 철폐되었지만,[5] 법관들의 마음속에서까지 완전히 지워지지는 않았습니다.

이와 관련하여 권용준 변호사는 판사라고 다 똑같은 판사는 아니며, 법원은 근본적으로 엘리트들이 유지해가는 조직이라고 생각합니다. 그는 우리 법원은 "선천적으로 지혜롭거나 개인적인 노력에 의해서 지혜로워지신 분들"이 이끈다고 말합니다. 전관예우에 대해서도 "전관 변호사들의 영향을 받지 않는 몇몇 훌륭한 판사"들이 있으며 "그런 몇몇 분들이 사법부를 리드해가는 것이 중요하다"고 봅니다. 따라서 업무가 너무 많고 충분히 생각할 여유가 없는 게 사실이라 하더라도 모든 문제의 원인은 근본적으로 "판사 개인의 게으름" 때문으로 정리될 수밖에 없습니다. 대부분의 판사들은 "선천적으로 지혜롭거나 또는 개인의 노력에 의해서 지혜로워지신 분들"의 모습을 보고 그저 "따라가는" 존재에 불과합니다. 권변호사가 이야기하는, 법원을 리드해가야 하는 사람들은 단순히 성적이 우수한 판사만을 의미하지는 않습니다. 성적은 그런 판사가 되기 위한 필요조건일 뿐 충분조건은 아닙니다. 장화영 판사도 "판사라고 해서 다 같은 판사가 아니라"고 생각하는 분들이 많다고 이야기합니다.

> 나이 드신 분들은 그런 생각이 있어요. '지금도 판사 많이 뽑아서 머리 나쁜 애들 많이 들어오는데 더 많이 뽑으면 더 안 좋은 애들, 이상한 애들 많이 들어오는 거 아니냐.' 이제 법원 안에서도 판사 수가 늘어나다보니까 굉장히 다양한 사람들이 많이 들어오잖아요. 그게 이제 눈엣가시처럼 별로 맘에 들지 않는 거죠.(장화영, 28면)

장판사의 이야기에 따르면, 판사들 중에서도 "서울대 법대 출신으로 군법무관을 마친 남자들"이 최고로 좋은 대우를 받는다고 합니다. 군법무관 출신을 선호하는 이유는 그들이 대개 군대에 가기 전의 어린 나이에 사법시험에 합격한 사람들이기 때문입니다. 여자의 경우에는 무조건 나이가 어려서 시험에 붙어야 "쟤는 똑똑한 애"라는 인식을 줄 수 있다고 합니다. 더 나아가 이공대 출신이나 여성은 "규범적 판단이 안 된다"는 편견도 존재합니다. "걔는 공장에나 가야지" 하는 식으로 이공대를 폄하하는 부장판사들도 있다고 합니다.

이런 편견의 뿌리가 너무도 깊어서, 심지어 사법연수원에서 좋은 성적을 받아 초임지를 서울중앙지방법원으로 받은 사람이라 하더라도 여성이거나 이공대 출신인 경우에는 실력을 인정해주지 않습니다. 그런 경우는 "사법연수원 시험에 문제가 있다. 아무 판단도 못하는 여성 법관, 능력이 부족한 이공대 출신들은 시험은 잘 볼지 모르지만 재판은 못한다"면서 오히려 사법연수원 시험을 탓합니다. 학벌, 성별에 대해 그만큼 복잡한 편견이 작동합니다. 물론 김승헌 부장판사는 사법연수원 교수들이 "가장 우수한 애들은 대원외고 나오고 고대 법대 나오고 재학 중에 합격해서 들어온 애들"이라고 이야기한다며 이런 경향에 약간의 변화가 생겼음을 암시합니다. 그러나 이런 변화는 외국어고등학교에 학생들이 몰리고 고려대가 이들에게 특혜를 주면서 생긴 외형상의 변화일 뿐, 특정한 집단을 선호하는 법원의 경향이 본질적으로 바뀌었음을 의미하지는 않습니다.

법원행정처에는 이런 온갖 평가와 편견을 넘어 공인받은 엘리트들이 모입니다. 당연히 사법시험과 사법연수원 성적이 뛰어나고 서울대 법대 출신이기도 한 남성들의 비율이 매우 높습니다. 그야말로 충충시하인 사법부 전체 서열에서 정점에 있는, 장래가 보장된 사람들이라 할 수 있지요. 서열 앞자리에 있기 때문에 인사에서도 늘 우선권을 인정받았고, 대법관이나 법원장들 중에서도 법원행정처 출신이 압도적으로 많습니다. 2008년 12월 기준으로 이용훈 대법원장을 포함하여, 고현철, 김용담, 양승태, 이홍훈, 박일환, 김능환, 차한성 대법관 등 여덟명이 법원행정처 출신입니다. 숫자로는 절반을 조금 넘는 것처럼 보이지만, 얼마 전까지 여성 판사가 법원행정처에 들어갈 수 없었던 것을 고려하여 여성 대법관 두명을 제외하고, 노무현 정부에서 기수 파괴로 올라간 두명을 제외하면 실제로는 대법관 거의 전부가 법원

행정처를 거친 분들이라고 봐도 과언이 아닙니다.* 법원행정처 출신
들이 법원의 요직을 독식하고, 고등법원 부장판사 승진에서도 유리한
고지를 선점하는 현실은 법원 인사와 관련하여 늘 지적되는 문제입
니다. 김승헌 부장판사는 어쩔 수 없는 문제가 아니냐고 생각합니다.

> 행정처 사람을 뽑을 때 가장 우수한 사람들을 뽑는데, 가장 우수한
> 사람들 뽑는 기준이 결국은 회사에서 뽑는 거랑 거의 비슷해서,
> 일도 열심히 하고, 성실하고, 책임감 있고, 머리 잘 돌아가고, 똑똑
> 하고 그다음에 원만한 사람을 뽑습니다. 모난 사람을 잘 안 뽑게
> 될 거예요. 당연한 게, 윗분들 모시고 회식하는 데 거기서 툭툭 헛
> 소리나 해버리면 답답하잖아요. 그러니까 원만하고 무난한 사람
> 들을 많이 뽑죠. 화 잘 안 내고, 다른 사람 말 잘 들어주고, 그러면
> 서 똑똑하다고 하고, 동료들 사이에서 평가도 좋고.(김승헌, 56면)

법원행정처에서 일할 판사를 뽑을 때 일 열심히 하고, 성실하고, 책
임감 있고, 머리 잘 돌아가는 것은 기본입니다. 그에 덧붙여 중요한
것이 "원만함"입니다. 윗분들을 모시고 일해야 하는 자리이기 때문에

---

* 2017년 9월 『경향신문』 보도에 따르면 2005년 9월부터 2017년 9월까지 이용훈, 양승태
대법원장의 재임 기간에 법원행정처에 근무한 456명의 판사들 중 고등법원 부장판사
승진시기를 맞이한 44명은 100퍼센트 승진에 성공했습니다. 일반적으로 한 기수당 10~
15퍼센트의 사람들만 고등법원 부장판사가 되는 걸 생각하면 놀라운 비율입니다. 법원
행정처 차장은 10명 중 8명이 대법관이 되었습니다. 법원행정처의 비대한 조직과 권한
을 축소하는 것은 김명수 대법원장이 추진하는 법원 개혁의 핵심과제이기도 합니다(이
범준·박광연 「(단독) '재판하지 않는' 판사, 사법부를 장악하다」, 『경향신문』 2017년
9월 21일자 참조).

무난하지 않으면 버틸 수가 없습니다. "윗분들 모시고 회식하는데 거기서 툭툭 헛소리나 해버리면 답답하잖아요"라는 말에서 드러나듯, 법원행정처로 가는 데 필수사항인 원만함은 일차적으로 아랫사람들보다는 "윗분들"과의 관계에서 원만함을 의미합니다. 윗분들과의 원만한 관계는 기본이고, 거기에 덧붙여 "화 잘 안 내고, 다른 사람 말 잘 들어주고, 동료들 사이에서 평가도 좋은" 사람이 원만한 판사가 됩니다. 김부장판사는 성적이 아무리 좋아도 "성격이 조금만 이상하면" 법원행정처로 갈 수 없다고 말합니다. 사법연수원을 수석으로 수료하고 나중에 법원행정처에 못 간 사람들도 여럿이라고 합니다.

이렇게 뽑힌 법원행정처 사람들이기 때문에 승진에서 유리한 것도 당연합니다. 김부장판사는 이런 사람들이 법원행정처에 뽑혀 올라가는 것은 "회사에서 뽑는 거랑 거의 비슷"하다고 말합니다. 그렇게 뽑힌 사람들은 근무평정에서 "유능하다"는 판단을 받은 사람들과 대부분 일치합니다. 김부장판사는 법원행정처를 거친 판사들 중에서 고등법원 부장판사 승진을 못하는 경우는 10퍼센트 정도밖에 안 될 거라고 말합니다. 그것이 모든 판사의 꿈이라는 점을 생각하면, 실로 대단한 특혜입니다. 김부장판사는 이 역시 당연한 결과라고 봅니다.

> 그 정도로 행정처 출신들은 승진하는 구조가 됐는데, 어떻게 보면 당연한 거죠? 같은 기준으로 뽑아놨는데 고등부장 승진에서 탈락시킬 이유가 별로 없거든요. 똑똑하고 일 잘하고, 성품 원만하고, 윗사람들한테 잘하고, 동료한테 욕 안 먹고, 함부로 화 잘 안 내고, 책임감 있어가지고 밤새워서 일하면 고등부장 탈락할 이유가 없

어서 되는 겁니다. 문제는 행정처 경험이 없는 판사들 입장에서는 그것을 잘 수긍 안 하는 분위기라는 겁니다.(김승헌, 56면)

고등법원 부장판사를 뽑는 것이나, 법원행정처에서 판사를 뽑아가는 것이나 "같은 기준"이기 때문에 법원행정처 출신들의 승진은 당연하다는 얘기입니다. 그 기준은 요컨대 "능력"과 "원만함"입니다. 그러나 법원행정처 출신들의 "능력"과 "원만함"은 늘 양날의 칼과 같습니다. 김승헌 부장판사도 원만함의 문제점을 알고 있었습니다. "원만하다는 것은 윗사람에게도 잘하는 것"을 의미하기 때문에 밖에서 보면 부정적으로 보일 수도 있다는 것이지요.

공성원 판사는 김부장판사의 이런 생각에 동의하지 않습니다. 이에 더해 "우리나라에서는 법원행정처가 사법부의 주인"이라고 단언하면서 법원의 관료주의를 비판합니다. 공판사는 이용훈 코트가 자랑하던 개혁성과들이 관료화의 결과물이며, 그런 관료화를 주도한 사람들이 법원행정처 판사들이었다고 생각합니다.

그는 이용훈 대법원장이 취임한 이후 불구속재판을 여러번 이야기하고 나서 법원의 영장기각률이 높아진 것을 그런 관료화의 예로 이해합니다. 공판사에 따르면, 대법원장이 어느 날 갑자기 영장기각률을 정하고, "사실상 내부에서" 사법행정을 통해서 관료적으로 "목표치"를 정한 다음, 영장기각률을 거기에 맞추어갔다고 합니다. 그러지 않으면 영장담당 판사를 바꾸기도 했습니다. 법원장이 영장담당 판사를 불러서 그 목표치에 맞추라고 이야기한 경우도 있었습니다. 그걸 사법부 개혁이라고 자평하는 사람들도 있지만, 공판사는 "관료적인 통제가 워낙 심해서 하루가 다르게 점점 팍팍하다"고 불평하는 판사들이 많다고 전합니다. 그리고 영장기각률이 높아지고 불구속재판 원칙을 지키는 것이 사법개혁의 올바른 방향이라 하더라도, 법원행정처에서 일정한 목표치를 정하고 이를 관철하는 방식으로 진행하는 것은 옳지 않다고 주장합니다. 재판 모델을 표준화해서 그에 맞게 진행하도록 하면 충분하지, 판사를 "포드시스템이나 테일러시스템" 속의 노동자처럼 만드는 것은 곤란하다는 생각입니다. 헌법이 보장하는 "법관의 독립"이라는 가치를 실현하기 위해서는 이런 방식으로 흘러서는 안 된다는 이야기였습니다.

공성원 판사는 근본적으로 법원에 "왜 법원행정처가 있어야 하느냐?"고 의문을 제기했습니다. 법원은 관료제의 효율성을 추구하는 기관이 아니기 때문에, 사법이란 법관들을 잘 뽑고 거기에 맡겨두면 되는 일이지 중앙에서 통제할 일이 아닙니다. 그러면서 대법원장이 사석에서 답답한 심정을 여러번 토로했다는 이야기를 전했습니다.

> 대법원장께서 사석에서 "내 이야기를 진짜 판사들이 못 알아듣는다"고 계속 불만을 터뜨린다고 그러거든요. 판사들이 왜 대법원장 말을 들어야 되는지 모르겠어요. 중앙집권적으로 틀어쥐고 위에서 결정하면 밑에까지 죽 진행이 되어야 한다는 의식을 갖고 있는 사람이 사법부 조직을 이끌고 있으니 문제지요. 그런데 그 양반들은 이렇게 생각합니다. 판사수가 점점 대규모가 되니까 질 떨어지는 사람이 자꾸 나타난다는 거예요. 사고도 많이 친다는 거예요. 그래서 '그 부분에 관해서 이모저모로 크로스 체크(cross check)

를 많이 해야 된다' 그리고 '그게 외부적으로 알려지기 전에 손을 써서 사표를 받든지 없어지든지 해야지 그게 드러나면 사법이 불신받는다'라고 자기네들이 쫙 그런 식으로 상황을 정리해놓고, 일을 계속 그런 식으로 진행해가는 거죠.(공성원, 35면)

공판사는 대법원장 말을 판사들이 들어야 한다는 생각 자체가 잘못됐다고 지적했습니다. 사법부 개혁은 그렇게 중앙집권적으로 밀어붙여서 될 일이 아니라는 것입니다. 중앙집권적인 개혁을 주장하는 사람들과는 완전히 다른 생각입니다. 공판사에 따르면, 판사수가 대폭 늘었기 때문에 질이 떨어졌고, 그런 판사들이 사고를 치기 때문에 통제가 필요하다는 것이 법원행정처 엘리트 판사들의 생각입니다. 이런 생각은 이미 장화영 판사의 이야기에서 확인했습니다.

물론 법원행정처를 중심으로 한 엘리트 중심의 중앙집중적 법원 운영과 지나친 서열화에 대해서 공판사와는 다른 견해를 보이는 사람도 있습니다. 공판사의 지적을 전해 들은 김승헌 부장판사는 "일리가 있다"고 인정하면서도, 재판의 내용을 침해하는 것은 아니고 어디까지나 절차에 대한 통제에 불과하기 때문에 어쩔 수 없는 것 아니냐는 의견을 피력했습니다. 행정처가 일사불란하게 하려 한다기보다는, "대법원장님도 동의하시고, 대법관님들도 찬성하고 해서 그쪽 방향으로 방향이 잡힌 것"인데, 원래 판사들같이 독립적인 조직에서는 "잘 안 따라가는 사람들도 꽤 있을 뿐"이라는 입장입니다. 김부장판사는 이쪽 재판부는 이렇게 하고 저쪽 재판부는 저렇게 하는 식으로, 재판하는 방식도 달라지고 재판의 질도 떨어질 수 있기 때문에 "판사

들을 재교육해서 수준을 높이는 것"은 필수라고 주장합니다. 법원행
정처에서 내려 보내는 지침은 "장기 미제 사건 만들지 마라, 사건 좀
빨리 떼라"는 식으로 모두 절차적인 것이고, 누가 이기게 하라는 지침
은 하나도 없기 때문에 별 문제가 없다고도 했습니다.

그러나 촛불시위 재판과 관련하여 신영철 당시 서울중앙지방법원
장(2009~2015년 대법관)이 판사들에게 메일을 보낸 사건을 되돌아보면,
과연 어디까지가 '절차에 관한 통제'이고 어디부터가 '내용에 대한
침해'인지가 분명치 않습니다.

신법원장은 2008년 11월 6일 형사단독판사들에게 이메일을 보내
"확신하기는 어려우나 야간집회 위헌 여부의 심사는 12월 5일 평의에
부쳐져 연말 전 선고를 목표로 진행되고 있는 것으로 보입니다. 내년
2월이 되면 형사단독재판부의 큰 변동이 예상되기도 합니다. 모든 부
담되는 사건들은 후임자에게 넘겨주지 않고 처리하는 것이 미덕으로
여겨지기 때문에, 또 우리 법원의 항소부도 위헌 여부 등에 관한 여러
고려를 할 것이기 때문에, 구속사건이든 불구속사건이든 그 사건에
적당한 절차에 따라 통상적으로 처리하는 것이 어떠냐 하는 것이 저
의 소박한 생각입니다"라는 의견을 피력했습니다. 마지막에는 "또 제
가 알고 있는 한, 이 문제에 관심을 가지고 있는 내외부(대법원과 헌재 포
함)의 여러 사람들의 거의 일치된 의견이기도 합니다"라는 말도 덧붙
였지요. 11월 24일에 다시 보낸 메일에서는 헌재의 결정이 2009년 2월
의 공개변론 이후로 미뤄진 것을 안타까워하면서 "피고인이 조문의
위헌 여부를 다투지 않고, 결과가 신병과도 관계없다면 통상적인 방
법으로 종국하여 현행법에 따라 결론을 내주십사고 다시 한번 당부

드립니다"라고 주문합니다. 11월 26일에는 또다시 부담되는 사건을 적극적으로 해결해달라며 "머물던 자리가 아름다운 판사로 소문나기를 바란다"고 썼습니다.[6]

물론 읽기에 따라서는 재판을 현행법에 따라 빨리 종결해달라는, 순전히 절차에 관련한 메일일 수도 있습니다. 그러나 이미 서울중앙지방법원의 박재영 판사가 야간집회 불허 조항에 대해 위헌법률심판 제청을 내놓은 상태에서, 해당 법원의 책임자가 판사들에게 이런 메일을 보내는 것은 결국 다른 판사들에게 "박재영 판사처럼 시끄럽게 하지 말아줬으면 좋겠다"고 압력을 넣는 거나 다름없습니다. 위헌일 수도 있는 조문에 대해 무조건 현행법에 따라 빨리 재판하라는 당부 자체가 유죄판결을 내리라는 이야기로 들릴 수도 있습니다. 더군다나 비슷한 내용의 이메일을 세번이나 보냈다면 똑똑한 판사들이 그 숨은 의미를 모를 리가 없습니다. '절차적 통제의 가면을 쓴 내용 통제'가 분명하지요.

이런 이메일 내용이 공개되었을 때 그는 이미 대법관이 되어 있었습니다. 대법관의 최종 임명권자가 누구인지를 생각한다면, 그가 2008년 말에 왜 그렇게 절박하게 단독판사들을 조여야 했는지도 어느 정도 짐작할 수 있습니다. 더 재미있는 것은 KBS와의 전화통화에서 신영철 대법관이 했다는 해명입니다. 그는 "아직 위헌 결정이 내려지지 않았다면 효력이 살아 있는 현행법에 따라 선고하면 된다는 것은 판사들에게 당연한 상식"이라면서, "이를 재판에 대한 압력으로 받아들였다면 판사 자격이 없다"고 주장했습니다. 그러나 그의 말이 사실이라면, 서울중앙지방법원 책임자가 왜 그렇게 당연한 상식을

"대내외비"에다 "친전"이라는 머리글까지 붙여서 세번이나 이메일로 판사들에게 확인시켜야 했을까요? 이런 이메일을 남겨놓고 대법관이 된 그는 과연 "머물던 자리가 아름다운 판사"로 소문날 수 있을까요?

공성원 판사가 "법관의 독립"을 강조했다면, 김승헌 부장판사는 "사법부의 독립" 쪽에 더 큰 가치를 두고 있는 것으로 보입니다. 외부의 압력에 맞서서 사법부의 독립을 지켜야 했던 권위주의 시대가 끝나자, 비로소 개별 법관의 독립성의 한계에 관한 논의가 시작된 셈입니다. 이와 관련하여 우리 헌법 103조는 "법관은 헌법과 법률에 의하여 그 양심에 따라 독립하여 심판한다"고 선언하여 이미 오래전부터 "법관의 독립" 쪽에 방점을 찍고 있습니다. 앞으로도 지속적으로 논의해야 할 상당히 흥미로운 주제이지요.

공판사는 이어서 법원행정처로 상징되는 엘리트주의가 어떻게 관료주의의 폐해와 연결되는지를 설명하기 위해 두가지 이야기를 들려줍니다. 그가 지방법원 판사로 일할 당시 법원장이 등산을 좋아해서 몇몇 판사들이 비공식적으로 법원장과 함께 일요일 등산길에 올랐습니다. 그런데 그 등산에 같은 지방법원 소속의 지원장이 직원을 대동하고 따라나섰습니다. 바닷가에 있는 지원이었지요. 지원장을 따라온 일반직원은 엄청나게 큰 배낭을 지고 있었습니다. 그냥 그러려니 했는데, 막상 산 정상에 올라 열어놓은 배낭을 보고 공판사는 깜짝 놀랐습니다.

정상에 올라가서 밥을 먹는다고 딱 개봉을 했어요. 뭐 양주 가져가는 정도는 이해할 수 있었는데, 딱 뚜껑을 열었는데, 그날 아침

새벽에, 그 회 있죠. 회를 얼음에 딱 이렇게 해서, 싸들고 왔더라고요. 일반직원이 지고 온 배낭이 엄청 크더라고요. 잘 먹긴 잘 먹었는데…… 와, 근데 가끔 가다 우리가 재벌들이나 기업체들 이야기 들어보면 그런 이야기 많지 않습니까? 그래서 나는 '야, 이게 뭐 다를 게 뭐가 있나' 하는 생각이 들고.(공성원, 41면)

법원장을 따라온 지원장, 그리고 그 지원장을 따라온 일반직원의 가방에 들어 있던 얼음 재운 싱싱한 회를 보면서 공판사는 대기업에서 회장님에게 아부하는 것과 뭐가 다르냐는 회의를 품었습니다. 그의 경험은 거기에 그치지 않습니다. 공판사는 조그만 지원에 근무하면서 대법원의 재판사무감사를 받게 됩니다. 대법관들이 전국을 지역별로 나누어 돌아다니면서 사무감사를 하는데, 대법관들에게는 '휴가' 같은 일이었다고 합니다. 그러나 대법관들 입장에서는 '휴가'인 것이 그 조그만 지원에서는 1년 중에 '가장 큰 현안'이었습니다. 해당 지원장에게 '큰일'이었을 뿐만 아니라, 그 지원을 감독하는 지방법원장에게도 중요한 과제였지요.

이게 얼마나 중요한 행사였는지, 지방법원장은 아예 지원으로 직접 와서 자기를 대법관님이라고 생각하고 예행연습을 해보라고 지시했습니다. "어떤 음식점으로 가서 어떤 음식을 대접하고 어떻게 관광을 하고 어떻게 보낸다"는 것까지 세부적으로 연습을 실시하도록 한 것입니다. 지방 소도시 지원에서 이건 보통 일이 아니었습니다. 젊은이들은 다 떠나버리고, 손자 손녀를 키우고 사는 노인들이 많은 동네에서 당장 "점심을 대접할 만한 번듯한 장소"를 찾는 것부터 큰일이었지요. 결국 근처의 유명한 산에 올라가서 식사를 하되 흑염소를 잡기로 하고 예행연습을 시작했습니다. 그러나 식당에 앉은 법원장은 자리에 앉자마자 한마디를 던졌습니다. "이건 아니야. 이건 아니야."

옆에 있던 지원장과 판사들은 당황했습니다. 애써 준비한 것이 법원장 한마디에 무위로 돌아가게 되었으니까요. 이 상황이 어떻게 해결되었느냐는 질문에 공판사는 "어떻게 하긴요? 장소도 바꾸고 다 바꾸었지요"라고 대답했습니다. 설마했지만, 예행연습을 처음부터 다시 하고, 법원장이 오케이 싸인을 내고 나서야 그대로 진행되었습니다. 서울에서 내려온 대법관을 맞이하기 위해서 법원장이 예행연습을 시키고 미흡하다고 해서 처음부터 다시 준비하는 것은 판사의 업무와는 무관한 일입니다. 그야말로 관료제가 극에 달한 이상한 조직에서나 볼 수 있는 일이지요. 이런 일을 가능케 한 법원장에 대해서 공판사는 간략한 설명을 덧붙입니다.

> 그때 법원장님이 이른바 행정처 판사였어요. 그래서 그 양반이 사석에서 하는 말이 있습니다. 우리 군대에서 "작전에 실패한 것은 용서할 수 있어도 경계에 실패한 군인은 용서할 수 없다"는 말이 있다면서요. 그 말을 바꿔서 "의전에 실패한 것은 용서할 수 없다"고 하더라고요.(공성원, 42면)

공판사는 이런 예행연습을 시킨 법원장이 바로 "행정처 판사", 즉 법원행정처에 근무한 경력이 있는 엘리트 판사라고 설명합니다. 실제로 그 법원장은 군대에서 통용되는 말을 바꿔서 다른 것은 몰라도

"의전에 실패한 것은 용서할 수 없다"고 이야기했습니다. 법원행정처 출신 엘리트들이 모두 그런 것은 아니겠지만, 지적인 능력을 인정받아 선발된 엘리트들에게는 자신들의 수준에 미치지 못하는 판사들을 중앙집중적으로 선도하고 통제해야 한다는 책임감이 자리잡기 쉽고, 그런 책임감이 일정한 선을 넘으면 이런 민망한 장면이 연출됩니다. 어쩌면 엘리트로서 당연히 받아야 할 대접에 대한 기대를 본인이 가장 잘 알기 때문에, 이를 충족시키기 위해 노력했다고 볼 수도 있겠지요. 김승헌 부장판사가 법원행정처에 들어가기 위한 중요한 조건으로 열거한 "원만함"이 윗사람에 맞춘 원만함으로 나타날 때, 자칫하면 이렇게 '알아서 기는' 형태가 되고 맙니다. 안에서 보면 "원만함"이지만, 밖에서 보면 "아부"가 됩니다. 공판사가 "재벌이나 기업체들"에 그런 이야기가 많지 않느냐고 반문한 것이나, 김부장판사가 행정처에서 우수한 사람 뽑는 기준도 "회사와 같다"고 말한 것도 이런 점에서는 일맥상통합니다.

이런 민망한 장면을 연출하던 대법원의 재판사무감사는 2006년 폐지되고 지금은 고등법원 주관으로 관할 법원들을 대상으로 시행되고 있습니다. 매년 상반기 대법관 전원이 각급 법원을 순회하며 재판사무감사를 실시하던 것을 대법관회의에서 폐지하기로 결정한 이유는 "일시에 많은 법원을 감사하다보니 감사가 형식에 치우쳤다는 비판" 때문이었다고 합니다.[7] 일반인들이 관심을 보일 사안이 전혀 아니었기 때문에 신문에 대서특필되지는 않았지만, 법원으로서는 상당히 중요한 변화였습니다. 공판사는 재판사무감사가 폐지된 데 대해서도 흥미로운 견해를 제시합니다.

재판사무감사가 왜 없어졌느냐면, 김영란 대법관 때문에 없어졌어요. 그분이 기수를 파괴해서 올라갔기 때문에, 재판사무감사를 하고 돌아다닐 거 아닙니까. 그러면 그분보다 기수가 높은 원장들이 그 짓을 해야 되기 때문에 그렇게 못하겠다는 거예요. 그래서 없어졌습니다.(공성원, 43면)

공판사의 이런 주장은 논란의 여지가 있습니다만, 김영란, 박시환, 김지형 대법관 등이 기수와 서열을 파괴하며 대법관에 임명된 것이 2004~2005년의 일이고, 2006년부터 대법원의 재판사무감사가 폐지된 것은 사실입니다. 법원장들보다 서열이 낮은 대법관들이 임명되기 시작하자마자 바로 재판사무감사가 폐지된 것은 기수와 서열이 얼마나 뿌리 깊게 자리잡았는지를 잘 보여주는 사건으로 이해할 수 있겠지요.

이런 법조계 분위기에서 서열강박증에 걸리지 않고 살기란 쉬운 일이 아닙니다. 그 서열을 지키기 위해 언제나 가장 중요한 것은 법조계 내부의 평가입니다. 법조계 밖에 있는 사람들, 일반시민들과의 소통보다는 언제나 법조계 내부의 소통이 우선시될 수밖에 없는 구조인 것입니다. 자 그렇다면 "능력 있고, 원만한" 판사인지를 '누가' 판단하느냐의 문제가 남습니다. 이를 이해하기 위해서는 우리 사법의 "도제식 양성제도"를 설명해야 합니다.

네번째 시험: 판사는 없고 학동만 있는 양성 시스템

판검사들은 초임 시절에 도제식 교육을 받습니다. 검사들이 받는 도제식 교육은 선배 검사 한명이 비공식적으로 초임 검사를 지도하는 방식으로 진행됩니다. 부장이 직접 지도하기도 하지만, 한명의 부장검사 아래 대여섯명의 평검사들이 일하기 때문에 부장이 모두를 지도하기는 어려워서 "사수" 역할을 하는 선배를 둡니다. 그래도 검사들은 임관과 동시에 혼자 방을 쓰고, 그 방에서 계장과 직원들을 통솔하기 때문에, 이 같은 도제식 교육은 간접적으로 진행될 수밖에 없습니다. 사수가 같은 방을 쓰는 것도 아닌데다, 근본적으로 검사 자체가 '단독 관청'이어서 혼자 결정문을 쓰더라도 아무 하자 없이 완벽한 효력을 발휘하기 때문입니다. 물론 실제로 중요한 결정을 내릴 때는 부장, 차장, 검사장으로 이어지는 결재를 받아야만 합니다.

법원은 이보다 훨씬 강력한 도제식 교육시스템을 비공식적으로 운용합니다. 따로 프로그램이 있는 게 아니고, 전통적으로 그렇게 굴러가는 것이어서 굳이 '운용한다'고 말하기도 어색한 제도입니다. 초임 판사들이 배치되는 합의부의 부장판사가 지도하지요. 심하게 말하면 부장판사는 초임 판사의 판결문을 고쳐주면서 일종의 '빨간펜 선생' 역할을 한다고 볼 수 있습니다. 초임 판사가 판결문을 쓰면 부장판사가 빨간 펜을 들고 판결문 전체를 뜯어고치는 경우도 많습니다. 과거에는 법원 청사 사정이 좋지 않아 부장판사와 배석판사 두명이 한방을 썼기 때문에, 초임 판사들은 판사실에서 숨조차 마음대로 쉬기 어려웠습니다. 1990년대 후반에 제가 검사실에 전화를 걸면 동기 검사들은 좀 지나치다 싶게 자신 있는 태도로 "어, 잘 지내지?" 하고 큰소리를 냈습니다. 반면에 판사실에 전화를 걸면 거의 모기 목소리로 "내가 나중에 전화할게" 하고 얘기하는 친구들이 많았지요. 젊은 판사 입장에서, 같은 재판부에 근무하는 부장판사는 합의부를 구성하는 동료 법관이기도 하지만, 법조 대선배인 합의부 재판장이자 스승이기도 합니다. 이정수 국장은 가까이에서 목격한 도제식 교육을 이렇게 묘사합니다.

> 서열문화가 굳게 살아 있는 것은 사실 법관양성과도 좀 연결이 되어 있는데, 법관양성이 잘 아시다시피 도제식이지 않습니까? 좌우 배석판사를 하면서 5년에서 7년 가까이 부장판사를 대여섯명 거치면서 정말로 많이 배우거든요. 정말 저희들이 보기에는 인격적인 모독이 아니냐고 할 정도의 혹독한 훈련을 받습니다. 그후에야 단독판사를 하고. 그러고도 모자라서 또 단독판사가 고법판사로 가서 고등부장한테 또 야단맞으면서 배우고. 그리고 14년에서 17년 정도 되어야 좌우배석을 키울 수 있는 자격이 주어지는데, 이 도제식 법관양성이 대륙법계의 사법부 관료주의를 키우는 단점도 있지만, 저는 장점도 있다고 생각합니다.(이정수, 7면)

이국장은 도제식 법관양성을 비교적 긍정적으로 보는 사람입니다. 초임 판사들을 교육하는 제도가 있어야 하는데, 현실적으로 다른 대안을 찾을 수 없기 때문입니다.

법관 업무는 쉽게 배울 수 없기 때문에 경력 있는 법관의 실무지도가 가장 효율적이라는 주장은 법원 내에서 폭넓은 지지를 받습니다. 사법개혁위원회 제14차 회의에 제출된 법조일원화에 대한 보고서는 여러가지 논거를 들어 도제식 법관양성제도를 옹호합니다. 합의부를 경력이 많은 법관과 경력이 적은 법관으로 구성하는 것은 "법관의 교육이라는 측면 이외에도 세대를 달리하는 법관들이 하나의 재판부를 이루어 다양한 가치관과 철학을 조율하고, 풍부한 재판경험을 가진 재판관의 경륜과 법률실무를 익히려는 배석판사의 열정이 합쳐져서 효율적으로 사건을 처리할 수 있으며, 하나의 사건을 세명의 법관이 함께 심리함으로써 실수와 오판의 가능성을 낮추고 재판을 받는 당사자에게 신뢰감을 줄 수 있다"는 설명입니다. 이 보고서는 "합의에 있어서 배석판사보다 재판장의 발언권이 더 강하다고 하나, 이는 배석판사의 재판능력이 재판장보다 떨어지기 때문에 쟁점에 대한 의견의 차이가 있을 경우 재판장의 의견에 더 무게가 주어지는 것일 뿐", 합의부 재판이 재판장 1인의 생각에 따라 이루어지는 것은 아니라고 주장합니다.[8]

면담에 응한 김승헌 부장판사도 "판사들이 중간에 사표를 내고 나가서 (변호사를 개업하는 것이) 문제지, 경력법관제나 도제식 교육방법 자체에는 문제가 없다"며 도제식 교육의 효과를 인정합니다. 강의실에서 교육받고 집에 가면 다 잊어버리는 교육과는 달리, 기록 보고 고민하다가 "원 포인트 레슨"(one point lesson)같이 부장판사가 한마디 던져주면 "도가 트인다"는 것입니다. 그는 더 나아가 초임 때 어떤 부장을 만났느냐에 따라서 판사생활이 달라진다고 생각합니다. "초임 때 좀 엄하고 실력 있는 분 밑에서 제대로"했으면 제대로 된 판사가 되고, 초임 때 "엉터리 부장 밑에서 엉터리로 시작한 사람"은 엉터리 판사가 됩니다. 하지만 도제식 교육의 장점은 동시에 가장 큰 단점이기도 합니다. 이런 도제식 교육을 매우 부정적으로 바라보는 공성원 판사는 젊은 판사들의 처지를 한마디로 요약합니다.

> 처음에는 견습이죠. 아직 판사가 아닌 놈이죠. 판사를 만든다고 생각하잖아요. 아직 정상적인 판사가 아닌데, 이놈 훈련시켜서 판사를 만들어야 될 과정이 있는 것이고.(공성원, 27면)

공판사는 우리나라 도제식 판사양성제도에서 경력이 짧은 판사는 사실상 판사가 아니라고 말합니다. 판사 임명은 받았지만, 위에서 볼 때는 "정상적인 판사"가 아니라, 앞으로 "훈련시켜서 판사를 만들어야 하는" "판사로 만들어지는 과정에 있는", 그저 "견습 판사"에 지나지 않습니다. 공판사의 지적처럼, 도제식 판사양성 제도는 판사 세명이 함께 재판하는 합의부를 합의부답게 운영할 수 없다는 근본적인 한계를 안고 있습니다.

우리 사법제도에서 중요사건을 단독이 아닌 합의부로 진행하는 이유는 여러명의 판사가 함께 토론하여 더 올바른 결론을 도출해내라는 뜻에서입니다. 그러나 법조 대선배이자 스승인 재판장을 눈앞에 두고 배석판사들이 자기 목소리를 내기란 쉽지 않습니다. 말이 합의부지 아무래도 재판장인 부장판사 한 사람의 의견만 반영되기 십상입니다. 최악의 경우에는 모든 의사결정은 부장판사가 하고, 배석판사는 판결문을 쓰는 일종의 기계, 그것도 부장판사의 '빨간 펜' 지도를 받아야 겨우 판결문이 나갈 수 있는 '수습 기계'로 전락합니다. 도대체 언제 완전한 판사가 되는지가 분명치 않은 점도 문제입니다. 단독판사가 되면 견습 딱지를 뗄까요? 부장판사가 되면 정상적인 판사라고 할 수 있을까요? 문제는 그리 간단치 않습니다. 위에서 내려다보는 입장에서는 자기보다 경력이 짧은 판사들이 언제나 견습으로 보이는 까닭입니다.

도제식 양성제도 아래에서 배석판사가 자기 목소리를 내기가 쉽지 않다보니, 아무래도 상급심의 판결을 그대로 따라가는 기계적 판결만 하기 쉽습니다. 그게 가장 안전하기 때문입니다. 처음에는 부장판사를 "상급심의 판례를 그대로 따라가는 관료"라고 비판하지만, 도제 노릇을 하며 따라가는 동안 똑같은 관료가 되어 있는 자신의 모습을 발견합니다. 이런 제도 때문인지, 황영범 기자는 자신이 만나는 젊은 판사들에게 "스스로를 독립된 존재로 여기지 않는다"는 이야기를 자주 듣는다고 합니다.

> 젊은 판사들은 "내가 내 재량으로 이것이 유죄 무죄 양형이 얼마라고 판단하는 경우가 거의 없다"고 말합니다. "다 위에서 정해준 대로, 흐름대로 공식에 대입해서 판결을 내는 거지, 나는 결코 독립된 존재라고 생각하지 않는다"는 거예요. "내가 어떤 나의 신념과 철학을 넣어서 재판하는 존재가 아니다"라고 이야기를 하는 거를 들었습니다. "대법원과 법원행정처에서 내려오는 지침대로 한다"는 것이죠.(황영범, 14면)

판사들이 상급 법원의 판결에 구속되어 기계적인 판결을 내리는 경향은 우리나라만의 현상은 아닙니다. 심지어 배심제가 시행되는 미국에서도 하급심 판사들이 '상급 법원 판사들'(superiors)에 의해 판결이 뒤집히지 않도록 노력합니다. 이는 심급제도의 당연한 결과로 받아들여집니다.[9] 특히나 경력법관제를 택한 유럽의 여러 나라들도 대개 도제식 교육을 행하고 있으므로 우리나라만의 특별한 문제는 아니라는 것이 이 제도를 옹호하는 분들의 주장입니다. 그러나 유럽의 도제식 교육이 우리나라처럼 '모든 일상생활에서의 상하관계'로까지 연결되는지는 의문입니다. 우리에게는 우리만의 독특한 문화가 있기 때문입니다.

사법개혁위원회에서 실시한 변호사 출신 법관과의 간담회에 참석한 어느 판사는 "부장님을 모신다는 표현, 부장님에게 아침문안을 드린다는 것, 생활에서의 상하관계가 있는데 이런 것들이 모두 독립성을 저해하는 것이 아닐까 초기에 생각한 적이 있다"고 토로합니다. 그는 로펌에서 2년간 변호사로 일하다가 판사로 임용된 사람이지만, "2년의 경력은 있는 듯 없는 듯한 경력"이어서, 오히려 "미숙아 취급을 받았고, 우배석이지만 우려스러운 판사였다고 할 수 있다"고 이야기합니다.[10] 변호사 경력이 형식적으로는 법관 호봉에 그대로 산입되어 우배석이 되었지만, 도제식 교육을 처음 받는 입장이라서 여전히 "우려스러운" 판사에 불과했다는 것이지요.

그가 이야기하는 "생활에서의 상하관계"는 이정수 국장의 이야기에서도 확인됩니다. 이국장은 법원에 근무하는 동안, "좀 카리스마 있는 부장"들이 저녁 때 술 마시다가 "그동안 나를 부장으로 모셨던 판사들 다 나오라"고 하면, 그게 밤 11시든 12시든 판사들이 다 나오는 것을 목격했습니다. 호출 이후에 도착까지 걸린 시간을 확인해서 "자네는 집이 신림동인데 15분 걸렸고, 당신은 잠실인데 왜 30분이나 걸리느냐?"며 농담(?)도 던진다고 합니다. 지금은 많이 줄어들었지만 "술 좋아하시는 부장님들, 그리고 호기를 부리시는 분들, 소위 빵카라고 불리는 분들"이 그런 호출을 많이 하고, "그런 문화"가 아직까지 우리 법원에 살아 있습니다. 이국장이 관찰한 바로는, 그런 식으로 좌우배석들을 힘들게 하는 분들이 사실은 "더 애착도 가지고 있고", 좌우배석들도 더 많이 따른다고 합니다. 그런 부장님과 헤어지고 나면 "아, 저 빵카 부장님 때문에 고생했다"고 하면서도 다른 한편 "내가 저분한테 너무 많이 배웠다"면서 존경을 표한다는 것입니다.

물론 이정수 국장이 전하는 이런 모습에 모든 부장판사가 해당되지는 않습니다. 그러나 어쨌든 부장판사에게 "길들여지다보면" 저녁 때 술자리에서 갑자기 불러내도 나가봐야 하는 분위기인 것은 분명합니다. 그냥 동료 판사가 아니라 스승이기 때문에, 부서가 바뀐다고 해도 사제관계는 지속될 수밖에 없습니다. 대학을 졸업해도 스승은 여전히 스승인 것처럼 말이지요. 권용준 변호사의 경우 술을 좋아하지 않아서 호기를 부리는 부장판사는 아니었던 듯하지만, 면담 중에 자주 "판사들을 가르쳤다"는 표현을 사용했습니다.

이국장이 사용한 "빵카"라는 말도 매우 상징적인 표현입니다. 법조계 밖에서는 잘 쓰이지 않지만, 이번 면담에서만도 여러명이 사용했을 정도로 법조를 아는 사람들에게는 일상화된 표현이지요. 골프장에서 '벙커'(bunker)에 공이 빠지면 헤어나기 힘들다는 데서 유래한 이 말은 주로 융통성이 없고 깐깐하며 권위적인 부장판사를 가리킵니다. 그냥 '벙커'라고 하는 사람은 없고 대개 경음화하여 뺑카, 뻥커, 빵커라고 발음하는데, 우리가 어떤 사람을 '또라이'라고 할 때 떠오르는 분위기를 생각하면 이해하기 쉽습니다. 판사들은 벙커 부장 밑으로 가면 일에 쫓기고 인격적으로 모독을 당하는 등 고생하기 때문에 그들을 기피합니다. 벙커에 걸린 판사는 탈출할 날만을 손꼽아 기다립니다. 물론 늘 부정적인 어감으로만 쓰이는 것은 아니어서 '일을 지나치게 열심히 하는' 부장을 벙커로 부르기도 합니다. 일을 지나치게 열심히 하는 부장들이 배석들을 '쪼는' 경향이 있기 때문에 긍정적·부정적 의미가 공존하는 표현입니다.

그런데 이런 표현이 풍기는 묘한 어감에 주목할 필요가 있습니다. 벙커란 동료 법관이나 상관을 가리키는 말이라기보다는, 동문수학하는 서당의 학동들 사이에서 특정한 선생을 놀리고 기피할 때나 쓰일 법한 말입니다. 배우는 학동 입장인 판사들은 가끔 점심시간이나 회식 때 동료들끼리 모여 벙커들을 씹으면서 스트레스를 해소합니다. 도제식 양성의 효율성 이면에서 판사들은 독립된 존재라기보다는 스승에 딸린 어린이로 전락합니다. 시간이 흐르면서 벙커들을 괴로워하던 배석들도 점차 그들의 좋은 면을 발견하고, 이 시스템에 더이상 불편함을 느끼지 못하게 됩니다. 그리고 이 과정에서 실력을 인정받은 사람들은 서서히 자신도 벙커의 길로 들어섭니다.

이런 도제식 교육은 판사를 표준화·규격화하고 권위에 순응하는 사람들로 변화시킵니다. 스승의 가르침을 열심히 따르지 않은 판사는 살아남을 수가 없습니다. 도제식 교육은 단순히 재판하는 기술만 전수하는 것이 아니라 일상에서의 상하관계를 만들어내고, 세상을 바라보는 시선까지도 전수합니다. 권위에 도전하거나 기존 질서를 흔드는 성향이 있는 사람은 이런 교육시스템을 견뎌낼 도리가 없습니다. 그런 사람들이 다 빠져나간 후, 법원에 남는 사람들은 아무래도 "원만한" 사람들, 법조계 내부 논리에 충실한 사람들일 개연성이 높습니다.

도제식 법관 양성 시스템의 어두운 측면을 이해하고 나면, 왜 전관예우가 우리 법조계에 그렇게 깊이 뿌리내렸는지도 비로소 이해할 수 있습니다. 과거에 판사실에서 관행적으로 받아 쓰던 실비도 주로 전관 판사들에게서만 받았습니다. '거절할 수 없는 돈'이라는 것도 결국은 퇴임한 부장판사들이 동료가 아니라 스승이었기 때문에 생긴 문제입니다. 믿을 수 있는 사이일 뿐만 아니라 사제관계이기도 했기 때문에 그런 돈을 주고받으면서도 양심의 가책을 느끼지 않았습니다. 전관 변호사들이 형성하는 평판도 두렵지만, 그건 2차적인 원인이고, 직접 "모셨던" 분들과의 관계가 가장 큰 영향을 끼칩니다. 어쩔 수 없는 립서비스를 하는 이유도 비슷합니다. '거절할 수 없는 돈'이나 '거절할 수 없는 관계'가 생기는 더 근본적인 이유도 도제식 양성과정을 거치는 동안 법관들이 '거절할 수 없는 사람'으로 변한다는 데 있습니다. 아무리 어려운 관계더라도 판사라는 자신의 독특한 지위와 업무를 생각하고 그냥 거절하면 됩니다. 그런데 도제식 법관양성 제도에서 살아남으려고 몸부림치는 동안 어느새 거절을 두려워하는 사람이 되고 만 것입니다.

앞서 김승헌 부장판사는 도제식 법관양성 제도를 옹호하며 "판사들이 중간에 사표를 내고 나가서 문제지"이 제도 자체가 문제는 아니라고 이야기했습니다. 달리 말하면, 판사들이 중간에 사표를 내고 나가는 지금 시스템에서는 도제식 법관양성이 엄청난 부작용을 안고 있다는 의미입니다. 도제식 교육을 받으면서 철저히 실력만 쌓고, 이런 부작용에서 자신을 지킬 수 있다면 그는 정말 대단한 사람입니다.

다섯번째 시험: '원만함'의 한계와 권위주의

벙커라는 것이 법원 내부의 평가만은 아닙니다. 법원 내부에서 벙커로 찍히는 것과는 별도로, 변호사나 당사자들 사이에서 벙커로 소문난 판사들도 있습니다. 법정에서 변호사들에게 공개적으로 모욕을 준다든지, 당사자들의 이야기를 듣지 않고 독단적으로 소송을 진행하는 판사들입니다.

> 세상 물정을 모르고 엘리트주의니까 자기들이 아는 것이 전부인 것처럼 착각을 해가지고 모든 사건을 자기가 아는 지식에 집어넣으려고 해요. 그 틀에 안 맞아들어가면, 변호사를 혼내고 욕하고 짜증내고…… 완전히 사또예요, 사또. 그런데 그런 사람들이 출세를 하고 승진을 해요.(김상구, 5면)

사법연수원을 수료한 후 중소 로펌에서 수십년을 보낸 김상구 변호사는 엘리트일수록 벙커가 많고, 또 그런 사람들이 출세하고 승진한다고 말합니다. 자기 틀에 들어맞지 않으면 변호사를 혼내고 욕하고 짜증내는 판사도 대개 그들입니다. 문충영씨는 법원을 오가면서 "고법부장들이 법정에서 매우 권위적"이라는 이야기를 많이 들었습니다. 대체로 젊은 판사들은 이야기를 잘 들어주는 데 반해 "고법부장이 무슨 말을 하는데 대꾸를 하면 불이익을 받는다"는 인식이 널리 퍼져 있다고 했습니다.

대법관, 헌법재판관 등 고위 법관 상당수가 벙커라는 것은 이제 모르는 사람이 없어서, 과거와는 달리 벙커 부장 소리를 듣는 게 오히려 자랑이 되기도 합니다. 몇년 전에는 아예 "지금 서울고등법원에는 역사상 가장 많은 벙커들이 모여 있다는 평가가 있다"는 식의 신문기사가 나오기도 했습니다.[11] 물론 여기서의 벙커는 주로 낮이나 밤이나 법원에 머물며 일을 열심히 하면서 배석들을 고생시키는 사람들이라는 비교적 긍정적인 의미입니다. 일을 열심히 하며 배석들을 고생시키는 벙커 부장판사가 많다고 해서 시민들에게 손해날 일은 없습니다. 문제는 이들 벙커들 중의 일부가 법정에 온 변호사와 시민에게도 벙커 노릇을 한다는 데 있지요.

황영범 기자도 "부장판사들 중에는 보수적이거나 배석판사들에게 권위적인 사람들이 많고, 특히 고등법원 부장판사들이 더 그런 것 같다"고 말했습니다. 황기자에 따르면 고등법원 부장판사들 중에는 2000년대 후반까지도 선고를 들으러 온 사람에게 반말하는 사람들이 많았습니다. 피고인들에게 "○○씨. 당신은 악질이야. 당신 그렇게 살면 안 돼. 내가 당신 정신 차리라고 형을 아주 세게 했어"라는 식으로 이야기하는 부장판사도 보았습니다. 좀 낫다는 사람들도 "반말 존댓

말을 섞어가면서" 얘기할 때가 많고, 존댓말이라 해도 "말이 존댓말이지 거의 내용은 반말하는 것이나 다름없는" 경우가 많았다고 합니다. 예를 들면 "잘못했지? 앞으로 그러지 마요" 하는 식입니다. 피고인이 소명을 하려고 하면 "피고인, 지금 무슨 얘기 하는 거예요? 나는 피고인 하는 얘기를 하나도 알아들을 수가 없어. 좀 쉽게 얘기해봐"라고 비꼬거나 야단치는 판사도 보았습니다. 황기자는 그런 상황에서 "피고인이 논리정연하게 자신이 무죄임을 쉽게 설명할 수 있을까요"라고 반문했습니다. 이런 권위적인 태도는 이미 서울지방변호사회의 법관평가에서도 충분히 지적된 바 있습니다.

이번 면담의 구술자 중에서도 배석들이나 변호사, 피고인들에게 권위적인 부장판사들에 대해서 이야기하는 사람이 많았습니다. 한마디로 "위로 올라갈수록" 확실히 더 권위적이라는 얘기입니다. 특별히 고등법원 부장판사들의 경우에는 변호사나 당사자의 말을 자주 끊고 결론을 예단하며 지극히 권위적인 태도를 취할 때가 많다고 합니다. 이런 이야기를 들으면서 저는 한가지 의문을 품게 되었습니다. 앞서 우리는 "원만한" 판사들이 법원행정처에 가고 고등법원 부장판사로 승진도 잘한다는 이야기를 들었습니다. 그게 사실이라면 고등법원 부장판사들은 누구보다 원만한 사람들이어야 합니다. 그런데 그 원만한 판사들은 모두 어디로 가고, 고등법원에는 벙커 부장들만 남았을까요? 우리는 황영범 기자의 이야기에서 실마리를 찾을 수 있습니다.

부장판사들은 제가 기자로서 방에 찾아가면 되게 따뜻하게 잘해주는 경우가 많아요. 특히 고법부장 같은 경우는 굉장히 점잖아

요. 그게 기자의 권력일 수도 있겠는데, 찾아가면 차를 주는 사람
도 있고 앉으라고 해서 물어보는 거 얘기해주는데, 만약 그분이
법복을 벗고 변호사가 됐을 때 그 사람한테 그런 법률자문을 한시
간 동안 받는다고 하면 엄청난 자문료를 내야겠죠? 근데 저는 공
짜로 받고 있어요. 싫은 내색 안 하고 다 얘기해주고 세상 돌아가
는 얘기하고 그렇게 자상했던 양반이, 기자가 아닌 일반 피고인
앞에서는 굉장히 권위적이고 그런 모습을 보이는 걸 보면은 좀 그
렇죠.(황영범, 9면)

　황영범 기자는 자신이 찾아가면 "그렇게 자상했던 양반"이 일반 피
고인 앞에서 굉장히 권위적인 모습을 보이는 걸 보면 "좀 그렇다"고
말합니다. 기자라는 특수한 신분 때문에 자신은 대접을 잘 받고 있지
만, 막상 사람에 따라 다른 태도를 보이는 판사들에 대해서는 실망을
느꼈습니다. 위로 올라갈수록 권위적인 판사들이 많아지는 이유를 황
기자는 "고법부장이 된 이후 주위의 대우가 다르기 때문일 것"이라고
설명합니다. 고등법원 부장판사쯤 되면 연령도 꽤 높고, 직급도 일단
차관급으로 올라간 데다, 법원에서 "여러 필터링"을 거친 분들이어서
보수적인 분들이 많을 수밖에 없습니다. 고등법원 부장판사들은 "바
늘구멍을 뚫고 들어온 사람들"인데, 원래 보수적인 법원에서 그 바늘
구멍을 뚫었다는 것 자체가 이미 보수적인 사람임을 의미합니다. 또
한 그는 고등법원 부장판사들의 경우 "자기 신념이 강한 사람들"이
많다고 이야기합니다. 대운하 이야기를 나누어보면, 젊은 판사들은
자기 생각은 어떻든간에 "뭐 아닐 수도 있다"는 식으로 다른 가능성

을 열어놓는데, 부장판사들은 대운하를 비롯한 법 이외의 사안에 대해서도 "그거는 이거죠"라고 단언하는 경우가 많았습니다.

　연령과 직급이 높아짐에 따라 보수화하고 권위주의적으로 변하는 것은 우리 사회 어디에서나 볼 수 있는 경향입니다. 특별할 것도 없지만 그래도 의문은 남습니다. 이분들은 실력에 덧붙여 원만하다는 평가까지 받았기 때문에 승진에 승진을 거듭한 사람들입니다. 그런 원만한 분들이 왜 고등법원 부장판사까지 승진하고 나면, 남들보다 더 권위적인 판사가 되는 걸까요. 저는 이런 현상을 윗분들만 바라보고 억지로 '만들어진 원만함'의 한계라고 부르고 싶습니다.

　원래 이분들은 어려서부터 늘 '천재' '신동' 소리를 들었던 사람들입니다. 판사들을 가까이에서 지켜본 이정수 국장은 법관조직이 "옛날부터 독불장군이거나 유아독존적이거나 자기만 똑똑하다고 생각하거나 이런 친구들이 굉장히 많은 동네"라고 이야기했습니다. "서울대 법대가 지금 주류를 차지하고 있는데 지방에서 서울법대 들어간 사람은 한 군(郡)에 한명 정도"였습니다. 그런데 독불장군, 유아독존이던 사람들이 어느 순간 '원만함'도 중요한 평가의 기준임을 깨닫게 됩니다. 공부만 잘하면 되는 줄 알았는데, 법조계에도 "회사와 별로 다를 것 없는" 평가기준이 적용되고 있었습니다.

　자, 이런 상황에서 능력 있는 사람들이 어떤 선택을 할까요? 승진을 포기하고 그냥 독불장군, 유아독존으로 살까요? 아닐 겁니다. 공부를 잘한 사람들은 기본적으로 타인의 요구에 자신을 잘 맞춰온 사람들입니다. 당연히 이때부터 천재, 신동들은 '원만함', 특별히 '윗분들을 향한 원만함'의 옷에 자신을 맞춰가기 시작합니다. 최소한 윗분들, 스승에게만은 원만함을 보여주기 위해 노력하는 것이지요. 그래서 40대 초반의 놀랍도록 차분해진 판사들을 만날 수 있습니다. '만들어진 원만함'의 내면화입니다. 천재, 신동들이 깊은 지적 성찰과 여유를 갖추고 타인에 대한 배려를 내면화한다면 더 바랄 것이 없고, 실제로 이런 판사들도 많습니다. 그러나 모두가 다 그렇게 될 수는 없겠지요.

능력과 원만함을 통해 넘어서야 하는 마지막 벽인 고등법원 부장판사로 승진하고 나면, 그동안 너무 오래 억압당한 자아가 고개를 내밀기 시작합니다. 물론 이후에도 계속 평가를 받지만, 이때부터는 순서대로 법원장도 나갈 수 있고, 운이 따르면 대법관이나 헌법재판관도 될 수 있습니다. 판사로서 이제야 비로소 자기 목소리를 낼 수 있습니다. '원만함'이란 게 기본적으로 윗분들을 향한 것인데, 고등법원 부장판사가 되고 나면 그렇게 바라보아야 할 윗분들이 현저히 줄어듭니다. 젊은 판사들은 사고가 열려 있는데, 고법부장들은 단정적으로 자기 의견을 말하는 경향이 있다는 황기자의 이야기도 그런 관점에서 이해할 수 있습니다. 젊은 판사들과 고법부장들이 본질적으로 다른 사람들이 아닙니다. 그 젊은 판사들이 나중에 지방법원 부장도 되고 고등법원 부장도 됩니다. 법관의 삶이란, 최소한 지방법원 부장판사, 가능하면 고등법원 부장판사가 되어 자기 목소리를 낼 수 있을 때까지 원만함의 옷 속에 숨어 인내하고 또 인내하는 기나긴 인고의 세월인지도 모릅니다.

장화영 판사는 권위적인 태도가 꼭 고등법원 부장판사들에게만 나타나는 것은 아니라면서, 좀 다른 각도에서 이런 현상을 설명합니다.

우리 부장님이 되게 사람 좋은 분이에요. 인간적으로 따뜻한 사람이거든요. 근데 법정에서 언성을 높이실 때가 있어요. 성격적으로 다혈질이라서 막 얘기해야 되는 스타일이기도 한데, 너무 권위적으로 이야기를 하거나 당사자가 무슨 얘기를 하려고 하는데 너무 말을 막는다거나 이런 느낌이 들 때가 간혹 있어요. 개인적으로 만나면 전혀 권위적인 데가 없고 유머감각도 있고 다른 사람 항상 존중해주고 그런 스타일이에요. 근데 저 사람이 왜 저럴까 생각을 해봤는데 그것 역시 재판의 스킬(skill)이 부족한 거죠. 우리가 자유롭게 토론하는 문화, 이성적이고 합리적인 토론 분위기에서 성장하지 않았기 때문에 토론이 갖는 유용성을 경험해보지 못했잖아요. 부장님도 호통치는 부장님들 밑에서 배석을 하다가 이제 부장이 됐으니까, 재판진행을 이렇게도 해보고 저렇게도 해보는데 어떻게 해야 될지를 잘 모르는 거예요. (장화영, 29면)

장화영 판사는 자신의 부장이 인간적으로 따뜻하고 좋은 사람인데도 법정에서 권위적이 되는 이유는 "재판의 스킬이 부족하기 때문"이라고 생각했습니다. 배석시절에 호통치는 부장들 밑에서만 배웠기 때문에 당사자들을 잘 조정해서 재판을 이끄는 방법을 모른다는 것입니다. 게다가 부장판사들은 "재판부가 권위를 잃으면 어떤 결론을 내려도 당사자가 믿어주지 않으므로 체면을 잃어서는 안 된다"는 생각에 쫓깁니다. 가볍게 보이지 말아야 하고, 신뢰를 얻어야 한다는 강박은 있는데, 어떻게 해야 그럴 수 있는지는 누구에게도 배우지 못했습니다. 그런 어려운 과제를 "법정 안에서 짧은 시간 동안" 수행해야 하니, 나중에는 그냥 "우발적으로 임기응변적인 행동들을 표출하게 된다"는 것이 장화영 판사의 분석이었습니다. 재판도 잘하고 당사자들 말도 잘 들어주고 싶지만, 어떻게 해야 그럴 수 있는지를 배운 적이 없는지라, 예상치 못한 상황에 접하면 그저 소리를 지르며 수습하는 것 이외에는 다른 길이 없습니다. 위로 올라갈수록 당사자에 대한 배려를 배울 기회가 적었기 때문에 더 권위적인 사람이 된다고 볼 수도 있습니다. 권위주의 시대에 판사로 임용된 사람들 가운데 꾸준히 자기성찰을 계속하며 상대에 대한 배려를 익혀온 사람들 말고는 벙커의 길을 피할 수 없었다는 이야기지요. 결국 세대차도 있는 셈입니다.

물론 판사들의 이런 태도를 달리 설명할 수도 있습니다. 판사들은 늘 능력과 원만함이 강조되는 환경에서 대한민국 최고의 인재들과 함께 생활합니다. 가뜩이나 차분한 사람들이 절간 같은 법원 분위기에서 하루 종일 기록만 읽습니다. 신성가족의 일원으로 이런 구별된 환경에서 살다가, 재판정에 들어가면 자신들 기준으로 볼 때 '실력은 영 떨어지는데 그저 돈만 아는 변호사들'과 '말이 전혀 통하지 않는 당사자들'을 만나야 합니다. '납기일'에 맞추어 잘 만들어진 판결문을 '납품'해야 하는데, 말이 통하지 않는 사람들 때문에 자꾸 시간만 흘러갑니다. 당연히 짜증이 날 수밖에 없습니다. 이런 환경에서 원활한 의사소통을 바라기란 어려운 노릇이지요.

법원 일각에 '당사자들과의 의사소통은 부차적인 문제'라는 생각이 매우 뿌리 깊게 자리잡고 있는 점도 지적하고 넘어가야 합니다. 예컨대 권용준 변호사는 법원에서 사람들의 이야기를 잘 들어주고 소통하는 것이 중요하기는 하지만 어디까지나 "부차적인" 문제라고 이야기했습니다. 그는 말 들어주고 소통에 신경쓰는 것은 "쇼"에 불과하다고 단언합니다. 민원 차원에서 당사자들의 말을 열심히 듣기는 해야 하지만, 어차피 위증이 판을 치는 우리 법정에서 더 중요한 것은 진상을 밝히는 지혜와 직관이라는 것입니다. 이런 생각은 당사자들의 이야기에서 얻을 것은 별로 없고, 판사는 독자적으로 진실을 찾아내야 한다는 시각, 즉 시민에 대한 불신을 바탕에 깔고 있습니다.

"얘기를 들어주면 당사자들은 들어준 것만으로도 고마워하고 지더라도 승복하는 확률이 높다." 뭐 이런 말을 합니다. 틀린 얘기는 아니라고 생각합니다. 기본적으로 틀린 얘기는 아닌데, 판사가 쇼하면 어떡합니까? 그거는 부차적인 겁니다. 물론 저는 그 민원 차원에서 판사들에게 항상 "당신이 말을 많이 하지 말고 귀가 커야 한다, 입이 크지 말고 귀가 커야 한다"고 가르쳐왔습니다. 그러나 가만히 암말 안 하고 "말씀하시죠, 말씀하시죠, 더 없습니까? 끝" 이렇게 하는 판사를 저는 그렇게 썩 훌륭한 판사라고 보지는 않습니다. 물론 혼자서 북 치고 장구 치고 막 하고 "고만하시오!" 뭐 이러는 판사들보다는 낫습니다. 그러나 듣고 나서 "그런데 이건…… 아까 말씀하신 건 뭐죠?" "아까 말씀하신 것 중에 이건 어떻게 된 겁니까?" 이렇게 해서 정곡을 찌르는 몇마디의 핵심적인 질문으로 진상을 파악할 수 있는 지혜로운 법관, 이게 필요한 겁니다. 너무 맹신하면 안 되지만 법관의 직관이랄까 법관의 지혜, 명철을 통해서 진상을 드러내게 하는 역할. 이게 판사의 역할인 겁니다.(권용준, 11면)

판사가 정곡을 찌르는 핵심적인 질문으로 진상을 파악하는 직관, 지혜, 명철을 가져야 한다는 데 이의를 제기할 사람은 없습니다. 그러나 권용준 변호사의 이야기는 법원과의 소통에 목말라 있는 일반시민들의 희망과 거리가 있습니다. 시민들은 올바른 결론 못지않게 올바른 과정을 갈망하기 때문입니다. 시민들은 "훈계조의 일방적인 의사소통"을 비판하면서 "설명이 없기 때문에 아예 상대방에 붙어먹었다는 의심을 하게 된다"고 호소합니다. 재판에 져도 좋으니, 억울하지 않게 이야기를 들어줄 판사들을 만나고 싶은 것입니다. 소통이 부차적인 문제라는 생각은, 열심히 일해서 올바른 판결을 내리고도 시민들의 불신을 받는 결과로 이어지기 쉽습니다. 이런 상황을 더욱 악화시키는 것이 바로 과도한 업무량입니다. 당사자와 충분히 소통하고 싶어도 도무지 이야기를 나눌 시간이 없기 때문입니다.

여섯번째 시험: 살인적인 업무량

판검사들은 한결같이 감당할 수 없을 정도로 일이 많다고 하소연합니다. 사실 이는 법조계의 고질적인 문제입니다. 객관적인 자료들도 이를 뒷받침합니다. 최근 한국개발연구원 김두얼 연구위원의 분석에 따르면 1980년 약 26만건이던 1심 본안사건이 2006년에는 약 160만건으로 6배가량 증가했고, 사건의 내용도 훨씬 복잡해졌습니다. 그런데도 비슷한 기간 법관 정원은 874명에서 2844명으로 약 3.2배가량 증가했을 뿐입니다. 판사당 사건부담이 지난 30년 동안 적어도 50퍼센트 이상[12] 높아졌습니다.* 1980년에도 판사들에게 사건부담이 결코 가볍지 않았음을 생각한다면 판사들의 업무강도는 이미 수행 불가능한 수준에 이르렀습니다. 검찰의 형편도 마찬가지입니다. 이런 상황에서 판검사들이 얼마나 열심히 일하는지를 알면 누구라도 그들의 고충에 고개를 끄덕일 수밖에 없습니다. 송형진 기자가 "친검기자"를, 황영범 기자가 "친법원 기자"를 자처하는 이유도 따지고 보면 판검사들이 얼마나 열심히 일하는지를 가까이에서 지켜봤기 때문이었습니다. 부정적인 이야기를 많이 듣고 검찰을 출입하기 시작했지만, 송형진 기자는 현장에서 그저 열심히 일하는 검사들을 보았을 뿐입니다. 열심히 일해봐야 국민감정도 안 좋고 외부에서 자꾸 음모론이나 들먹인다는 점에서 송기자는 검찰이 오히려 손해보고 있다는 생각을 했습니다. 황영범 기자도 판사들이 정말 일을 많이 하는 것은 사실이라고 말했습니다. 사건 하나만 해도 정말 고민을 많이 해야 할 텐데, 그런 사건들이 재판부마다 엄청나게 쌓여 있는 것을 볼 때마다 '이 양반들이 이 사건들을 제대로 볼 수나 있나' 하는 걱정이 생긴다고 했습니다.

법원의 경우 주 단위로 각 재판부가 얼마나 많은 사건을 처리했는지 성적표를 매기고 그게 인사고과에 반영됩니다. 그 인사고과는 해외연수나 승진에 영향을 줄 뿐만 아니라, 성적이 좋지 않으면 원하는

---

* 2017년의 제1심 본안사건은 약 135만건이고 2017년 9월 1일 현재 법관의 현원은 2,948명으로 사정은 크게 바뀌지 않았습니다(대한민국 법원 웹사이트, 「사법부 소개: 법원의 구성원」(https://www.scourt.go.kr/judiciary/member/judge/index.html).

자리에 가지 못하는 경우도 생깁니다. 그러니 판사들은 기를 쓰고 사건을 많이 처리할 수밖에 없습니다. 일이 이렇게 많다보니 사건을 깊이 생각하고 판결을 내릴 여유를 갖지 못합니다. 장화영 판사는 일이 많다보니 "꾀를 부리게 된다"고 고백했습니다.

> 우리도 일이 많잖아요, 일이 많으니까 꾀를 부리게 돼요. 한 사건을 제대로 파악하고 재판의 공정성을 구현하려면 사실 판사들한테 시간을 줘야 돼요. 사건을 고민해봐야 종전과 다른 결론을 가져올 수 있거든요. 종전의 루틴(routine)하게 판결해왔던 거를 거스르려면 생각할 시간이 있어야 하고 반대 논리를 개발해야 되는데, 생각할 여유를 주지를 않는 거예요. 생각을 하다 말면 어떻게 되겠어요? 종전에 하던 대로 할 수밖에 없는 거거든요.(장화영, 8면)

장판사는 생각을 깊이 할 수 없어서 종래 해오던 대로 판결할 수밖에 없었던 경우로 사해행위 취소소송의 예를 들었습니다. 재산보다 빚이 더 많아진 채무자가 자신의 마지막 남은 재산인 부동산을 누군가에게 팔았습니다. 그 부동산을 구입한 사람은 채무자의 친인척입니다. 빚쟁이(채권자)에게 몰린 사람이 자기 재산을 빼돌리기 위해 사용하는 전형적인 방법이지요. 빚쟁이는 "채무자가 재산을 빼돌린 것이므로, 부동산 매매계약은 사해행위로 보아 취소되어야 한다"고 주장합니다. 문제는 그 부동산을 구입한 친인척이 과연 이런 사정을 알았느냐 하는 점입니다. 이런 사정을 전혀 모르는 상태에서 제 값을 주고 부동산을 구입했다면 부동산매매계약은 취소될 수 없고, 친인척은 보호를 받게 됩니다. 그러나 법원은 부동산 구입자가 채무자의 친인척인 경우에는 대부분 그 사정을 알고 있었던 것으로 판단하여 사해행위 취소를 인정해왔습니다. 친인척인 사람이 아무리 "몰랐다"고 주장해도 법원은 그의 말을 믿어주지 않습니다. 물론 이런 식으로 재산을 빼돌리는 채무자가 워낙 많기 때문에 법원이 친인척이자 부동산 구입자의 말을 믿지 않는 것도 이해할 수 있습니다.

그런데 장판사는 실제로 우리 일상에서는 친인척이 잘 모르고 그 부동산을 구입하는 경우도 있지 않겠느냐는 생각을 해보았습니다. 채무자가 창피해서 또는 걱정을 끼치기 싫어서 자신이 거의 망한 상태임을 친인척에게 이야기하지 않았고, 친인척도 그걸 모르는 상태에서 부동산을 샀을 가능성도 분명히 있다는 고민입니다. 실제 사건에서 그렇게 짐작되는 경우를 보기도 했습니다. 이런 의문이 있어도 장판사에게는 선택의 여지가 없었습니다. 종전의 일상적인 판결을 뒤집는 판결을 하려면 생각할 시간이 있어야 하는데, 그게 안 되면 결국 예전 판결을 따라가게 되었습니다. 시간에 쫓기는 상태에서 이런 작은 사건에 더 신경을 쓸 수도 없고, 새로이 판결해봐야 어차피 상급심에 가면 파기될 게 뻔하므로, 그저 기계적으로 전례에 따라 판결할 수밖에 없었습니다. 일을 게을리해서가 아니라 "우리 사회질서가 이미 그렇게 형성되어 있기 때문에", 의문은 있지만 거기 편승해서 기존 질서를 강화하는 것 말고는 다른 방법이 없었습니다. 이처럼 시간에 쫓기는 상황에서 권용준 변호사가 이야기하는 지혜로운 판사가 되기란 결코 쉬운 일이 아닙니다.

장판사가 전하는 판사들의 업무량은 심각한 수준이었습니다. 부장은 전체적인 재판 진행을 위해서 지금 돌아가는 100건이 넘는 사건을 모두 파악하고 있어야 합니다. 물론 제대로 재판하려면 증거자료까지 꼼꼼하게 봐야겠지만, "그건 절대 불가능"합니다. 그래서 주장이 적힌 서면과 중요 증거 정도를 보고 들어가는데, 각각의 기록을 재판에 들어갈 때마다 완벽하게 파악할 수는 없습니다. 그렇게 사건별로 한 달에 한번씩 재판을 진행하다보면 중간에 다른 사건이랑 머릿속에서 "마구 섞이게" 됩니다. 첫 기일에는 새로운 사건기록을 주심인 배석 판사들이 보고 들어가지만, 그런 식으로 사건기록을 보는 데도 시간이 모자라기 때문에, 속행되는 사건들 기록까지 볼 수는 없기 때문입니다. 장판사는 "속행 기록까지 보라고 하는 부장님이 있으면 벙커로 통한다"면서, 그런 벙커를 만나면 "막 미쳐버린다"고 했습니다. 이런 형편이다보니 판결문을 쓰기 위한 합의도 제대로 될 리 없습니다. 예 컨대 수요일 재판이 잡힌 재판부라면, 수요일에 재판을 하고 금요일에 합의한 다음, 주말에 나와서 내내 판결문을 써야 월요일에 부장에게 판결문을 가져다줄 수 있습니다. 판사들 말로 "납기일에 납품을 하게 되는 것"입니다. 그렇게 판결문을 받은 부장판사는 월요일에 그 내용을 검토해야 다음 재판을 진행할 수 있습니다. 이 과정에서 결론이 달라지면, 판결문도 다시 써야 합니다. 충실한 합의를 할 시간이 늘 부족합니다.

공성원 판사도 실제로 "감당이 안 될 정도로" 일이 많다고 토로했습니다. 재판 기일에 들고 가는 사건의 쟁점을 정리하지 못할 때도 많습니다. 사건을 제대로 이해하지 못하면서도 판사들은 변호사의 말에 귀를 기울이려 하지 않습니다. 어차피 한쪽 편만 드는 변호사들의 설명에 귀 기울일 필요가 없다고 생각하기 때문입니다. 장화영 판사도 "변호사들은 당사자들한테 이야기를 직접 듣기 때문에 상황 파악이 빠르다"고 인정합니다. 판사들은 몇시간 동안 기록만 보고 판단해야 하는 데다, 속행 기록을 제대로 안 보면 쟁점이 뭔지도 모르는 상태에서 증인들이 하는 이야기를 듣는 경우도 많다고 고백했습니다. 그런데도 변호사, 당사자, 증인들에 대한 불신 때문에 그들의 이야기에는 비중을 두기 어렵습니다. 이런 상황에서 판사가 귀 기울이도록 만들 수 있는 학연, 지연, 혈연을 가진 변호사의 말은 큰 힘을 지닐 수밖에 없습니다. 믿을 만한 변호사의 청탁이 먹히는 데에는 살인적인 업무량으로 인한 시간 부족도 상당한 영향을 끼치고 있는 셈입니다.

그러나 사건이 너무 많기 때문에 기록을 제대로 보지 못하고, 기록을 제대로 보지 못하기 때문에 청탁이 쉽게 먹혀들 수 있다는 설명에 모두가 동의하지는 않습니다. 김승헌 부장판사는 그건 주로 실력의 문제라는 의견을 피력했습니다. 판사들 실력이 모두 대법관 같을 수는 없을뿐더러, 특히 판사 숫자가 2,300명을 넘어선 2000년대 중반 이후의 상황에서는 판사들 사이에 실력 차이가 클 수밖에 없다고 했습니다. 판사 임용 인원이 늘어나기 때문에 "실력이 떨어지는 판사"도 늘어날 수밖에 없다는 설명입니다. 김부장판사는 변호사가 아무리 믿을 만한 사람이라고 해봐야 한쪽 당사자의 말만 들은 것일 뿐 "사실조사를 자기가 한 것도 아니기 때문에" 어차피 신뢰할 수 없다고 말했습니다. 다만 그 역시 기록을 꼼꼼히 볼 시간이 없는 상황에서 "준비서면을 잘 쓴 사람이 이기는 경향"은 있을 수 있다고 생각합니다.

기록을 꼼꼼하게 볼 시간이 없어가지고 준비서면을 잘 쓴 사람이 이기는 경향은 있을 수 있습니다. 기록에 증거가 쫙 있는데, 기록을 다 볼 수는 없으니까, 그걸 못 볼 때는 준비서면을 잘 쓴 사람, 상대방에서 유리한 거를 절묘하게 왜곡하든가, 하여튼 준비서면을 잘 쓴 사람이 이기는 경향이 있을 겁니다. 준비서면의 양은 얼마 안 되거든요. 준비서면도 안 읽고 판결문을 쓸 수가 없거든요. 그러니까 준비서면을 다 보고, 더 심하게 말하면, 준비서면만 보고 그냥 판결문 쓰는 사람들이 판사들 중에 있을 겁니다.(김승현, 29면)

김부장판사도 시간이 부족하다는 지적까지 부인하지는 못했습니다. 시간이 부족한 것은 사실이지만, 그래도 실력이 뛰어난 판사들은 기록을 제대로 읽고 불편부당하게 판결한다는 이야기일 뿐입니다. 그런데 최근 법관 임용 숫자가 늘어나면서 그런 실력을 갖추지 못한 판사들이 늘어나고 있다고 말합니다. 사건이 많으면 당연히 판사수를 늘려야 하는데도, 전현직 고위 법관들은 법관수 증가를 부정적으로 보는 경우가 많았습니다. 권용준 변호사도 앞서 살펴본 것처럼, 일이 많은 것은 사실이지만 본질적으로는 판사 개인의 게으름이 문제이며, 법원은 "선천적으로 지혜롭거나 또는 개인적인 노력에 의해서 지혜로워지신 분들"이 이끌어간다고 생각했습니다. 김부장판사나 권변호사의 의견은 최소한 본인들에게는 사실일 겁니다. 그러나 사법시험이라는 바늘구멍을 통과하여 판사 업무를 수행하는 사람들이 일이 많아서 제대로 판결하기 어렵다고 비명을 지르는데, 그건 순전히 너의 게으름, 능력 부족 때문이라고 비난할 수 있는지는 의문입니다.

검찰의 형편도 크게 다르지 않습니다. 정종은 검사는 무면허운전 때문에 벌금 70만원을 받고 자살한 사람이 있었다면서, 검사들이 기준에 따라 벌금 50만원, 70만원, 100만원을 정하는 데는 "2초"밖에 걸리지 않는데 그 결정에 따라 생명이 왔다 갔다 할 수 있다고 말합니다. 제대로 벌금을 정하려면 피의자의 재산 상태를 조사해야 하는데, 그럴 여력이 없기 때문에 재벌회장에게나 노숙자에게나 똑같은 벌금을 부과할 수밖에 없다는 것입니다. 검사 한 사람이 한달에 사건 300건을 처리한다면, 최소한 100건 정도에는 뭔가를 확인하고 조회하고 검사의 손이 가야 하는 내용이 담겨 있습니다. "대충 조사한다고 해도" 한달에 100~200명은 불러야 하는 상황입니다. 이렇게 늘 시간에 쫓기다보니, 그래서는 안된다고 생각하면서도 어쩔 수 없이 "쉽게 쉽게 막 넘어가는 관행"이 자리잡을 수밖에 없습니다.

예를 들어 간단한 폭력사건 하나만 하더라도 서너명의 피의자, 피해자가 얽혀 있습니다. 누가 누굴 때려서, 어떤 사람은 3주, 어떤 사람은 5주의 상해를 입었습니다. 그러나 이런 작은 사건에도 서로 안 때렸다고 하고, 자기는 맞기만 했다는 상반되는 주장이 난무합니다. 이런 사건이 송치될 때마다 검사가 피의자들을 모두 불러 조서를 새로 만들고 진실을 밝혀내야 하는데 그럴 수가 없습니다.

이런 사건들은 다시 불러다가 조서를 만들고 이렇게 해야 하는데, 그거까지 다 할 수 있는 여력이 안 되니까 대충 불러가지고 억지로 합의서 만들어가지고 합의하게 하고, 두명은 기소유예하고 두명은 벌금 조금 하고 그러거든요. 그게 정말로 부끄러운 일이죠.

검사가 되어가지고 우리가 시장판의 상인도 아니고, 얄팍하게 이
렇게 타협해서 진실하고 아무 상관없는 이런 정도의 작업들을 하
다보니 보람도 없고.(정종은, 22면)

정검사는 이런 일을 하는 동안 마치 "시장판의 상인"처럼 대충 타
협하고 협상해서 진실과 상관없는 결론을 끌어내는 현실에 자괴감을
느낀다고 고백했습니다. 낮에는 이런 식으로 끝없는 조사와 협상에
시달리고, 짬짬이 부장검사와 차장검사에게 결재도 받으러 가야 하기
때문에, 직원들이 모두 퇴근한 밤에야 결정문을 쓸 수 있습니다. 야근
을 안 하면 돌아갈 수 없는 구조입니다. "이야기를 충분히 못 들어주
고, 설명해줄 시간도 없고, 기소하기에 적합한 말만 조서에 받아 적어
가지고 퍼 넘기기 바쁜" 이런 구조 속에서 "검사의 인간성은 날로 황
폐해져간다"는 것이 정검사의 고백이었습니다.

사건마다 어떤 종국적인 무서운 결정들을 할 때, 고뇌를 할 수 없
는 구조 때문에 검사들이 더 스트레스를 받으면서 사건 전체에 대
해서 약간 시니컬하게 대충대충 넘어가게 됩니다. 대충 협상하고
대충 사무감사에 지적되지 않을 정도로 넘어가죠. 늘 짜증스러울
수밖에 없는 게, 사건 피의자나 고소인에 대해서 검사들이 피해의
식이 있어요. 뭔가 자기 결정에 대해서 신뢰하지 않을 거라는 생
각을 다들 하고요.(정종은, 22면)

정검사는 이렇게 많은 업무에 치이면서 검사들이 근원적으로 갖게

되는 "자신 없음"의 문제를 이야기했습니다. 대충 처리한다는 것을 검사 자신이 누구보다 잘 알고 있기 때문에, 당사자들이 자기 결정을 신뢰하지 않을 거라고 생각하고, 일종의 방어기제로 공격적인 태도를 보인다는 것입니다. 당사자들도 검사에게 피해의식을 가지고 있지만, 검사들도 언제 자신의 약점이 노출될지 모른다는 피해의식을 가지고 있습니다. 시간이 없어서 대충 처리하고 그런 결정을 당사자가 신뢰하지 못할 거라는 피해의식 때문에 자꾸 더 짜증스럽고 공격적으로 변한다는 것은 공성원, 장화영 판사도 똑같이 고백한 사실입니다. 공판사와 장판사는 재판장들이 짜증을 내고 권위적으로 되는 현상에 대해 "사건 내용을 너무 모르거나" "사건 내용에 너무 자신이 있을 때"의 두가지 상반된 경우가 있다고 지적했습니다. 즉 모든 사건 내용을 완전히 파악할 수 없는 상황에서 그 사실이 탄로날까봐 권위적으로 되거나, 반대로 아주 자신 있는 경우에 그 기회를 이용하여 권위를 세우려 한다는 것이지요.

이런 판검사의 일상 때문에 가장 큰 피해를 보는 사람은 사건 당사자들이겠지만, 변호사들도 어려움을 겪기는 마찬가지입니다. 판검사들은 이처럼 살인적인 업무량에 시달리면서 그에 합당한 대우를 받지 못한다고 생각합니다. 그때 판검사들의 눈에 들어오는 사람이 변호사들입니다. 몇건 안 되는 사건을 가지고 왔다 갔다 하면서 사건 내용도 제대로 파악하지 못한 변호사들을 보면 화가 납니다. 실제로 일은 판검사인 자신들이 다 하는데, 돈은 엉뚱한 변호사가 번다는 생각 때문입니다. 그래서 판검사들은 자연스럽게 "변호사는 도둑놈"이라는 생각을 하게 됩니다. 브로커에 대한 '소문'들은 판검사들의 이런 생각을 더욱 강화합니다.

　공성원 판사는 이렇게 과도한 업무량이 모든 문제의 뿌리인데, 엘리트를 자처하는 판사들이 이 단순한 사실을 인정하지 않는 것이 법조의 가장 큰 문제라고 생각했습니다. 모든 판사에게 공통적으로 나타나는 현상이면 그걸 현실로 받아들이고 대안을 모색해야 합니다. 그런데도 판사들은 시간 부족을 다른 방법으로 해소하려고 합니다. 증인 채택도 잘 안 하고, 변호사가 증인을 신청하면 판사가 기각하면서 "사람 많아봐야 100퍼센트 위증을 하는데 뭐하러 증인을 부르냐?"고 합니다. 더 나아가 "위증과 무고가 문제이니 이에 대한 처벌을 강화해야 한다"는 걸 해법이랍시고 내놓기도 합니다. 공판사는 법조계에 통용되는 이런 "꽉 짜여진 이야기들"부터 재검토해야 한다고 주장했습니다.

> "문서가 제일 중요한 증거요, 말로 하는 거는 100퍼센트 거짓말이요." 뭐 이런 식으로 상황을 딱 정리를 하는 것이죠. 판사인 자기만 빼고는 모두 거짓말을 하는 사람으로 보는 거죠. 재판받는 사람은 판사인 나하고는 전혀 별종의 사람이죠. "저런 인생이 어디 있나" 한심하게 보면서, 이야기를 들을 생각이 없어요. 원래는 법정이라는 공간에서 여러가지 입장을 서로 터놓고 이야기해 이치가 맞는 쪽으로 결론을 내야 하는데, 판사들 입장에서는 법정이 커뮤니케이션의 장소가 아닌 겁니다. 모니터링하고 생색은 잘 냅니다, 교도소 가서 죄수들 만나서 이야기를 들어보고, 뭐 쇼, 쇼, 쇼입니다. 쇼, 쇼죠.(공성원, 38면)

일곱번째 시험: 변호사 개업, 작렬하는 포스, 초라한 내면

결국은 모두가 변호사가 된다는 사실이 우리 법조에 끼치는 악영향을 앞서 이야기했습니다. 이 문제는 개인적인 차원에서도 한번 검토해보아야 합니다. 이미 살펴본 것처럼 판검사들은 변호사들을 깊이 불신합니다. 브로커를 고용하거나, 능력 이상으로 많은 돈을 벌거나, 사건 내용도 제대로 이해하지 못하고 법정에 들어오거나, 과거의 지위를 이용해서 후배들에게 전화나 걸어대는 사람들이라고 생각하지요. 청탁을 받지 않기 위해서라도 변호사는 그저 피해야 할 대상일 뿐입니다. 그런데 어느 날 자신도 그런 변호사가 되어야 하는 날이 찾아옵니다. 밖에서는 이제 큰돈을 벌게 되었다고 부러워하지만, 옷을 벗는 판검사들 입장에서는 절대 즐거운 일이 아닙니다. 자신이 그렇게 무시하던 사람들 중의 하나가 되어야 하는 순간이니까요. 앞서 언급한 모든 시험과 유혹을 이겨내고 존경받는 법조인의 자리에 오른 사람이라 하더라도, 그가 변호사 개업, 특별히 판검사에서 변호사로 전업할 때 부딪히는 시험은 아주 낯선 도전입니다.

브로커와의 결탁, 과다 수임료, 불성실, 노골적 청탁 등 법조계에서 문제되는 사건의 장본인은 의외로 전관 변호사들인 경우가 많습니다. 이상한 일이지요. 그런 비리 변호사도 젊었을 때는 원만한 판사, 나이 들어서는 권위 있는 판사였을 가능성이 매우 높기 때문입니다. 그런 사람들이 하루아침에 비리 변호사로 전락한다면 정말 이상한 일 아닙니까? 한창 면담이 진행 중이던 2008년 여름 MBC「뉴스후」에서는

'두 얼굴의 변호사'라는 제목으로 수임료를 떼어먹고 잠적한 변호사와 영장기각을 받아내고 고액의 추가 수임료를 요구하는 변호사 이야기가 소개되었습니다. 언론은 대부분 SBS 「솔로몬의 선택」으로 유명해진 신 모 변호사가 수임료를 떼어먹은 부분에 주목했지만, 저는 오히려 "변호사의 로비세계이므로 누구한테도 이야기할 수 없다"며 웃돈을 요구하는 전관 변호사의 이야기에 관심이 갔습니다. 면담에 응한 법조인 몇 사람에게도 의견을 물었습니다.

김승헌 부장판사는 "그건 노상 있는 일이고, 다른 변호사들도 다 그럴 것"이라고 잘라 말했습니다. 판검사를 그만두고 변호사를 개업한 뒤, 그런 식으로 돈을 받아내는 사람들이 분명히 있다는 것입니다. 검찰이든 법원이든 재조 출신들이 그런 식으로 돈을 벌지 "생으로 연수원만 나온 사람이 재판부랑 친분을 과시하면서 큰돈을 받아내기란 어렵기 때문"입니다. 대개 전관 출신 중에 "꽤 많은 숫자가" 그런 것은 틀림없지만, 그게 싫어서 로펌을 선택해서 "점잖게 일하는" 사람들이 조금 더 많으리라는 것이 김부장판사의 생각이었습니다. 그는 「뉴스후」에 소개된 것처럼 "성공보수금의 액수가 큰 것은 다 사기"라고 이야기했습니다. 그런 거액을 정당한 대가로 변호사에게 준다고 생각하는 사람은 없을 것이므로, 로비를 기대하여 주고받는 돈인데 결국은 사기라는 것입니다.*

---

* 2015년 7월 23일 대법원은 "형사사건에 관한 성공보수약정은 선량한 풍속 기타 사회질서 위반으로 무효"라는 전원합의체 판결을 내놓았습니다. "대법원이 이 판결을 통하여 형사사건에 관한 성공보수약정이 선량한 풍속 기타 사회질서에 위반되는 것으로 평가할 수 있음을 명확히 밝혔음에도 불구하고 향후에도 성공보수약정이 체결된다면 이는 민법 제103조에 의하여 무효로 보아야 한다"는 강력한 의지도 함께 표명했습니다. 대

저는 변호사 수임료가, 특히 성공보수가 큰 거는 다 사기라고 생각합니다. 집행유예로 나오면 5천만원 받기로 했다, 그러면 사기입니다. 5천만원이 변호사에 대한 정당한 가격이라고 생각하는 당사자는 없을 것이고, 변호사가 재판부랑 친분관계가 있으니까 능력을 발휘해가지고 풀어내는 거를 기대하고 주는 돈이지요.(김승현, 12면)

김부장판사가 이런 경우를 모두 사기라고 단언한 이유는 요즘 판사들 중에 변호사에게 그런 돈을 받는 사람은 없다고 믿기 때문입니다. 그 믿음이 사실이라는 전제로, 우리는 고상하던 판검사들이 개업한 이후 의뢰인에게 "판검사에게 로비할 돈이 필요하다"고 고액의 성공보수금을 요구하며 "사기나 치는" 이유가 무엇인지 궁금해집니다. 그들은 왜 이렇게 변한 것일까요? 김부장판사는 보상을 기대하는 마음 때문이라고 설명했습니다.

판사들이 판사직에 자부심이 굉장히 강해서 판사직을 던지고 나올 때는 거기에 대해서 보상을 너무 많이 기대하는 거 같아요. 그러니까 판사 하다가 관두고 나갔으면, 그것도 처음으로 돌아가는

법원이 판결을 통해 형사사법제도 개혁을 시도한 특이한 사례였습니다. 그러나 이 판결 이후 전관 출신 변호사들은 성공보수금 상당액을 착수금에 미리 포함시킴으로써 아무런 타격을 입지 않은 반면에, 전관이 아닌 변호사들은 그나마 성공보수금을 받을 기회 자체가 사라졌다는 비판도 나옵니다.

거 아닙니까? 그러면 대학교 동창이나 고등학교 동창들, 나와 같은 연배의 동창들이 얼마쯤 버나? 그 정도 벌거나 그보다 많이 벌면 만족을 해야 되는데, 이 사람들 기본 생각은 내가 판사 하다가 관두고 나왔으면, 거기에 자기의 뭐 허전하다고 해야 되나, 상실감만큼 메워주는 뭐를 요구하는 거 같아요. 심리적으로. 그러니까 돈을 많이 벌어야 그나마 본전 정도로 생각을 하는 거 같습니다.(김승헌, 13면)

한마디로 '본전' 생각이 난다는 이야기입니다. 그렇게 어렵게 사법시험에 합격하고, 더 어려운 경쟁을 이겨내고 판사가 되었습니다. 법원 조직에서 모욕적인 도제식 교육을 받아가며 실력을 쌓았습니다. 밤낮 없이, 휴일도 없이 열심히 일했습니다. 그러다가 어느 날 고등법원 부장판사 승진에서 탈락합니다. 또는 탈락이 거의 확실하여 자진하여 옷을 벗습니다. 그렇게 개업을 하고 주변을 둘러보니, 대학을 졸업하고 일반 직장을 다니는 동창들도 자기 정도는 벌고 있더라는 이야기지요.

김승헌 부장판사는 지방법원 부장판사를 하다가 사직하는 사람들이 가장 많은데, 이들은 "자의반, 타의반"으로 판사를 그만두는 것이고 "꼭 변호사가 좋아서 나가는 게 아니라, 조금 섭섭하고 안타까운 마음이 있는 채로 나가기 때문에" 그에 대한 보상이 필요하다고 설명했습니다. 사법시험에 합격한 자기 몫을 뒤늦게나마 찾아야겠다는 생각이 더욱더 든다는 의미이지요. 그런데 막상 변호사 개업을 하니 업계의 상황이 너무 어렵습니다. 김부장판사의 표현을 빌리자면 "양심적으로 영업을 깨끗이 하면 그 보상이 전혀 안 돌아오는" 상황입니다. 요즘 단위가 큰 민사사건은 주로 기업 사건들인데, 기업에서는 개인 변호사에게 좀처럼 사건을 맡기지 않습니다. 개인 의뢰인들도 금액이 크면 로펌을 찾아갑니다. 상실감 때문에 더 큰돈을 벌어야겠다고 마음먹은 전관 변호사는 낭패를 경험합니다. 당연히 유혹이 찾아오게 마련이지요.

어려운 것은 업계의 상황뿐만이 아닙니다. 변호사 개업을 고민하는 공성원 판사는 개업할지도 모른다는 소문만 나도 당장 주변의 모든 것이 바뀌기 시작하더라고 말합니다. 판사일 때는 자신이 아무리 "터무니없는 이야기를 하더라도 친구들이 면전에서 면박을 주지 않았" 습니다. 우리 사회에서 판사를 바라보는 시각 자체가 "일단 한수 접어 준다고 생각"하기 때문이지요. 그런데 변호사 개업한다는 소문이 나자 지금은 그렇지 않습니다. 그동안 전화 안 하던 친구도 사건에 관해서 연락을 하고 이야기도 훨씬 자유롭게 합니다. 친구들뿐만 아니라 변호사들이 자신을 대하는 태도도 달라졌습니다. 과거에는 조정을 해보자고 이야기하면 완곡하게 거절하거나 억지로라도 수용하던 변호사들이 "아이구, 판사님 절대로 안 됩니다"라고 강하게 나옵니다. 변호사 개업을 마음먹기만 해도 당장 판사를 대하는 태도가 이렇게 달라집니다. 실제로 개업을 한 전관 변호사들은 이런 변화를 더 절실히 느낄 터이고, 그런 상실감을 결국 돈으로 보상받고자 하는데, 그게 잘되지를 않습니다. 사람이 변할 수밖에 없습니다.

"변한다"는 표현에 동의하지 않는 사람도 있습니다. 김상구 변호사는 그렇게 정의로운 판검사들이 하루아침에 변할 리가 없다고 생각합니다. 원래 낮은 도덕성이 변호사 개업하면서 드러나는 것일 뿐, 사람이 그렇게 금방 변할 리 없다는 이야기입니다. 김변호사는 김승헌 부장판사가 비교적 긍정적으로 받아들였던 판검사들의 로펌 취업도 부정적으로 봅니다. 판검사들은 퇴임하면 곧바로 로펌으로 갑니다. 그렇게 바로 가려면 "미리 현직에 있을 때, 물밑 작업을 길게는 1년, 짧게는 몇달을 했을 것"인데, 물밑 작업이 계속되는 동안에도 판검사들이 그 로펌에서 오는 사건들을 처리하고 있으니 문제라는 것입니다. 로펌들이 개인 변호사들 식으로 로비한다고 사기치는 일은 없을지 몰라도, 전직 대법관, 부장판사들이 그렇게 취업하는 구조 자체가 이미 비리일 수 있다는 이야기였습니다.

개인 사무실을 열든 로펌으로 가든, 상실감 때문이든 보상심리 때문이든, 변호사 일을 시작하면서 탐욕이 늘어나는 것은 분명합니다. 그러나 판검사를 오래 하면서 몸에 밴 과거의 습관이나 권위의식은 쉽게 변하지 않습니다. 강예리씨는 처음에, 막 고등법원에서 나온 부장판사 출신의 변호사 사무실에 취직하여 2년간 일했습니다. 강씨는 "판사를 오래 한 변호사들 특징은 한마디로 아직도 자기가 판사라고 생각하는 것"이라고 이야기했습니다. 변호사 간판을 달고 있지만, 아랫사람들은 자기를 반드시 판사 대하듯 해야 합니다.

판사 오래 한 변호사들 특징이 자기가 아직도 판사예요. 간판은 변호사지만 자기를 대하는 모든 게 판사여야 돼요. 완전히 권위의식에 꽉 차 있는데, 자기는 다른 별이라는 그런 거죠. 다른 변호사들하고 다르게 판사 출신들은 일단 체면을 중시하고, 진짜 체면에

목숨을 걸어요. 체면을 중시하고 그리고 자기 체면이 중요하기 때
문에 직원한테도 함부로 안 대해요.(강예리, 5면)

강예리씨는 이런 판사 출신 변호사들의 모습을 매우 세밀하게 묘
사했습니다. 그들은 체면을 중시하기 때문에 직원들을 함부로 대하지
않지만, 매우 작은 일에 신경을 많이 씁니다. 직원들이 옷을 막 입거
나 말을 막 하거나 사무실이 지저분하거나, 아무튼 어떤 이유로든 "자
신의 이미지가 깎이는 것을 되게 싫어"합니다. 전화를 잘 받는 것도
중요해서, 불친절하거나 존댓말을 잘못 쓰거나, 친구분 전화를 받아
전해드리겠다고 해놓고 변호사한테 이야기를 안 했다거나 하는 일에
"목숨을 겁니다". 그와 일하는 동안 강예리씨는 늘 "나 같은 사람은
범접할 수 없는 사람인가보다" 하고 생각했습니다. 이런 범접할 수 없
음에 대한 강예리씨의 설명을 들어봅시다.

존경한다는 뜻이 아니에요. 제가 그분을 존경해서 그런 게 아니
라 워낙 권위적이기 때문에 저도 모르게 위축이 돼요. 권위적이라
고 해서 권위를 휘두른다는 게 아니라 사람이 각이 잡혀 있어요.
완전히 다른 세계 사람 같아요. 함부로 대하지를 못하겠더라고요.
무서워요. 그분이 무서워서 무서운 게 아니라, 함부로 대하지를
못하겠어요.(강예리, 6면)

강씨는 그 판사 출신 변호사에게 받은 위압적인 느낌을 표현하려
고 애를 썼지만, 제대로 되지 않았습니다. 권위를 휘두르는 것은 아닌

데 권위적이고, 무서워서 무서운 게 아니라 함부로 대할 수 없는, 그런 판사 출신 변호사들을 표현하기 위해 그녀는 결국 한 단어를 찾아 냈습니다. "네, 포스요, 포스. 포스가 막 뿜어져 나오는 거예요." 판사 출신 변호사에게서 뿜어져 나온 것은 바로 「스타워즈」의 제다이에게서나 나오는 포스 그 자체였습니다. 「스타워즈」의 '포스'가 신적인 권위나 힘을 상징한다면 신성가족의 정점에 있다가 막 내려온 사람을 표현하는 데 이보다 더 적절한 말도 없겠지요. 강씨는 포스에 관해 계속 설명합니다.

> 깍듯한 거에 목숨 걸어야 돼요. 대통령 모시듯이 해야 하고, 그렇게 하지 못하면 예의 없는 경우가 되고, 그러면 변호사님이 말은 안 하는데 표정이 안 좋죠. 그런 분들은 대놓고 말을 안 해요. 대놓고 화내는 것도 자기 체면이 깎인다고 생각하기 때문에 대놓고 화는 안 내는데 그 불쾌함이 표정과 말투에 나타나죠. 왜냐하면 그 분들은 서 있는 것만으로도 그게 강렬하잖아요. 거기에 기분 나쁜 거를 얼굴에 표시하면 그게 확 느껴져요. 네. 말을 하지 않아도 뿜어져 나와요. 손님들 오는 거에 대해서는 예의 있게 대하기를 원하시죠. 왜냐하면 잘못되면 자기가 욕먹으니까. (강예리, 6면)

개업한 이후에도 명예와 예의에 목숨 거는 어느 판사 이야기는 그가 법원에서 훈련받은 능력과 원만함, 권위가 일반인의 눈에는 얼마나 이상해 보이는지를 상징적으로 보여줍니다. 그가 이처럼 예의를 강조하게 된 까닭은 앞서 살펴본 것처럼 평판이 두려워서일 수도 있고, 한번 찍히면 끝장인 법조계 분위기를 누구보다 잘 알기 때문에 예의를 체질화한 결과일 수도 있습니다. 어쨌든 중요한 것은 제다이 같은 포스가 넘치는 변호사가 막상 자기 사무실 직원의 존경을 얻는 데는 실패했다는 사실입니다. 그의 과장된 포스와 초라한 내면은 한편우스우면서도 다른 한편 우리를 매우 씁쓸하게 만듭니다. 그리고 전부는 아니겠지만, 이런 포스를 무기로 고액의 수임료를 뜯어내는 변호사들은 우리를 절망케 합니다. 법원, 검찰과 일반시민들 사이에 의사소통의 다리를 놓아야 하는 변호사들이 오히려 불신의 강을 도저히 건널 수 없게 하는 썩은 다리가 되고 만 셈입니다.

여덟번째 시험 : 감시자도 삼켜버리는 블랙홀

일곱가지 시험과 유혹을 거치고 나니 결국 과장된 포스와 초라한 내면뿐인 변호사 한명이 남았습니다. 이야기를 마무리하면서 우리는 몇가지 의문을 품게 됩니다. 꿈 많은 고시생, 법률가 지망생이 이렇게 변해가는 과정에서 왜 적절한 감시와 견제 시스템이 작동하지 않았는가? 시민들이 법원과 검찰을 이해하기 위해 보낸 '의사소통의 사신(使臣)'이라 할 수 있는 기자나 시민단체 사람들은 과연 어떤 역할을 하고 있는가?

흥미롭게도 법조를 감시하는 사람들 역시 최고의 엘리트로 불릴 만했습니다. 법조계를 감시하는 업무를 오랫동안 담당해온 시민단체 간사도, 그 시민단체에서 주로 활동하는 법대 교수들이나 변호사들도, 법조를 출입하는 기자들도 거의 예외 없이 서울시내에 있는 이른 바 명문대학 출신들이었고, 대체로 사람들이 손꼽는 학과 출신들이었 습니다. 태생적으로 거의 같은 유전자를 가진 집단이란 말씀이지요.

> 옛날에 확실히 그랬어요. 제가 입사를 1990년대 중반에 했는데요. 각 기수에서 똑똑한 애들을 법조에서 데려다 썼어요. 한국사회 엘리트 집단에 가는데 엘리트를 보내야 한다는 게 뭐 말하자면 비슷한 로직(logic)인데요. 법조는 취재 자체가 단순히 몸으로 열심히 뛰는 것뿐만 아니라 다양한 스킬이 필요하고, 사실은 법조라는 데가 요컨대 특정 대학을 나오면 아무래도 조금 접근이 쉽고. 그렇게 호락호락한 취재처도 아닌데 그러면 아무래도 좀 특정 대학을 나온 선수들을 많이 보내게 되고. 그런 측면도 있고요.(송형진, 1면)

송형진 기자는 법조 출입기자들을 뽑을 때 "각 기수에서 똑똑한 애 들을 데려다 쓰는" 전통이 있었다고 말합니다. 그 이유도 단순합니다. "한국사회 엘리트 집단을 취재하는데 엘리트를 보내야 한다"는 것입 니다. 몸으로 뛰는 것만으로는 부족한 다양한 스킬이 필요하다고 했 지만, 결국 노골적으로 이야기하자면 "특정 대학을 나오면 아무래도 조금 접근이 쉽다"는 의미였습니다. 호락호락한 취재처가 아니기 때 문에 특정 대학 출신이 확실히 유리했습니다. 황영범 기자도 똑같은 이야기를 했습니다. 자기 자랑같이 들릴 수 있다고 매우 조심스러워 하면서도 "원래 법조계는 기자들 중에 아무나 오는 곳이 아니었고, 각 언론사별로 에이스가 아니면 올 수가 없었다"고 말합니다. 법조계

자체가 언론사들끼리 "취재력 경쟁"을 하는 곳이었기 때문입니다. 그래서 법조기자를 한번 하면 다른 부서로 갔다가도 다시 돌아오는 경우가 많습니다. 그것을 "재수한다" "삼수한다"고 표현하기도 합니다. 즉 법조 출입기자팀은 "정말 잘하는 애" 혹은 "특별한 인연 있는 기자"를 데리고 와서 1~2년쯤 쓰고 다른 데 보내서 "쉬게 한 다음에" 다시 데리고 오는 곳이지요. "정말 잘한다"는 평가를 받은 법조계 출입기자들 중에는 6~10년씩 "붙박이"로 출입하는 사람이 있을 정도입니다.

법조계를 출입하는 기자들이 이런 식으로 오랜 기간 법조계에 머물다보니, 판검사들과도 상당히 깊은 인연을 맺게 됩니다. 법조기자를 3년쯤 하면, 취재대상으로 한참 부대끼고 충돌하며 우정을 맺었던 사람들이 지방근무를 마치고 다시 서울로 올라오는 것까지 볼 수 있지요. 검찰 출입기자들은 주로 부장이나 차장검사들을 만나는데, 이들이 서울에서 일하다 잠깐 지방을 돌고 다시 올라올 때에는 "엄청 요직"으로 가는 경우가 많습니다. 언론사 팀장이나 데스크 같은 경우에는 법무부나 검찰청을 출입하면서 만났던 사람들이 불과 몇년 만에 국정원장, 법무부장관, 검찰총장 등이 되어 있는 것도 목격하게 됩니다. 아는 사람들로 짜인 "라인업"을 보면 편하기도 하고 욕심도 생깁니다. "알던 사람들이 모두 위에 가 있기 때문"입니다.

이 정도 되면 기자들이 검사들의 인사에도 영향을 줄 수 있습니다. 법조기자들 중 이른바 "일진"에 속하는 팀장들은 주로 대법원에 머물며 직접 기사를 쓰지는 않습니다. 송형진 기자는, "일진들의 카르텔"은 검찰 인사 때 한두명 "신경을 써줄 수 있는 수준"의 힘은 있다고 말했습니다. 특히 공보관 인사에는 당연히 기자들의 영향력이 작동합니다. 지방으로 내려갈 때도 "좀 서울 가까이 가도록 하는" 정도는 가능합니다. 공보관을 임명할 때 "걔는 공보관 시키면 절대 안 돼요. 그친구는 그렇게 뻐딱하고 까칠한데 어떻게 기자를 상대하겠어요"라는 이야기를 들으면, 기자들과 관계를 "잘 유지해야 하는" 입장에서 이를 반영하지 않을 수 없다는 것입니다. 그렇게 기자와 검찰 사이에 "끈끈한 유대관계가 계속 가게" 된다는 이야기였습니다.

법조기자들이 검찰 인사에도 영향을 준다는 이야기는 상당히 놀랍습니다. 감시받는 사람과 감시하는 사람들끼리의 상호작용은 때때로 넘지 말아야 할 선을 넘습니다. 송형진 기자의 경우에도 처음에는 "쟤들은 뭐야" 하는 생각으로 검사들을 비웃을 때가 많았는데, 막상 법조계에 출입하기 시작하니 금방 자신도 그 문화에 "녹아 있음"을 깨달았습니다. 또한 법조기자가 누리는 "권력이 얼마나 대단한 것인지도" 많이 생각하게 되었습니다. 취재대상보다 훨씬 나이가 젊은 기자들 입장에서는 그들과 동반성장하고 권력을 공유하면서 짜릿한 쾌감도 느낍니다. 기자들이 정보를 제공할 대상인 일반시민보다 정보를 제공받는 소스인 취재대상과 오히려 더 가까워지는 것입니다. 이렇게 만들어진 관계가 신문사의 이익을 실현하는 청탁의 통로로 활용되기도 한다는 사실은 앞서 3장에서 언급한 바 있습니다.

법조기자들은 치열한 취재경쟁 속에서 하루하루를 보냅니다. 법조계에는 거의 매일 국가를 뒤흔들 만한 큰 사건이 터지기 때문입니다. 예를 들면 조모 고등법원 부장판사의 법조비리 사건이 터져서 기자들이 열심히 취재를 하다보면, 바다이야기 사건이 터져서 법조비리 사건을 덮어버립니다. 바다이야기 건이 끝나가나 하면 일심회 사건이 터지고, 일심회 건이 마무리될 즈음에는 BBK 사건이 터지는 식입니다. 이렇게 늘 사건이 넘치니 A라는 사건으로 B라는 사건을 덮으려는 시도도 충분히 있을 수 있습니다. 2007년에 떡값 검사 이야기가 나올 때에 일각에서는 "이걸 덮을 만한 큰 사건이 없겠느냐"는 압박을 일선 검사들에게 넣기도 했다고 합니다. 늘 큰 사건이 있기 때문에 특종경쟁도 그만큼 치열할 수밖에 없습니다.

> 특종경쟁이랄까? 어느 신문에서 1면에 또 뭐가 실렸네, 라고 뒤통수 한대 맞으면 확인하고 이걸 어떻게 한번 반까이, 저희 용어로 만회를 해줄 것인가 고민해야 합니다. 한방을 얻어맞았으면 한방을 날려줘야 하는 이 특종경쟁이 정치부를 제외하면 가장 심한 데가 아마 법조일 테고요. 스트레이트 기사가 그만큼 많은 데고요. 파워 있는 스트레이트가 법조만큼 많은 부서가 잘 없어요. 여기는 한두마디만 들으면 1면 톱을 쓸 수가 있어요. 별로 말이 필요치도 않아요.(송형진, 5면)

이런 치열한 특종경쟁 속에서 어떤 검사에게 한두마디만 들어도 바로 1면 톱을 쓸 수 있는 사람들이 법조기자들입니다. 예를 들어 검사가 슬쩍 "어느 쪽을 좀 들여다봐"라고 한마디 해주거나, "뭐 몇장짜리 되더라" 한마디만 해줘도, 기자는 엄청난 분량의 기사를 쓸 수 있습니다. "그것 하나만 들어도" 요소요소 취재를 하면 "퍼즐 맞추기로 수사의 방향을 잡을 수 있다"는 이야기입니다. 이런 한마디를 듣기 위해 기자들은 물불을 가리지 않습니다. 당연히 검사들과 술도 많이 마셔야 합니다. 기자들이 취재를 위해 얼마나 많은 술을 마셔야 하는지는 이미 2장에서 이야기했습니다.

검사들과의 관계만 중요한 것이 아닙니다. 저는 신정아 사건이 진행되는 동안, 수사 담당자들이 제정신인가 하는 생각을 여러번 했습니다. 신문에 신정아씨가 "오빠 사랑해"라는 이메일을 보냈다는 식의 기사가 매일 대문짝만하게 실렸습니다. 정말 이상한 일입니다. 신정아씨가 자기 입으로 기자에게 그 소리를 했을 리도 없고, 변양균씨가 자랑을 하고 다녔을 리도 만무합니다. 그런데도 그런 기사가 실립니다. 그 사실을 아는 사람은 분명히 수사 담당자들밖에 없을 텐데, 사건의 본질과 전혀 상관없는 사생활 침해 기사들이 매일 지면을 채웠습니다. 술자리에서 무용담처럼 그 이야기를 들려주었을 누군가도 한심하지만, 그걸 실어주는 기자들은 더 한심하다고 생각했습니다. 나중에 어느 신문의 기자 한명이 누드 사진 게재에 항의하다가 사표를 썼다는 이야기를 전해 듣고, 거기도 제정신인 사람이 남아 있기는 한 모양이라고 안도했을 정도로 기자들에게 실망했습니다.

이런 일이 일어날 수밖에 없는 구조를 송형진 기자는 이렇게 설명했습니다. 기자와 검사는 철저히 공생관계를 맺습니다. 검사가 아무리 사건을 열심히 수사해도 "기사가 한줄도 안 나오면 그 사건은 죽습니다". 수사가 제대로 되려면 "시시콜콜한 것까지 스트레이트로 하나씩 기사로 나오다가, 박스 기사도 하나 나와주어야" 합니다. 말로는 "우리가 기소하는 내용만 보도해달라"고 하지만, 검찰 입장에서도 주변 여론을 봐가면서 수사를 해야 하고, 검찰에 우호적인 여론을 끌어내야 하기 때문에, 수사 진행상황을 "조금씩 흘려줄 수밖에" 없습니다. 피의자가 "나쁜 놈이라는 스탠스(stance)"가 유지되지 않으면 여론이 무고한 표적수사 또는 정치수사라는 쪽으로 흐를 수 있기 때문입니다. 기자들은 검사들이 그렇게 흘려주는 것을 "받아먹습"니다. 이런 분위기에서 신정아씨의 인권을 고려해줄 여지는 없습니다. 기자들 입장에서도 "인권을 생각하기 이전에 얘가 진짜 이렇게 나쁜 짓을 했어? 웃기는 사람이네, 생각하고는 그 시시콜콜한 것도 모두 받아적게 되는 까닭"입니다.

이런 공생관계 속에서 때로는 검증도 없이 검사의 말을 그대로 받아 적어야 하는 일도 생깁니다. 물론 검사뿐만 아니라 수사관이 출처가 되는 경우도 있습니다. 큰 사건이 있을 때는 검사가 아니라 수사관이 "빨대" 노릇을 할 때도 많습니다. 그러나 여기서 중요한 것은 누가 그런 이야기를 퍼뜨렸느냐가 아니라, 기자들이 왜 그런 이야기를 검증 없이 "받아쓰느냐"입니다. 황영범 기자는 근본적으로 "법원이나 검찰 쪽 이야기에 신빙성을 두고, 그에 배치되는 주장은 귀담아 듣지 않는 취재환경"이 문제라고 지적했습니다. 다른 쪽 이야기까지 검증하려면 "엄청난 시간과 품"을 들여야 하는데 늘 시간에 쫓기는 기자들로서는 그럴 여유가 없습니다. 검찰과 법원은 공신력 있는 국가기관이기 때문에 그쪽 이야기는 그들의 멘트 자체로 바로 "신뢰성을 담보"한다고 받아들입니다. 다른 쪽 사람들의 이야기는 당장 "이 사람이 어디서 굴러온 사람인지 그 삶을 어떻게 믿느냐?"고 의심할 수밖에 없지만, 검찰 관계자가 한마디 하면 기자들도 "바로 쓰는" 방향으로 나갈 수밖에 없습니다. 이런 상황에서 법원이나 검찰이 자신들의 이익을 위해 사건내용을 왜곡하기로 마음먹으면 얼마든지 그럴 수 있습니다. 왜냐하면 기자들은 그런 미세한 왜곡을 알아차리지 못하고 역시 그대로 "받아쓸" 것이기 때문입니다.

기자들이 일상적으로 받는 압박은 이런 왜곡 가능성을 증폭시킵니다. 데스크에서는 언제나 기자들이 그럴 듯한 이야기, "힘 있는 이야기"를 가져오기를 기대합니다. 기자들이 쌈박한 기사를 가져오지 않으면 "초를 치기도" 합니다. 여기서 초를 친다는 것은 일을 망친다는 의미가 아니라, 좀더 맛을 낸다는 의미입니다. 황영범 기자는 현장 기자들도 초를 치는 경우가 있지만 "사실상 큰 초는 데스크들이 친다"고 말합니다. 일선 기자들이 기사를 써서 보내면, 데스크가 어떻게 고치는지를 내부 망을 통해 확인할 수 있습니다. 데스크가 손을 대고 나면 사실관계, 문장, 단어 모두 일선 기자가 처음 쓴 것과 다른 경우가 많습니다. 예를 들어 검찰이 앞으로 이렇게 할 "방침이다" "예상된다" "검토하고 있다"고 쓴 기사는 데스크가 모두 "뭘 하기로 결정했다"고 고치는 식입니다. 데스크가 볼 때에는 뭘 검토했다는 식의 기사는 "힘이 없기" 때문에 일선 기자에게 이렇게 말한다고 합니다. "그렇게 할 가능성이 더 높지? 그럼 한다고 해. 그걸 가지고 검찰에서 항의전화하지 않아."

물론 검찰에서 그 정도 가지고 항의전화를 하지는 않습니다. 그리고 "더 강한 자극을 주겠다"며 데스크가 초를 치는 일은 많은 신문사에서 일상적으로 일어납니다. 이게 더 심해지면 "위에서 아예 기사의 주제를 찍어서 내려 보내는 경우"도 생깁니다. 기자에게 "어떤 방향으로 취재해보라"고 지침을 주는 방식입니다. 그 지침대로 사실이 확인되면 다행인데, 취재 결과 다른 내용이 나왔을 때가 문제입니다. 이런 때 일선 기자가 "현실은 그게 아니더라"고 보고하면 윗사람의 반응은 이렇습니다.

> "부장님, 이건 아닙니다. 취재해보니까 사실과 다릅니다" 그러면 "더 찾아봐" 이럽니다. 그런 경우가 계속 되풀이되면 현장에 있는 기자들은 만들어서라도 쓰고 싶은 그게 생겨요. 못 찾으면 능력이 없는 거거든요. 부장이 생각하는 그 주제대로 멘트와 팩트를 못 찾아내는 기자들은 결국 능력이 부족한 거가 되거든요. 그니까 이제 현장기자들이 지어내서 쓰는 경우도 생기는 거고, 취재원한테 계속 유도심문을 해서 받아내는 경우도 생기는 거고, 그건 뭐 각 기자들이 어떻게 하는지는 모르겠으나, 그런 식으로 내려 보내는 대로 쓰는 경우들도 많구요. (황영범, 30면)

지시대로 결과가 나오지 않으면 계속 다시 취재를 해야 합니다. 부장의 입맛에 맞춰 "멘트와 팩트를 못 찾아내는 기자들은 결국 능력이 부족한" 사람이 되고 맙니다. 자꾸 이런 일이 반복되다보면 "만들어서라도 쓰고 싶은 그게" 생깁니다. 적극적으로 왜곡해서라도 부장의 입맛에 맞추고 싶은 마음입니다. 그런 점에서 기자들도 부장의 납기일에 맞추어 납품을 해야 하는 판사들과 다르지 않습니다. 담당 기자 이름으로 기사가 나가지만 실제 작성자는 데스크인 것도, 담당 판사 이름이 적혀 나가지만 실제로 결정을 내린 사람은 부장판사인 경우가 많은 법원과 비슷합니다.

어쨌든 이런 식으로 자극적인 기사를 부풀려 생산해내는 신문들은 무책임하게 의혹을 제기하고 아무런 책임을 지지 않습니다. 의혹이 사실이 아니라고 판명되어도 그걸 기사화하고 사과하는 신문은 거의 없습니다. 보수 신문이든 진보 신문이든 이 점에서는 대동소이합니다. 황영범 기자는 면담 며칠 전 어느 신문에 기사화되었던 연세대 총장의 편입학 비리 의혹을 예로 들었습니다. 그 의혹으로 신문이 "총장을 날렸는데" 검찰은 무혐의로 수사를 종결했습니다. 처음 그 사건을 보도한 신문은 당연히 이런 무혐의 결과를 인정하지 않았습니다. "검찰이 섣불리 사건을 덮으려 한다는 다른 검사나 관계자들의 멘트를 인용"해서 적당히 넘어갑니다. 황기자는 총장이나 그 부인의 비리가 있었는지 실체적 진실은 알 수 없지만, 신문의 의혹제기가 대개 이런 식으로 끝나는 것만은 분명하다고 말합니다. 검사들은 공생관계 속에서 기자들이 쓴 기사의 도움을 받기도 하지만, 반대로 이런 기사에 휘둘려 수사가 "엉망진창"이 되기도 합니다. 기자들의 의혹제기에 따라 이리저리 흘러가다가 수사가 "산으로 가게 된다"는 것입니다.

취재경쟁 속에서 이런 왜곡이 일어나는 것도 문제이지만, 김용철 변호사가 폭로한 삼성비리 사건처럼 전혀 다른 차원의 왜곡이 생기는 경우도 있습니다. 황영범 기자는 삼성 사건은 여러가지로 참 이상했다고 이야기합니다. 언론사들은 "사실상 취재를 포기"했습니다. 신정아 사건 때 두 사람 사이에 오간 이메일까지 캐내 보도하던 맹렬한 기자들이 모두 사라져버린 것입니다. 물론 기자들이 취재를 아예 안 한 것은 아닙니다. 그저 그런 기사가 우리 눈에 띄지 않았을 뿐입니다.

『미디어오늘』에 삼성특검에 대해서 보도경쟁이 없다고 나왔는데요, 대부분의 신문에서 사실상 취재를 포기한 건 맞아요. 삼성에 비판적인 기사를 쓸 수 없기 때문에, 삼성특검 기사를 쓰면 어차피 삼성에 안 좋은 기사일 수밖에 없기 때문에, 삼성 입장에서는 사실 특검 기사가 안 나오는 게 제일 좋은 게 아니겠어요? 그래도 취재하려고 하는 신문사들이 있어요. 조중동도 취재를 하려고 하거든요. 조중동도 취재를 포기한 게 아니고요. 거기도 "나오면 쓰겠다"는 입장이에요. 왜냐하면 취재경쟁이라는 거는 굉장히 무서운 거거든요. 선수들끼리의 전쟁이에요. 그러니까 조선일보 기자이고, 중앙일보 기자이고 삼성과 특수한 관계이기 때문에 취재 안 해도 되겠다, 그런 거는 거의 없다고 저는 생각해요. 예, 취재를 하는데 안 나오는 경우가……(황영범, 34면)

황기자는 삼성 사건에 대해서 조선일보나 중앙일보도 취재는 열심히 했다고 이야기합니다. "취재경쟁이라는 것은 굉장히 무서운 것"이고 "선수들끼리의 전쟁"이기 때문에, 기자들이 알아서 나는 "삼성과 특수한 관계이기 때문에 취재를 안 해도 되겠다"고 생각하는 일은 없습니다. 그런데도 신문이 제대로 보도 안 한 사정에 대해서 뭔가 이야기하려다 황기자는 더이상 말을 이어가지 않았습니다. 이야기를 다른 방향으로 돌려서 대형 신문사나 방송국처럼 힘 있는 언론들은 검찰 수사관들에게 대포폰까지 주어가면서 자신들에게만 수사 상황을 알려주는 "빨대"를 관리한다는 이야기만 했습니다. 취재경쟁은 있지만 보도는 안 하는 사건이 있다는 사실은 우리 언론의 현주소를 분명히 보여주는 사례입니다.

사법을 감시해야 할 법조기자들이 권력과 공생하며 그 권력을 함께 누리는 현실을 바라보면서, 법조라는 블랙홀이 운동권을 빨아들이더니 이제는 기자들까지 빨아들이고 있다는 생각을 합니다. 법원이나 검찰이 기자들을 자기편으로 만드는 것은 꼭 권력의 힘만은 아니었습니다. 기자들은 열심히 일하는 판검사들에게 감동을 받고, 개인적으로 따뜻해 보이는 판검사들과의 우정을 소중히 여깁니다. 법원의 경우에는 공보판사들이 주로 기자들을 상대하며 우정을 쌓아가는데, 황영범 기자는 "기자들이 술 먹고 싶을 때 찾아가서 공보판사들을 땡겨 먹는" 일도 많다고 이야기합니다. 함께 술을 마시고 가까이에서 지켜보면서 기자들은 이런 판사들이 돈을 먹거나 부패할 리는 없다고 확신하게 됩니다. 판사들이 다들 신사적이고 "원만한" 사람들이기 때문입니다. 공보관을 맡은 판사들은 부장판사 승진을 눈앞에 둔 경우가 많고, 상당수는 법원행정처를 거친 엘리트들입니다. 이런 판사들을 만나고 나면 가끔 터지는 법조비리 사건들에 대해서는 그저 '아, 요즘에도 그런 나쁜 판사가 다 있구나' 생각하고 넘어가게 됩니다. 이런 모습을 공성원 판사는 매우 부정적으로 평가합니다.

> 노무현 정부의 행정부에서는 기자실 폐쇄를 했지만, 사법부에서는 공보관이라고 하는 걸 두고 기자실을 폐쇄하지 않았거든요. 오히려 공보관들이 지방법원마다 생기고 기자들 만나 술 사주고 합니다. 아니 지금 같은 분위기에서 판사님이 술 사줘보세요. 기자들이 얼마나 좋아하겠습니까. 서울에서는 아예 기자들 사이에 자

기 호주머니에서 돈을 내기 어려우니까. 제일 만만한 게 법원행정
처라는 이야기도 있습니다. 제일 시원시원하게 술값 해결해주니
까.(공성원, 23면)

공판사는 법원행정처 판사들과 공보판사들이 법조계의 모든 문제
에서 일정한 틀을 만들어낸다고 비판했습니다. 재판에서는 반드시 승
자와 패자가 생기기 때문에 누군가는 불만을 가질 수밖에 없다거나,
두 차례의 법조비리 사건 이후 법원이 매우 깨끗해졌다거나 하는 이
야기도 모두 이들이 만들어낸 일종의 틀이라는 것입니다. 판사님이
술을 사주면서 이런 이야기를 하니 기자들도 신뢰하게 되고, 그 틀에
맞추어 받아쓰기 때문에 근본적인 문제들을 발견하기 어렵습니다. 공
판사의 의견에 전적으로 동의하지는 않는다 하더라도, 기자들이 취재
대상과 지나치게 밀접해지면 위험하다는 것은 상식입니다. 법조계 사
람들이 만들어놓은 틀을 가장 경계해야 하는 사람들이 바로 기자들
이기 때문입니다.

시민단체에서 수년간 사법감시 업무를 맡아온 안경빈 간사는 법조
계가 어떻게 돌아가는지에 대해서 자신 있게 이야기하지 못했습니다.
법조인들이 쌓아놓은 성벽이 너무 높기 때문에 그 안에 들어가보지
못한 한계를 많이 느끼고 있었습니다. 직접 재판을 받거나 몸으로 법
원 검찰을 겪어본 일이 없기 때문에, 안간사의 이야기는 대부분 "풍문
으로 들은 것" 또는 "함께 일하는 교수들이나 변호사들에게 들은 것"
에 기초했습니다. 실제로도 그가 맡은 일들은 사무실에서 법조 관련
기사들을 실시간으로 체크하고 그 안에서 문제점을 찾아내 가공하여

전달하는 것입니다. 법조계를 제대로 이해하기란 너무 힘든 일이기 때문에, "제대로 문제점을 분석하거나 사법피해자들에게 상담을 제공하는 것도 불가능"하다고 했습니다. 그에게도 법조계는 가까이 하기에 너무 먼 당신이었습니다.

> 저도 사무실에서 서류작업 위주로 하다보니까, 우리 사무실의 일을 도와주는 변호사들이나 이런 분들 외에, 진짜로 상대방이 될 수 있는 변호사들이나 판검사들을 직접 만나보는 일이 별로 없어서 현실적인 체험이 적은 편이긴 하죠. 예전에 문제 있는 판결문 표지에 "우리가 이런 소송을 제기했는데, 이렇게 판결이 났는데, 이 판결에 대해서 조금 납득할 수 없는 부분이 있으니 판결문을 전체 법조인들이 보시기를 바랍니다"라는 식으로 전국 판사들에게 돌린 적이 있습니다. 그걸 받아본 판사들의 반응을, 제가 우리 쪽 교수님들을 통해서 들은 다른 정보라든지 풍문이라든지 이런 걸 보니까, 모든 판사들이 그런 건 아니지만 판사들이 엄청나게 기분 나빠하는 사람들이 많았다, 이런 이야기를 간접적으로 전해 듣게 되었는데……(안경빈, 9면)

기자들이나 안간사의 이야기를 듣다보면, 우리 법조계의 감시자들은 두 종류로 나뉘는 것 같습니다. 하나는 '너무 가까이 다가가서 동화되어버린 기자'들이고, 다른 하나는 '너무 멀리 있어서 내부 이야기를 간접적으로만 들을 수 있는 시민단체 간사'들입니다. 너무 먼 것도 너무 가까운 것도 감시자 역할을 하기에 적절치 않습니다.

민주사회를위한변호사모임 같은 진보적 변호사 단체는 어떨까요? 손기병 교수는 민변의 활동에 대해서도 상당히 비판적이었습니다. 민변 자체가 사회개혁의 걸림돌이 되었는데도 이를 인식하지 못하고 "자꾸 다른 일을 통해서 면죄부를 얻으려 한다"는 것입니다. 국민들 입장에서는 국가보안법 사건으로 변론받기보다 당장 꿔준 돈을 못 받았거나 억울하게 얻어맞은 일을 위해서 싸워줄 변호사 한명이 더 시급할 수도 있습니다. 그런데 민변은 그런 국민들에게 충분한 숫자의 변호사를 공급할 생각은 하지 않고, 변호사 정원제를 유지하려고 하면서 국가보안법 변론만 하고 있다는 것입니다. 손교수의 눈에는 결국 민변도 "내 밥그릇을 지키는 범위"를 벗어나지 못하고 있는 조직으로 보였습니다. 변호사 정원제 철폐에 동참하지 않는 민변을 손교수는 이렇게 비판합니다.

> 물론 변호사 정원제 철폐라는 내용 자체를 반대하는 사람들도 있어요. 그런데 그런 사람들의 주장은 변협하고 똑같아요. 변호사 숫자 이 정도면 충분하다. 그러니까 변호사 숫자가 늘어서 더 먹고살기 어려워지면 우리가 민변 같은 데 나오겠느냐는 얘기예요.(손기병, 15면)

손기병 교수는 민변에도 변호사 숫자는 지금도 충분하다고 생각하는 사람이 많다고 전합니다. "변호사 숫자가 더 늘면 우리가 민변 같은 데 나오겠느냐?"면서, 기득권을 포기하지 못한다는 것입니다. 이런 주장에 대해서 손교수는 "그럼 민변이 좋은 일 하도록 하기 위해서 다른 사람들이 희생해야 한다는 것이냐?"고 반문합니다. 한정된 변호사 숫자 때문에 국민들이 제대로 서비스를 받지 못하는 현실을 외면하는 것은 변호사들을 위해 국민 전체를 희생하는 것과 같다는 이야기입니다. 손교수는 변호사 숫자가 많아지면 질이 떨어지고 사기치는 사람들이 늘어날 거라는 점에서 대한변협과 민변의 의견이 다르지 않다고 봅니다. 이런 의견에 대해 손 교수는 "그럼 변호사들 사기치지 말라고, 정원을 유지하자는 거냐?"면서 국민이 도대체 변호사에게 "정원제 유지라는 뇌물"을 줘야 하는 이유가 무엇이냐고 묻습니다. 손교수의 지적은 결국 민변 같은 비교적 양심적인 변호사 그룹도 신성가족의 기본틀을 벗어나기 어려움을 보여줍니다. 사법시험 합격자들의 견고한 내면의 성벽을 깨기란 현재로선 거의 불가능해 보입니다.

에필로그

억지로 찾아본 희망

"우리가 두려워해야 할 유일한 것은 두려움 그 자체이다."

프랭클린 D. 루즈벨트 「1933년 대통령 취임 연설」

모두가 불행한 법조계

이번 면담을 통해서 확인한 사실을 정리해보겠습니다. 우리 사법은 적어도 외형적으로는 1990년대 후반과 비교할 수 없을 정도로 깨끗해졌고, 관행적으로 존재하던 금전수수는 거의 사라졌습니다. 생각하기에 따라서는 눈부신 변화를 겪었다고 볼 수도 있습니다. 그런데도 법조계 안팎의 깊은 불신은 사라지지 않고 있습니다.

우선 시민들은 법을 잘 지켜야 할 대상으로 인식할 뿐, 현실적으로 도움을 받을 수 있는 제도로 생각하지 못했습니다. 변호사의 도움을 받는 데 돈이 너무 많이 든다고 지레 겁을 먹고 아예 처음부터 법률문제는 '포기가 곧 지혜'라고 생각합니다. 실제로 법률문제에 시달려본 구술자 중에는 판검사들이 변호사를 통해 돈을 받는다고 믿고 변호사에게 거액을 건넨 사람도 있습니다. 법원에만 가면 "어린아이가 엄마한테 무슨 잘못을 저질러서 판결을 내려주기를 기다리는 것처럼" 가슴이 쿵쾅거리고 떨린다는 시민이 있을 정도로, 법원이나 검찰은 여전히 시민들에게 무서운 조직입니다. 인맥으로 칠 법조인이 한명도 없는 85.8퍼센트의 시민들에게는 사법 자체가 미지의 세계입니다. 약자가 권리 침해를 받고 있을 때는 침묵하던 법이, 견디다 못한 약자가 그걸 세상에 알리고 바로잡기 위해 몸을 일으키는 순간 뒤늦게 개입하여 약자만을 처벌한다는 절망적인 의견도 들었습니다. 그만큼 불신의 뿌리는 깊습니다.

시민들이 이런 고통을 겪는 동안 법조인들이라고 해서 그들만의 세상에서 행복한 삶을 살고 있지는 못했습니다. 실비, 휴가비, 전별금 등이 관행이었던 시절에도 판검사들은 그리 행복하지 않았습니다. 사법시험이라는 바늘구멍을 통과하여 신성가족의 일원이 된다 해도 가야 할 길은 멀기만 했습니다. 평판이 인생을 좌우하는 좁은 법조계에서 전관 변호사들은 판검사들에게 신성가족의 아버지이자, 스승이자, 평판을 만들어내는 무서운 선배들이기도 했습니다. 승진을 하려면 실력뿐만 아니라 원만하다는 좋은 평판도 얻어야 했습니다. 평판이 두렵기 때문에 판검사들은 돈도 청탁도 쉽게 거절할 수 없었습니다. 또 라이로 찍히지 않으려면 최소한 "알아보겠다"고 립서비스라도 해야 했습니다. 판검사들에게 전관 변호사들은 언제 무슨 청탁을 들고 올지 모르는 불편한 대상입니다. "전화 한통"을 기대하는 주변 사람들 때문에 때로는 판검사들이 직접 관선 변론에 나서야 할 때도 있었습니다. 감당할 수 없는 살인적인 업무량에 쫓기는 한편, 법원장이 가는 등산길에 얼음 재운 싱싱한 회를 딸려보내야 할 정도로 의전에도 신경써야 했습니다. 법원이나 검찰에서 어디까지 올라갔는지가 변호사 개업 이후의 수입도 좌우하기 때문에 승진을 쉽게 포기할 수도 없었습니다. 모든 시선이 신성가족 내부를 향하고 있기 때문에 시민들의 필요가 무엇인지 헤아릴 여유를 갖기 어려웠습니다. 시민들이 판검사들을 두려워하는 것처럼, 판검사들도 시민들이 부담스러웠습니다. 일에 쫓겨 사건을 완벽하게 이해하기가 어렵고 의사소통 기법도 제대로 배워보지 못한 까닭이었습니다.

그 고생을 하다 변호사 개업을 한다고 해서 쉽게 돈을 벌지도 못했습니다. 막상 변호사 개업을 하면 판검사 시절 그리도 불편하게 생각했던 바로 그 청탁을 시작해야 했습니다. 거액의 수임료를 받아내려면 판검사에게 로비한다는 뉘앙스도 잘 풍겨야 했습니다. 겉으로는 여전히 판검사 시절의 철철 넘치는 포스를 내뿜으면서, 뒤로는 브로커에게 수임료의 30퍼센트 이상을 건네야 할 때도 있었습니다. 어디까지가 적절한 수준의 접대인지 고민해보지만, 골프나 식사 대접을 하다보면 늘 결론은 '그게 그거'라는 결론에 이르렀습니다.

의사소통이 단절된 틈바구니에서 자라난 브로커라는 직업도 애환이 많았습니다. 법대 졸업생으로 청운의 꿈을 품고 또는 가정형편 때문에 사법시험을 포기하고 변호사 사무실에 취직했건만, 기본급으로는 생활이 너무 어렵고 언제 잘릴지도 모르는 불안정한 상태입니다. 그러다가 사건 소개만으로 수임료의 30퍼센트를 받는 선배들을 보고 자신도 브로커 일에 뛰어들어 사건을 열심히 끌어옵니다. 그러나 그것도 계속하려면 사람 관리를 위해 돈을 '투명하게' 나누어야 하고, 검찰에 붙잡혀 갈지 몰라 불안에 떨어야 하는 고된 생활이었습니다. 의뢰인을 직접 상대하며 신성가족의 제사장 노릇도 해보지만, 일이 잘못되면 중간에서 욕도 다 먹어줘야 했습니다. 변호사의 탐욕이 만들어낸 "알아서 해먹으라"는 분위기 속에서 변호사 사무실 직원들의 미래 역시 별로 밝아 보이지 않습니다.

이런 문제들은 서로 꼬리에 꼬리를 물며 연결된 까닭에 정확히 무엇이 뿌리인지 진단하기 어렵습니다. 그래도 이야기를 마무리하는 단계에서 굳이 그 불신의 뿌리를 요약해야 한다면 저는 '의사소통의 부재'와 '원만함이라는 신성가족 이데올로기' 두가지 문제를 지적하고 싶습니다.

—

의사소통의 부재

사람들 사이의 불신은 이해의 부족에서, 이해의 부족은 미흡한 의사소통에서 비롯되는 경우가 많습니다. 사법시스템에서 의사소통은 원칙적으로 '법정'에서 '말'로 이루어져야 합니다. 형사든 민사든 재판이 이루어지는 현장에서 자유롭고 합리적인 의사소통이 필수입니다. 그러나 우리 사법시스템에서 의사소통은 너무나 오랜 세월 동안 '말'보다는 전문가들끼리 주고받는 '글'을 선호했습니다. 거기에서 사용되는 언어들도 전문가들만 아는 독특한 전문용어일 때가 많았습니다. 그래서 사건을 직접 겪은 당사자라 할지라도 그 사건을 법원이나 검찰에 설명하려면 최소한 대서소라도 찾아가서 서류 작성에 도움을 받아야 했습니다. 그게 시간을 절약하는 효율적인 의사소통 수단으로 인정받았기 때문입니다.

그러나 글로 하는 의사소통에는 늘 한계가 있습니다. 인터넷에서

글로 진행되는 논의가 결국은 인신공격과 싸움으로 끝나는 것을 생각해보십시오. 한때는 동료였던 사람들도 인터넷에서는 사소한 대립이 불씨가 되어 걷잡을 수 없이 관계가 악화됩니다. 아무리 훌륭한 글도, 오가는 눈길과 표정의 미묘한 변화를 전달하지는 못합니다. 오해를 막기 위해서 이모티콘을 사용하기도 하지만, 웃는 표정의 이모티콘을 덧붙여도 사람 얼굴에 번지는 진짜 미소를 대신할 수는 없습니다. 웃으면서 애정을 가지고 쓴 글도 상대방은 모욕으로 받아들일 수 있으니까요.

그런데도 법원과 검찰은 말보다 글이 편하다는 것을 강조하기 위해서 "사람들은 모두 위증을 하므로 말은 믿을 수 없다"는 틀을 만들어냈습니다. 왜냐하면 말로 듣는 것보다는 법조인들끼리만 통용되는 용어로 잘 정리된 글을 읽는 쪽이 판검사들에게 훨씬 더 편하기 때문이었습니다. 말보다 글을 중시하는 이런 입장으로 인해 당사자 중 지식이 적은 쪽에 근원적인 불평등을 안겨왔다는 사실에는 아무도 관심을 기울이지 않았습니다. '공급자 중심'의 기본틀이 빚어낸 결과입니다. 모든 절차가 효율성을 빌미로 공급자 중심으로 마련되었고, 이 기본틀 속에서 당사자는 속 시원하게 질문 한번 던질 기회를 갖기 힘들었습니다. 피고인이 자기 선고형량을 제대로 듣지 못했는데도 손을 들고 다시 한번 말해달라고 이야기할 수조차 없는 삭막한 분위기였습니다. 변호사가 무슨 말을 하려고 해도 이를 끊는 판사가 많았고, 피의자가 말한 대로 피의자신문조서에 적어달라고 해도 수사기관 입장에서 이를 재정리하여 적는 검사가 대부분이었습니다. 그게 공급자 입장에서 편하기 때문입니다.

이런 식으로 소통이 단절된 곳에서는 그 소통을 대신해줄 브로커가 필요하게 마련입니다. 심지어 변호사와 소통하기 위해서도 중개자가 필요합니다. 전관 변호사들에게는 접근하기도 어려워서 의뢰인들은 주로 브로커들과 이야기를 나누었습니다. 변호사에게 사건을 재촉하고, 의뢰인에게 사건 진행을 설명해주는 것도 브로커의 몫일 때가 많았습니다. 브로커에 대한 '보이지 않는 비용'은 수임료를 증가시키고 그 부담은 고스란히 의뢰인들에게 돌아갑니다. 그럼 우리나라에서 '브로커' 딱지를 붙인 사람만 브로커일까요? 그렇지 않습니다. 형사사건에서 변호사들의 역할을 보면 법률지식보다 브로커의 능력이 필요할 때가 많습니다. 현재 형사사건에서는 수사기관의 절차상 잘못이나 피고인의 억울한 사정을 찾아내 무죄를 끌어내기보다는, 판검사들의 동정을 받아내는 것이 변호사의 주요 임무이기 때문입니다. 이렇게 판검사와의 '안면'을 통해서 사건을 해결하는 역할이라면 그는 변호사라기보다는 브로커에 가깝습니다. 변호사는 브로커에게 수임료의 일정 몫을 떼어주고, 브로커는 자기에게 사건을 소개해준 마당발, 총무, 공무원 등에게 또다시 일정 비율의 돈을 떼어주는 먹이사슬을 형성합니다. 이 먹이사슬에 관련된 모든 사람들의 소득은 다 불법이었습니다. 이 불법적인 비용 때문에 사법서비스는 시민들의 곁에서 더욱 멀어져만 갔습니다.

이 모든 문제는 변호사와 의뢰인, 변호사와 판검사들 사이의 소통이 단절되어 있기 때문에 생겼습니다. 변호사와의 안면이 왜 중요합니까? 판검사들이 일반적으로 법정에서 오가는 공식적인 이야기에는 신경을 덜 쓰고, 뒤로 안면 있는 변호사가 전해주는 이야기에 더 귀를 기울이기 때문입니다. 만약 판사가 법정에서 오가는 당사자나 변호사의 '모든' 말에 귀 기울인다면 이런 안면은 필요하지 않습니다. 검사에게 가는 "전화 한통"도 마찬가지입니다. 검사가 모든 당사자의 말을 정성스럽게 들어준다면 누구도 이런 전화 한통에 수천만원을 낭비하지 않습니다.

의사소통이 중요하다는 사실은 누구나 알고 있습니다. 법원은 2000년대 초반부터 의사소통 신모델이라고 해서 구술변론을 강화했습니다. 그러나 당사자나 변호사들의 이야기를 제대로 들어주기 위한 조건이 전혀 충족되지 않은 상태에서는 판검사들에게 아무리 의사소통의 중요성을 강조해도 소용이 없습니다. 판검사들이 제대로 의사소통을 하는 데 필요한 것은 충분한 시간의 확보입니다. 판검사들이 "감당할 수 없이" 많은 일에 시달리는 상황에서 의사소통을 제대로 못 한 책임을 그들에게만 돌릴 수는 없습니다. 지금까지의 사법개혁은 대부분 판검사들의 업무량을 늘리는 방향으로 진행되었습니다. 예를 들어 배심재판을 하자면 사건 하나를 해결하는 데 과거보다 몇배나 많은 시간이 필요합니다. 2007년에는 재정신청도 전면 확대되어 판사들의 업무는 더욱 늘게 되었습니다. 이야기를 제대로 들어주려면 시간이 필요한데, 계속 업무를 늘리면서 의사소통만 제대로 하라는 것은 애초에 말이 안 됩니다. 이야기를 제대로 들어주면 사람들이 결과에 승복하기 때문에 일이 오히려 줄어들 것이다? 물론 그런 면이 있습니다. 그러나 지금처럼 절대적으로 일이 많은 상황에서 그런 먼 미래의 일을 이야기해봐야 아무 소용도 없습니다.

우리나라 판검사들에게 요구되는 것은 초인적인 능력입니다. 흔히

들 "너무 똑똑한 사람이 법률가가 될 필요는 없고, 상식을 가진 보통 사람이 하면 된다"고 말합니다. 그런데 그동안 우리나라는 제일 똑똑하다는 사람들이 판검사가 되었는데도 시민들에게 만족을 주지 못했습니다. 업무 자체는 상식을 가진 보통사람이 할 수 있는 일이지만, 그 양은 초인도 감당할 수 없을 정도입니다. 이 초인적인 업무량이 "선천적으로 지혜롭거나 또는 개인적인 노력에 의해서 지혜로워지신 분들"에 의해서 다 처리되고 시민들도 만족할 수 있다면 다행이지만, 그렇지 못하다는 사실은 이미 충분히 증명되었습니다. 이런 시스템을 만들어놓고 나서 "세계 어디에서도 우리나라 경력법관들만큼 효율적으로 일하는 사람은 없다"고 경력법관제도의 장점을 옹호할 수는 없는 노릇입니다. 그런 비정상적인 고효율성의 그늘에는 반드시 의사소통 단절 문제가 독버섯처럼 자라나게 마련입니다.

의사소통의 단절로 생긴 사법 불신을 또다른 단절을 통해 해결하려는 것도 위험합니다. 사법 불신이 "사기치는" 재야 법조계 때문에 생겼다고 단정하고, 법원 입구에 슬라이딩 도어를 설치하는 위험한 발상 말입니다. 그렇게 "사기치면서" 살아가는 변호사가 엊그제까지는 '고고한' 판검사였던 사실을 망각하고, 그런 변호사들과의 단절을 시도하는 것도 우스운 일입니다. 의사소통이 잘 안 되는 상황에서 비정상적으로 의사소통이 잘되던 사람들이 있었습니다. 그런 전관 변호사들이 문제가 되니까, 평등하게 그 의사소통까지 막아버린다고 개혁이 될까요? 그렇지 않습니다. 의사소통이 안 되는 비정상적인 상황을 해소해야지, 모두가 평등하게 의사소통이 안 되는 상황을 만들어서는 안 됩니다. 일단 모든 사람들이 법원, 검찰과 순조로운 의사소통을 할 수 있도록 길을 열어주어야 합니다.

저는 판검사의 대폭 증원이 한가지 방법이라고 생각합니다.[1] 그동안 우리나라의 사법개혁은 주로 변호사의 증원에 중점을 두어 진행되었습니다. 그런 목적으로 사법시험 합격자 숫자를 늘리고 로스쿨을 만들었습니다. 시장에 대한 신뢰를 바탕으로 한 것이지요. 변호사 숫자가 늘어 시장의 경쟁이 격화되면 수임료가 하락하여 시민들이 변호사에게 접근하기 쉬워질 테고 새 분야가 개척되어 국가경쟁력도 강화되리라는 논리였습니다. 저도 기본적으로는 이 방향에 동의합니다. 그러나 시장이 모든 문제를 해결해주지는 않습니다. 무엇보다 우리 시민들은 분쟁이 시장보다는 공적 수단에 의해 해결되기를 바랍니다. '좋은 변호사를 싸게 선임하여 재판에서 이기는 것'보다는 '국가기관에 의해 공정한 재판'을 받는 쪽에 더 큰 비중을 두고 있다는 말씀입니다.

여기 두개의 사법시스템이 있다고 가정해봅시다. 한쪽은 싼 비용으로 뛰어난 변호사를 선임하여 승리할 수 있는 길을 열어놓고 있습니다. 다른 한쪽은 변호사를 선임하지 않아도 경험 많은 판검사가 친절하게 끝까지 이야기를 들어 결론을 내려주는 길입니다. 만약 당신이라면 어떤 길을 더 선호하시겠습니까? 저는 아마도 두번째 길을 택할 것입니다. 어차피 변호사가 저를 도와준다고 해봐야 저보다 사건 내용을 더 잘 알 리는 없고, 아무리 싼값이라 해도 결국은 비용이 들어가기 때문입니다. 변호사 수를 늘려서 시민들이 싼 가격으로 좋은 서비스를 받을 수 있도록 하되, 판검사의 증원을 통해 시장기능의 한계도 보완할 필요가 있습니다.

여러 각도에서 사법개혁이 논의되었고, 미국식 시스템을 도입하는 쪽으로 결론이 나고 있지만, 그 과정에서 누구도 시민들이 무엇을 원하는지에 관심을 갖지 않았습니다. 시민들이 바라는 것은 경험 많은 판검사가 충분히 이야기를 들어주는 시스템입니다. 그걸 위해서는 판검사의 증원뿐만 아니라 '경험 많은' 판검사를 확보할 방안도 마련해야 합니다. 법조일원화를 통해서 검사나 변호사로 좋은 경력을 쌓은 사람들을 판사로 뽑는 것도 한 방법이겠지요. 법조일원화가 그동안 잘 진행되지 못했다고 이미 이야기했습니다만, 그것도 결국은 법원의 의지에 달린 일입니다. 성공한 변호사들이 수입이 줄어들까봐 판사 지원을 안 한다고요? 변호사나 검사 출신들이 처음부터 판사로 도제식 교육을 받은 사람들의 효율성을 따라갈 수 없다고요? 만약 법조일원화가 지금처럼 찔끔찔끔 진행되는 게 아니라 전면 실시된다면 이런 것은 더이상 문제되지 않습니다. 능력 있는 변호사들이 판사 지원을 못하는 것은 돈 때문이 아니라, 경력 법관들과 같은 대우를 받는다는 보장이 없기 때문입니다. 도제식 교육을 받은 사람들의 비정상적인 효율성은 변호사와 검사로서 쌓은 탁월한 경험으로 보완할 수 있습니다. 원래 도제식 교육은 법원보다는 로펌이나 검찰에서 행해지는 것이 옳습니다. 사법의 최종 판단기관이 초보 판사들의 경력쌓기 수단으로 전락해서는 곤란하기 때문입니다.

판사를 더 뽑으면 질이 떨어진다는 논의에 대해서는, 가장 우수하다는 고등법원 부장판사들에 대한 불만이 왜 이렇게 많으냐는 질문을 거꾸로 던져보고 싶습니다. 이는 결국 공급자 중심의 시스템을 지키려는 변명에 지나지 않습니다. 판검사 증원에 따른 가장 큰 문제는 예산인데, 저는 지금 같은 심각한 사법 불신 상황에서 국가 부담의 증가를 통한 사법 서비스의 개선은 해볼 만한 모험이라고 생각합니다. 미지의 세계에 던져진 사람들의 이야기를 들어줄 귀가 무엇보다 절실히 필요하기 때문입니다. 물론 이를 위해서는 신성가족의 해체가 전제되어야 합니다.

원만함, 신성가족의 이데올로기

우리 법원과 검찰이 부패했다고 믿는 시민들은 대개 돈이 문제라고 생각합니다. 그러나 저는 이번 면담을 진행하는 과정에서 실제로는 돈보다 관계가 더 큰 문제라는 사실을 알게 되었습니다. 실비가 오가고 관행처럼 부패가 일상화되어 그것이 부패인지조차 모르던 시절에도 문제는 돈이 아니라 관계였습니다.

물론 돈과 관련한 '과거'가 여전히 '현재'의 문제인 것은 사실입니다. 1990년대 후반까지 대부분의 판검사들이 별 죄의식 없이 돈을 받아 챙겼습니다. 그 당시 누구 한 사람 그런 관행이 잘못되었다고 외치지 않았습니다. 처음 임관할 때부터 "실비가 함정"이라고 생각했다는 엘리트 판사도 조직 안에서 한번도 그 문제를 제기하지 못했습니다. "저게 한번은 터진다"고 생각하면서도 결국 그게 터질 때까지 기다리기만 했을 뿐입니다. 그런 그들이, 이제 그런 관행이 사라졌으므로 자신들은 과거로부터 자유롭다고 생각합니다. 교수가 장관이 되려고 하면 10년 전에 중복게재한 논문까지 찾아내서 옷을 벗기는 우리 사회입니다. 그런데 대법관이나 검찰총장 인사청문회에서 누구 한 사람 "혹시 과거에 실비를 관리한 경험이 있는지? 그 과거를 어떻게 생각하는지?" 물어보는 국회의원이 없습니다. 그런 과거를 단 한번도 공식 반성한 적도 없이, 그 시절의 그분들이 이제 법원과 검찰의 최상층부에 앉아서 젊은 판검사들에게 청렴을 요구하고 있습니다. 과거의 잘못된 관행에 순응했던 사람들이 전혀 책임추궁을 당하지 않은 채 대법관도 되고 검찰총장도 되는 상황에서, 어떤 후배도 불의와 싸우고자 몸을 일으킬 수 없습니다. 그래봐야 자기 '평판'만 다치고, 언제나 그렇듯이 침묵하는 사람, 원만한 사람이 아무 문제 없이 잘 나가게 되어 있는 구조임을 날마다 확인하고 있기 때문입니다.

물론 전혀 없어질 것 같지 않던 실비 등의 관행적 부패가 사라진 것은 놀라운 일입니다. 그러나 '거절할 수 없는 돈'을 만들어내고, '거절할 수 없는 관계'를 만들어냈던 시스템 자체는 크게 변하지 않았습니다. 법조계뿐만 아니라 우리 사회 전체가 그런 시스템 속에서 움직이기 때문에 분위기가 쉽게 변할 리도 없습니다. 우리 사회가 돈보다 관계, 즉 연고에 따라 움직인다는 사실은 새로운 발견도 아닙니다. 우리나라 사람들이 학연, 지연, 혈연을 중시하고 각종 관계를 삶의 가장 중요한 준거점으로 삼고 있다는 사실은 여러 연구로 충분히 확인되었습니다.[2]

한국의 파벌과 인맥이 부자(父子)관계를 원형으로 하고 있어서 아버지 역할을 맡은 사람은 권위를 가지고 아랫사람을 보살필 의무를 지고, 아들 역할을 맡은 사람은 절대적인 복종을 미덕으로 한다는 사실도 이미 오래전부터 꾸준히 지적되었습니다.[3] 법조비리가 특권의식, 서열의식, 연고주의에 기인한다는 논문도 이미 여러편 나와 있습니다.[4] 이런 시스템 속에서 살아간다는 것은, 공성원 판사의 표현을 빌리자면, "재래식 똥간에 들어가 똥이 머리까지 찬 상태에서, 가끔 깨끗한 공기를 마시기 위해 숨 한번 내쉴 때도 있지만, 편안하게 지내려면 그 안에 들어가서 그냥 입에까지 똥이 들어가는 편이 나은" 그런 생활입니다. 좀 끔찍하기는 해도, 관계에 의해 작동되고, 그 관계가 부패의 고리가 되는 우리 사회를 설명하는 데 이보다 적절한 표현은 없습니다. 법조계도 크게 보면 그런 거대한 사회의 일부일 뿐입니다.

'거절할 수 없는 돈'이나 '거절할 수 없는 관계'가 "원만하다"는 평판에 대한 판검사들의 갈망이 만들어낸 일종의 종이호랑이라는 말씀을 이미 드렸습니다. '거절할 수 없는 관계'란 누군가 '거절할 수 있는 용기'를 내는 순간 마치 모래더미처럼 스르르 무너져내리게 마련입니다. 그런데 우리나라의 법조인 양성 시스템은 이런 '거절할 수 있는 용기'를 지닌 사람들이 도무지 살아남기 어려운 구조를 유지해왔습니다.

혹시 '원만함'이 뭐가 문제냐고 묻는 분이 있을지 모르겠습니다. 원만함은 우리 사회에서 대체로 좋은 가치로 받아들여졌고, 어느 조직에서나 원만한 사람을 선호하는 건 이상한 일이 아닙니다. 그런데 이 원만함이 사법 관련자들을 지배하는 이데올로기가 되면 문제가 심각해집니다. 원만함이라는 이데올로기가 지켜내는 것은 언제나 기득권층의 이익과 기존 질서입니다. 갈등상황에서 가만히 있는 것을 원만함으로 이해하는 조직에서 '정의'라는 본질적인 가치는 뒷전으로 밀릴 수밖에 없습니다.

앞서 명성훈씨 사건에서 판사들도 검사들도 사건을 제대로 해결하려 들지는 않고 다른 쪽으로 빙빙 돌리며 시간만 끌었던 일을 생각해 보십시오. 누가 나쁜 사람인지 결론을 내려줘야 하는데, 원만한 사람들은 그런 결론을 내릴 수가 없습니다. 양쪽에서 마구 들어오는 청탁을 감당할 능력도 없습니다. 여기에서 희생되는 것은 당사자들뿐입니다.

이해영씨의 경우는 어떻습니까? 비정규직들이 잘못된 법과 제도에 계속 희생되고 있는데도, 판검사들은 그저 원만하게 해오던 대로 사건을 처리할 뿐입니다. 식칼 테러가 일어나도 그저 '우발적인 사건'이겠거니 생각하고, 합의되면 그냥 집행유예로 풀어줍니다. 왜 그런 사건이 일어났는지, 정말 처벌받아야 할 배후세력이 누구인지 가려낼 의지도 능력도 없습니다. 원만한 사람이 되려다보니, 그런 사건의 일방 당사자인 대기업 공장장이 만나자고 할 때에는 당연히 만나주어야 합니다. 그러면서도 노동운동가 같은 사람의 이야기는 아예 듣지를 않습니다. 시끄럽기 때문입니다. 윗사람들이 바라는 것도 바로 그런 원만한 법률가들입니다.

2008년 촛불집회 관련자들이 재판을 받던 상황에서 신영철 서울중앙지방법원장이 형사단독판사들에게 보낸 이메일들을 다시 한번 생각해봅시다. 나중에 대법관이 된 분이 쓴 여러통의 이메일은 두고두고 읽어보며 법사회학적으로 분석할 가치가 있는 재미있는 자료입니다. 촛불집회 관련 사건들을 판사 한 사람에게 몰아주기 배당한 것에 일부 형사단독판사들이 반발하자, 신법원장은 2008년 7월 15일 형사단독판사 간담회를 개최하겠다는 이메일을 보냅니다. 그 이메일 뒷부분에는 "요망사항"이라는 것이 붙어 있는데 그 내용은 이렇습니다.

"법원장으로서 '소통과 배려'에 문제가 있었음을 말씀드리는 기회이고 향후 형사재판 운영에 관한 속마음을 솔직하게 말씀드릴 기회를 가지고자 하오니, 모임에서 논의된 사항이나 모임 그 자체도 대외적으로는 물론 대내적으로도 비밀로 해주시기 바랍니다. 법원장으로서도 모임 현장에서 언론의 자유를 얻기 위한 최소한의 요청입니다."

이 요망사항에서 우리는 정체불명의 두려움을 읽을 수 있습니다. 자신이 법원장으로 소집하는 모임에서 웬 언론의 자유를 찾고, 무슨 비밀을 요해야 하는지도 아리송합니다. '소통과 배려'에 문제가 있었음을 말씀드리는 자리를 마련하면서, 이처럼 '소통과 배려'에 문제가 있는 요망사항을 덧붙였던 그는, 나중에 다시 '소통과 배려'에 문제가 있는 이메일들을 보내기 시작합니다. 10월 14일자로 보낸 "대법원장 업무보고"라는 메일을 보면, "사회적으로 소모적인 논쟁에 발을 들여놓지 않기 위하여 노력"해야 하고, "법원이 일사불란한 기관이 아니라는 것을 보여주기 위해서도 나머지 사건은 현행법에 의해 통상적으로 진행하는 것이 바람직하다"는 대법원장의 뜻을 전하고 있습니다. "구속사건 등에 대하여 더 자세한 말씀도 계셨지만 생략하겠습니다"라는 또다른 전언과 함께 그는, "우리 법원 항소부에서는 구속사건에 대하여는 선고를 할 예정으로 있는 것 같습니다"라는 법원 내부의 소식도 전합니다. 그러면서 "오해의 소지가 있으시면 제가 잘못 전달한 것으로 해주십시오"라는 친절한 마무리까지 빠뜨리지 않습니다.[5]

내용상 전혀 하자가 없어 보이는, 전형적으로 '원만한' 법원장의 메일입니다. 그러나 다시 한번 자세히 읽어보면, '대법원장께서도 현행법에 따라 통상적으로 진행하기를 원하고 계시고, 구속사건에 대해서는 더 그렇게 생각하고 계시며, 우리 법원의 항소부도 구속사건은 그렇게 처리하기로 했으니, 너희들도 알아서 하라'는 내용임을 알 수 있습니다. "현행법에 따른 통상적 처리"란 위헌법률심판제청을 하지도 말고 재판을 미루지도 말며 그냥 현행법에 따라 판결하라는 지시입니다. 그 판결은 이변이 없는 한 유죄를 의미하겠지요. 이런 '원만한' 이메일은 너도 그냥 '원만한' 판사가 되라는 메시지를 담고 있습니다.

그리고 이런 압력을 받은 대부분의 판사들도 역시 원만하게 대응했습니다. 배당과 관련한 문제제기나 신법원장의 이메일에 대해서 처음에는 모두 "극구 공개를 꺼렸기 때문에" 대법원도 더이상 사실관계를 파악하거나 책임소재를 가리지 않았습니다.[6] 상당수 판사들은 그 이메일에서 압력을 느끼지 않았다고 합니다.[7] 그러나 그렇게 답변한 판사들 자신도 모르고 있었겠지만, 그들이 압력을 느끼지 않은 까닭은 단순히 그 이메일의 형식에 문제가 없다고 느꼈기 때문이 아닙니다. 그 이메일의 내용이나 거기 담긴 생각에 동의했기 때문에 별 문제를 느끼지 못했을 뿐입니다. 그런 이메일에 불편을 느끼지 못하는 '원만한' 판사들의 반응을 압력 유무를 결정하는 기준으로 삼으면 곤란합니다.

신법원장이 안 보내도 되는 이메일을 이런 식으로 집요하게 계속 보낸 이유는 무엇일까요. 아마도 판사들이 너도나도 위헌법률심판제청을 하면 '원만한' 법원 운영을 못 할 수 있고, 자신의 리더십이 의심받을지도 모른다는 염려가 작용했겠지요. 법원행정처를 거친 엘리트 판사인 그의 이메일에서 읽을 수 있는 것은 상황 전체를 자신이 장악

해야 한다는 관료적 강박입니다. 그러나 만약 그의 지시대로 모든 일이 통상적으로 처리되면 어떤 결과가 나올까요? 야간집회를 일률적으로 금지하는, 위헌소지가 매우 높은 법률에 의해 억울하게 기소당한 사람들은 대부분 처벌을 받게 됩니다. 물론 덕분에 그와 대법원장이 바라는 대로 "사회적으로 소모적인 논쟁"에 발을 들여놓지 않아도 됩니다. 참으로 깔끔하고 원만한 결론입니다. 마치 먼 우주에 존재하는 투명하고 객관적인 중립의 공간에서 혼자 판결을 내리는 것처럼 우아해 보이지만, 실제로는 언제나 현존하는 정치경제 시스템을 합법화하고 고착시키는 기능을 수행하는 입장입니다.[8] 객관성이라는 게 있을 수 없는 법의 세계에서, "달리는 기차 위에 중립은 없다"는 단순한 진리를 무시한 결과이지요.

이 사건에 대한 당시 대법원장의 반응도 상당히 흥미롭습니다. 신영철 법원장의 이메일이 논란을 부르던 2009년 3월 6일 대법원장은 "판사가 위헌이라 생각하면 위헌심판을 제청해 재판을 정지시켜야 되는 거고, 아니면 재판을 해야 한다"면서, "그 정도 가지고 판사들이 압박받아서야 되겠나. 판사들은 더욱더 양심에 따라 소신대로 하는 용기가 있어야 한다"고 말했습니다.[9] 구구절절 맞는 말씀입니다. 당연히 그래야지요. 그런데 대법원장님의 이런 말씀을 듣는 저의 마음은 그리 편치 않았습니다. 지나가던 소년이 개구리에게 돌을 던져서 어떤 개구리는 거기 맞기도 하고, 다른 개구리들은 그 돌에 혼비백산 놀라서 숨을 죽이고 있습니다. 그런데 그게 문제되자 소년의 아버지는 이렇게 말합니다. "거, 개구리들이 너무 용기가 없구만. 무릇 진정한 개구리라면 돌 하나 정도는 두려워하지 않을 용기가 있어야지." 신성가족의 아버지 중의 아버지가 법원 위계질서와 평정 시스템이 마치 있지도 않은 것처럼, 그런 무책임한 말을 던지면 곤란합니다. 그럼 이 모든 문제가 메일을 받은 판사들의 용기 없음으로 인해 발생했다는 이야기입니까?

아버지 입장에서 신법원장의 이메일을 읽으면 '사법행정'적 지시로 보일 겁니다. 그러나 딸 입장에서 다시 읽어보면 '간섭'이 보입니다. 결국 중요한 것은 누구의 시각으로 보느냐입니다. 일부 보수 신문들이 이런 논란이 벌어지는 것 자체를 전혀 보도하지 않다가, 대법원장의 발언이 나온 이후 우리법연구회의 음모가 있다는 식으로 분위기를 몰아간 것도, 사안 자체를 순전히 아버지의 시각으로만 바라봤기 때문입니다. 권위만 누리려 하고 책임을 지려 하지 않는 아버지들이야말로 가부장제의 가장 큰 문제입니다. 대법원장의 이상한 변명은 가부장제의 그런 문제가 신성가족 내부에도 존재함을 잘 보여줄 뿐입니다. 그런 의미에서 서울중앙지방법원장의 재판개입 사건을 신영철 법원장 개인의 문제로만 이해해서는 곤란합니다. 이메일을 선호한 신법원장의 행동방식 때문에 명백한 증거가 남았을 뿐이지, 다른 대법관이나 법원장이라고 해서 이런 문제에서 완전히 자유로울 리가 없습니다. 구두로 판사들에게 이런 식의 지시를 내리던 법원장이 있다면 지금 보이지 않는 곳에서 안도의 한숨을 내쉬고 있을 겁니다. 이메일로 판사들과 소통을 시도했던 신법원장의 입장에서는 그 점이 가장 억울할지도 모릅니다.

신성가족을 만들어내는 이런 시스템을 어떻게 바꿀 것인가? 참 어려운 문제입니다. 우리 사회 전체가 돌아가는 방식과 맞물려 있기 때문입니다. 우리 사법의 문제점을 적극적으로 지적하던 구술자들도 막상 그 해법에 대해서는 "방법이 없다"고 고개를 흔들었습니다. 어쩌면 그게 가장 정직한 답변인지도 모르겠습니다.

시민이 희망이다

그렇다고 희망이 없는 것은 아닙니다. 촛불집회에 대한 법원 지도부의 이상한 대처 국면마다 일부 형사단독판사들의 조용한 저항이 있었습니다. 배당에 대한 문제제기가 그랬고, 박재영 판사의 위헌법률심판제청이 그랬으며, 나중에 어떤 경로로든 신영철 법원장의 이메일이 폭로된 일 역시 그렇습니다. 모두 다 '원만함'이라는 신성가족의 신성한 규범을 무너뜨리는 매우 용기 있는 시도였습니다. 한꺼번에 큰 변화가 일어난 것은 아니지만, 보이지 않는 곳에서 한명씩 법원이 나아갈 방향을 용기 있게 발언하는 사람들이 나왔습니다. 이런 한 사람 한 사람의 작은 움직임이 중요한 까닭은, 무엇보다 이들을 옥죄는 '원만함'의 굴레나 평판에 대한 두려움 등이 따지고 보면 모두 종이호랑이기 때문입니다. 누군가 용기를 내는 순간, 종이호랑이의 정체는 금방 탄로나게 마련이지요.

김승헌 부장판사 같은 사람이 골프채를 아예 남에게 주어버린 것도 희망적입니다. 법조 전체가 일종의 '가족'으로 작동하는 상황에서 골프나 술 접대를 안 받기 위해서는 그냥 안 치고 안 마시는 수밖에 없습니다. 소극적이기는 해도, 역시 원만함의 굴레를 벗어나는 중요한 결단입니다. 신영철 이메일 사건 이후, 법원조직이 대법원장을 정점으로 하는 피라미드식 상하관계로 운영되어 상급자의 재판개입 위험이 상존할 수밖에 없다는 자각이 생겨났고 제도개혁 논의가 시작되었는데 이것 역시 의미있는 변화입니다.

신성가족 시스템을 해체하기 위해서 그동안 제시된 여러 개혁작업이 진행 중이어서 희망을 갖게 합니다. 법원이 법조일원화를 시도하고 배심재판을 도입한 것도 그런 노력의 일환이고, 무엇보다 로스쿨 도입이 가장 큰 전환점이 될 것으로 보입니다. 다만 이런 개혁적인 제도는 도입 못지않게 원래 취지에 맞는 운영이 중요합니다. 로스쿨은 신성가족 시스템을 무너뜨리는 훌륭한 도구가 될 수 있지만, 자칫 잘못하면 기존 문제들은 그대로 남긴 채 학생들에게 고비용만을 안기는 최악의 상황을 낳을 수도 있습니다. 이미 변호사시험 합격 인원을 줄이려는 잘못된 시도가 상당한 힘을 얻고 있습니다. 로스쿨을 만들어놓고 변호사시험 합격률을 50퍼센트도 안 되게 만드는 것은, 로스쿨 개혁의 기초를 무너뜨리는 일입니다. 꾸준한 관심과 감시가 필요한 상황이지요.

마지막으로 시민들에게 거는 희망과 기대를 이야기하고 싶습니다. 손뼉이 마주쳐야 울리는 것처럼, 신성가족 시스템이 유지되는 데는 시민들의 무지와 무관심도 일정한 역할을 해왔습니다. 판검사들이 장벽 밖에 있는 시민들을 은근히 두려워하고 그 두려움을 감추기 위해 쓸데없이 목소리를 높였던 것처럼, 시민들도 장벽 안쪽을 들여다보기를 두려워했지요. 이 두려움은 원래 높은 장벽을 더욱 높였고, 장벽 밖의 시민들은 그 장벽 안쪽을 그저 짐작이나 하며 불안, 불신, 불만을 키워갔습니다. 당장 신성가족의 해체가 어렵다면, 시민들이 먼저 그 장벽을 무너뜨리기 시작해야 합니다. 저는 그 시도가 '판검사에게 말 걸기'에서 출발해야 한다고 믿습니다.

우선 시민들 입장에서는 판검사들도 자신과 똑같은 사람이라고 생각해야 합니다. 공부 잘한 사람들이라고 무조건 한수 접고 들어가는 습관도 바꾸어야 합니다. 그 장벽이 마치 없는 것처럼 생각하고 용기를 내 판검사들에게 말을 걸어야 합니다. 일단 용감하게 "판사님, 저하고 얘기 좀 하시죠?" "검사님, 제 얘기도 좀 들어주시죠"라고 말을 붙이면 의외로 판검사들이 귀를 기울이는 모습을 발견할 겁니다. 그렇게 했더니 판검사들이 자꾸 말을 끊고 무시한다고요? 그럴 때는 편지를 쓰십시오.

앞서 하경미씨는 아무리 유능한 변호사라도 당사자만큼 절실하지 않고, 당사자만큼 현실감 있게 이야기를 전달할 수는 없다고 이야기했습니다. 법률용어를 못 쓰니까 수준이 낮을 수는 있어도 "진실이 들어 있고, 원통함이 들어 있고, 억울함이 들어 있기 때문에" 그걸 판검사가 읽으면 반드시 먹혀들게 되어 있습니다.

예를 들어서 평소에는 성당에 다니며 봉사활동에 열심이던 고등학생이 잠깐 눈앞의 이익에 눈멀어 자동차 유리창을 깨고 그 안의 물건을 꺼내가는 범죄를 저질렀다고 칩시다. 지금은 그렇지 않지만 과거에는 이런 사안들도 구속감이었습니다. 자식이 구속되면 가족들은 무슨 수를 써서라도 자녀를 빼내고 싶어합니다. 변호사를 선임하면 유리했느냐? 물론 유리했습니다. 역시 옛날 이야기이지만, 저는 이런 사안을 처리하던 판사가 "소년 사건의 경우 사선 변호인이 선임되어 있으면 관대하게 처벌하는 것이 당연하다. 돈을 많이 들여 사선 변호인을 선임했다면 부모가 그만큼 애한테 관심이 있다는 것이고, 애한테 관심이 있다는 것은 꼭 구속하지 않더라도 애를 잘 선도할 수 있다는 의미이다"라고 말하는 것을 들은 적이 있습니다. 아주 이상한 사고방식이지만, 한동안 이런 정당화 논리가 법원과 검찰 일부에서 통용되었습니다.

자, 그런데 이 부모는 사선 변호인을 선임할 돈이 없습니다. 그럼 어떻게 해야 할까요? 신부님이나 성당 친구들 또는 선생님께 편지를 써달라고 부탁하면 됩니다. 무조건 봐달라는 내용만 써서는 안 됩니다. 만약 편지 쓰는 사람이 신부님이라면 언제부터 그 아이를 알게 되었으며, 그동안 그 아이에게서 어떤 좋은 점을 발견했고, 앞으로 어떤 식으로 그 아이를 선도할지 자세히 적습니다. 학교 선생님이라면 그 아이에게 어떤 장점이 있는데 어떤 계기로 나쁜 길로 빠졌는지를 적고, 친구들이라면 친구가 본 그 아이에 대해서 적습니다. 이왕이면 컴퓨터 자판을 두들기지 말고 직접 손으로 적는 것이 좋습니다. 구체적인 사례를 든다면 더욱 좋습니다. 그런 편지를 스무통 가져다준다면? 단언컨대 1천만원 들여 변호사를 선임한 것과 같은 효과를 얻을 수 있습니다.

검사들에 대해서도 마찬가지입니다. 물론 검사 앞에 서면 떨립니다. 누구라도 그럴 수밖에 없습니다. 하지만 그 역시 "어머니가 있고 아버지가 있고 동생이 있고 이모가 있는" 평범한 사람일 뿐입니다. 너무 많은 일에 쫓기고, 늘 내부의 시선을 두려워하며, 상급자들의 눈치를 보아야 하는 존재라, 말을 거는 입장에서 배려해야 할 것은 있습니다. 어떻게 하면 짧고 효율적으로 내 생각을 전할지를 미리 준비해야 합니다. 그러나 동시에 그 검사가 당사자보다 당시 상황을 더 잘 알 수는 없다는 점을 기억하고 자신감도 가져야 합니다. 그래서 피의자 신문조서를 꾸미든 진술조서를 꾸미든, 끝까지 진실을 이야기하려고 노력하되, 이야기한 대로 적지 않았을 때에는 계속 수정을 요구해야 합니다.

검사가 일방적으로 상대방 편만 든다고요? 아마도 상대방 말을 먼저 들었기 때문일 겁니다. 그런 때는 더 많은 노력이 필요합니다. 상대방 말이 거짓임을 입증할 수 있는 다른 사람을 찾아야 하고, 그 사람의 이야기를 확보해야 합니다. 입장을 바꾸어 '내가 만약 그 검사라면 무슨 이야기를 들어야, 처음 정한 사건의 틀을 고칠 수 있을까'를 생각해볼 필요도 있습니다. 검사가 소리 지른다고 같이 소리 지를 필요는 없습니다. 검사가 욕한다고 같이 욕을 하면 곤란합니다. 검사가 소리를 지르거나 욕을 하면, 그 검사가 지금 두려워하고 있다고 생각하면 됩니다. 거기에 맞서서 소리를 지르거나 욕을 하지는 않되 반드시 검사가 잘못하고 있음을 지적해주어야 합니다. "검사님, 말씀을 너무 심하게 하시는군요" 또는 "반말은 안 하시는 게 좋지 않겠습니까?" 이렇게 말이지요. 그리고 꾸준히 이야기하는 겁니다. 검사가 지켜야 할 선을 넘는다고 생각하면 부장검사에게 가서 이야기해보십시오. 부장검사가 이야기를 안 들어준다면 차장검사를 만나고, 안 되면 검사장에게 면담을 신청하십시오. 그렇게 뛰어다닌다고 누가 잡아가지 않습니다. 전화 한통 걸어줄 사람이 없다고 너무 빨리 포기하지 마십시오. 전화 한통을 돈 주고 살 필요도 없습니다. 필요하다면 직접 전화를 걸고, 전화가 안 되면 편지를 쓰십시오.

때로는 돈을 주고 변호사를 선임하고도 적절한 도움을 못 받는 일이 있습니다. 판검사에게 말을 붙이는 것처럼 변호사에게도 말을 붙여야 합니다. 여러분이 고객인데 변호사 얼굴도 못 보고 계속해서 사무장이나 이상한 브로커 얼굴만 봐야 한다면 뭔가 잘못된 게 아니겠습니까. 국면마다 분명한 설명을 요구하고, 설명이 충분치 않다면 다시 물어보십시오.

변호사에게 설명을 듣고 소송의 진행에서 무언가를 끊임없이 요구하는 것은 의뢰인의 정당한 권리입니다. 그걸 무시하는 변호사는 자격이 없는 사람입니다. 그런 사람에게 걸리지 않으려면 변호사를 선임할 때 신중하게 여러가지를 고려해야 합니다. 먼저 자신이 지금 처한 상황이 얼마나 절박한지, 사안이 얼마나 복잡한지를 판단해야 하고, 그 판단에 기초해서 자신이 직접 처리할지 변호사를 선임할지 결정해야 합니다. 변호사를 찾을 때도 반드시 변호사를 직접 만나보고 신뢰할 수 있는 성실한 사람인지, 언제든 만나거나 연락할 수 있는 사람인지를 잘 판단해야 합니다. 화려한 명성에 속지 마십시오. 사건을 소개해주는 중개인이 돈을 따로 챙기는 브로커인지도 주의 깊게 살펴보십시오. 변호사가 자꾸 판검사와의 관계를 강조하며 "돈을 써야 한다"는 식으로 이야기한다면, 그 사람은 변호사가 아니라 '사기꾼'입니다. 법률에 대한 기본적인 책도 한두권 읽어보고, 판검사와 변호사의 신상이 궁금하면 인터넷을 검색해보십시오. 4장에서 말했듯 브로커들이 '신통기'로 사용하던 『한국법조인대관』이나 『법률신문』, 로앤비 등의 서비스는 이제 시민들도 손쉽게 이용할 수 있습니다.

자기 권리를 지키고자 목소리를 높이는 시민의 용기와 지혜가 절실히 필요합니다. 목소리를 높이지 않고 가만히 있으면 법조인들이 시민들의 권리를 지키기 위해 '알아서' 나서주지 않습니다. 안타까운 일이지만, 우리가 도입한 근대 사법시스템은 점잖은 사람이 무조건 손해보게 되어 있습니다. 판검사와 변호사들을 두려워해서는 자기 권리를 찾을 수 없습니다. 전화 한통 걸 데가 없다고요? 우리나라 국민의 85.8퍼센트가 여러분 같은 입장입니다. 전화 한통 걸 곳이 있는 14.2퍼센트에 해당하는 사람이라고 해봐야 기껏 립서비스나 받으면 다행인 수준이니 별로 나을 것도 없습니다. 전화 한통 해줄 사람을 찾기 전에 용기를 갖고 판검사, 변호사들에게 말을 붙여보세요. 시민들이 두려움의 장막을 걷고 법조계를 향해 말 붙이기를 시작하는 순간, 신성가족은 눈 녹듯 해체될지도 모릅니다. 우습지만, 별다른 정답을 찾을 수 없는 상황에서 그나마 이게 저의 가장 강력한 희망사항입니다.

다시 찾아본 희망

2019년 1월, '불멸의 신성가족'의 오늘

"다윗은 주머니에 손을 넣어 돌 하나를 꺼낸 다음,
무릿매질을 하여 골리앗의 이마를 맞혔다.
돌이 이마에 박히자 그는 땅바닥에 얼굴을 박고 쓰러졌다.
이렇게 해서 다윗은 무릿매 끈과 돌멩이 하나로
그 필리스티아 사람을 누르고 그를 죽였다."

「구약성경」「사무엘기」 상권 17장

정보기관 노릇을 한 법원행정처

『불멸의 신성가족』의 출간소식이 여러 신문을 장식하던 바로 그날 노무현 대통령이 세상을 떠났습니다. 그후 지난 10년 동안 이명박·박근혜 정부가 지나갔고, 2019년 1월 현재는 문재인 정부 검찰이 주도하는 '사법행정권 남용' 사건 수사가 진행 중입니다. 오늘도 여전히 바람 잘 날 없는 법조계입니다.

'사법행정권 남용' 사건의 경우 수백건의 법원행정처 내부문건이 공개되었음에도 불구하고 지금까지 확인된 사실만으로 관련자 중 누가 어떤 형사처벌을 받을지 예측하기란 매우 어렵습니다. 양승태 대법원장과 임종헌 법원행정처 차장에게 적용된 직권남용권리행사방해죄의 경우 정책적인 판단 또는 과도한 관심표명과의 경계선이 흐릿해 법리적으로 유무죄를 판단하기가 쉽지 않습니다. 잘못인 건 분명하지만 법리적으로는 일부 무죄라는 법원의 결론이 나올 수 있습니다. 이런 이야기를 하면 흔히 "술은 마셨지만 음주운전이 아니라는 말입니까?" 같은 반박이 나옵니다. 맞습니다, 바로 그 이야기입니다. 술을 마시고 운전하는 행위는 잘못입니다. 그러나 술을 마시고 운전을 했다고 해서 모두 형사처벌을 받지는 않습니다. 형사처벌을 위해서는 혈중알코올농도가 0.05퍼센트를 넘어야 합니다. 그게 현행법상의 처벌 기준입니다. 세상의 모든 부도덕한 행위, 비윤리적인 행태가 형사처벌의 대상이 되지는 않습니다. 불법의 총량 또는 법익침해가 일정한 수준을 넘어야 범죄가 됩니다. 원래 직권남용죄 같은 추상적인 구성요건은 음주운전처럼 수치화하기가 어렵습니다. 거기다가 형사재판에서는 누구나 판결이 확정될 때까지 무죄추정을 받습니다. 판사들의 '사법행정권 남용'이라고 해서 예외가 될 수 없습니다. 여전히 '의심스러울 때는 피고인의 이익으로' 판단해야 합니다. 이 부분에 대한 법리논쟁은 대법원까지 지루하게 이어질 게 틀림없습니다.

최종적인 형사처벌 여부는 분명치 않더라도 양승태 대법원장이나 임종헌 차장의 행위가 판사로서 부적절했음은 의심의 여지가 없습니다. 검찰의 공소장에 따르면 임종헌 차장은 일제 강제징용과 위안부 피해자들의 손해배상청구소송, 전교조의 법외노조 통보처분 관련 소송, 원세훈 전 국가정보원장의 선거개입 공판, 카또오 타쓰야(加藤達也) 전 일본 산께이신문 서울지국장 명예훼손 공판, 박근혜 대통령 비선 의료진의 특허소송, 통합진보당 국회의원 및 지방의원의 지위확인소송 등과 관련해 재판부 동향을 파악하거나 재판 결과를 예측하는 각종 문건을 작성했습니다. 법원행정처가 적극적으로 추진하는 일에 반대의견을 표명하는 판사 개인이나 학술모임에 대한 뒷조사도 서슴지 않았습니다. 마음에 들지 않는 학술모임을 통제하기 위해서 판사들의 중복가입을 금지하는 꼼수를 부리기도 했습니다. 법원행정처의 전현직 심의관(판사)들이 이 작업에 동원되었습니다. 국회가 제대로 움직인다면 관련된 판사들 모두가 "직무집행에서 헌법이나 법률을 위반한 경우"에 해당해 탄핵소추를 당할 수 있는 사안입니다.

이 모든 사단의 출발점은 상고법원 설치였습니다. 양승태 대법원장은 대법원이 소소한 사건 더미에 치여 정작 의미있는 판결에 집중하지 못한다는 문제의식을 가졌던 것 같습니다. 대법원은 하급심 법원 이상으로 너무 많은 사건에 늘 쫓기고 있습니다. 1987년 헌법체제의 출범 이후 대법원의 경쟁기관으로 확고하게 자리잡은 헌법재판소는 대한민국이라는 공동체의 향방을 결정하는 중요한 판례들을 줄지어 내놓았습니다. 상고사건에 쫓기는 대법원은 그런 결정을 내릴 여유를 갖지 못했습니다. 대법원이 과거의 위상을 되찾으려면 일단 일을 줄여야 합니다. 일을 줄이려면 대법관 수를 늘려야 합니다. 그런데 판사들은 대법관 수의 증가가 법원의 권위를 떨어뜨린다고 생각합니다. 대법관 수를 늘리면 전원합의체에서 충분한 토론을 통한 실질적인 합의가 불가능하다는 현실적인 어려움도 있습니다. 그래서 고안해낸 것이 대법원의 소소한 사건들을 대신 처리해주는 별도의 상고심 즉 상고법원의 설치입니다. 양승태 대법원장은 상고법원 설치라는 목표에 자신의 모든 역량을 집중했습니다. 박병대 법원행정처장(대법관)과 임종헌 법원행정처 차장이 그 손발 역할을 맡았습니다.

'마타하리' 또는 '박치기왕', 항상 너무 과했던 임종헌

2018년 6월 18일자 『주간경향』 1281호는 '사법행정권 남용' 사태를 "임종헌 전 법원행정처 차장의 '과욕'이 부른 참사"로 정의합니다. 류인하 기자는 임차장과 함께 근무했던 전현직 고위법관들을 인터뷰해 사건의 배경을 추적했습니다. 임종헌 차장은 평소 '마타하리' 또는 '박치기왕'으로 불렸다고 합니다. 제1차 세계대전의 간첩혐의자 마타하리가 아니라 "모든 일을 '도맡아하리'"에서 나온 '마타하리'입니다. '박치기왕'은 판사끼리의 술자리에서 분위기가 식으면 임차장이 벽에도 머리를 박고 테이블에도 머리를 박으면서 분위기를 띄웠다 해서 붙은 별명입니다. 임차장은 도산(倒産) 분야에서 뛰어난 논문들을 발표하고 민형사와 행정재판도 "끝내주게" 잘하는 판사였습니다. 법원행정처 기획조정실장으로 국회의원을 만날 때는 "의원들 가랑이 사이도 기어다닐" 것처럼 살갑게 대했습니다. 국회의원에게 인사할 때는 90도로 허리를 굽혔습니다. 모든 면에서 성실의 아이콘이었으면서도 "항상 너무 과했던" 임종헌 판사였습니다. 대법원장이 추진하는 상고법원 설치가 법원 안팎의 반발로 정체되자 '박치기왕'은 그 별명처럼 폭발적인 돌파력을 보여줍니다. 법원 내부 반대자들의 동향을 파악하고, 그 그룹의 힘을 약화시키며, 청와대에는 그들이 중요 재판에 영향을 끼칠 수 있다는 뉘앙스를 흘리는 방식이었습니다.[1] 제가 만난 중견 기자 한분은 임종헌 차장이 술자리에서 박치기를 하는 모습을 보면서 '저 정도 성공한 인물이 저렇게 열심히 사는구나' 하는 어떤 미안함을 느꼈다고 합니다. 임종헌 차장을 모셔본 부장판사 한 분도 비슷한 감정을 토로했습니다. "도저히 따라할 수는 없지만 그의 행동 자체에서 묘한 감동과 경외감을 느꼈다"는 이야기였습니다. 류인하 기자의 기사에 나오는 어느 법원장의 "안쓰럽다"는 표현과 같은 맥락입니다.

대단히 새로운 캐릭터 같지만 기실 임종헌 차장은 앞에서 말한 법조인의 '팔로역정'에 성공적으로 적응한 대표적인 사례일 뿐입니다. 1978년 용산고, 1982년 서울대 법대를 졸업하고 1984년 제26회 사법시험에 합격해 사법연수원을 수료한 임종헌 판사는 1987년부터 서울지방법원 동부지원, 서울형사지방법원, 제주지방법원, 서울민사지방법원, 서울지방법원 북부지원에서 일하며 도제식 판사 양성 시스템의 충실한 적자로 자리잡았습니다. 1997년 법원행정처 송무심의관으로 법원행정에 발을 들여놓았고, 서울고등법원 판사, 인천지방법원 부장판사, 사법연수원 교수를 지낸 후에는 법원행정처로 돌아와 기획조정심의관, 등기호적국장으로 실력을 인정받았습니다. 서울중앙지방법원 부장판사를 거쳐 고등법원 부장판사로 승진했고, 대구·수원·서울에서 고등법원 부장판사와 지방법원 형사수석부장판사로 일한 다음에는 법원행정처 기획조정실장으로 화려하게 복귀했습니다. 법원행정처 심의관, 기획조정심의관, 기획조정실장, 법원행정처 차장을 모두 거친 그의 이력은 수도권과 법원행정처만을 오간 법원 최고 엘리트 중에서도 흔치 않은 경우입니다. 마지막으로 대법관 또는 대법원장 경력이 덧붙여지지 않는다면 오히려 이상하게 느껴질 정도였습니다.

임종헌의 성공적인 삶에 균열을 일으킨 것은 그와 비슷한 경로를 막 밟기 시작한 젊은 판사 이탄희였습니다. 1997년 가락고를 졸업한 이탄희는 2002년 제44회 사법시험에 합격하고 2003년 서울대 법대를 졸업했습니다. 군법무관을 마치고 2008년부터 수원지방법원, 서울중앙지방법원, 광주지방법원 판사로 일한 그는 수원지방법원 안양지원 판사로 근무하던 2017년 2월 9일, 법원행정처 기획제2심의관을 겸임하라는 인사명령을 받았습니다. 법원행정의 요직에 처음 발을 들여놓는 순간이었습니다. 실제로 근무가 예정된 날짜는 약 열흘 후인 2월 20일이었습니다.

당시 이탄희 판사는 법원 내부의 전문분야 연구회 중 하나인 국제인권법연구회의 기획팀장을 맡은 상태였습니다. 겸임발령에 앞서 2017년 1월 24일 이탄희 판사는 당시 법원행정처 양형위원회 상임위원을 맡고 있던 이규진 부장판사의 전화를 받습니다. 이규진 부장판사는 2015년과 2016년에 국제인권법연구회 회장을 지낸 인물입니다. 1984년 서울대 법대를 졸업하고 1986년 제26회 사법시험에 합격한 이규진 부장판사 역시 주로 서울에서 근무하다가 2011년 고등법원 부장판사로 승진한 전형적인 법원 엘리트입니다. 이날 통화에서 이규진 상임위원은 이탄희 판사가 법원행정처에서 함께 일하게 될 수도 있다는 이야기를 꺼냅니다. 그러면서 "이탄희 판사가 연구회에서 발언권이 있고 영향력이 있으니 공동학술대회가 법원 내부행사로 치러지도록 하고 특히 언론에 보도되지 않도록 해달라"고 부탁했습니다. 당시 국제인권법연구회 안에는 '인권과 사법제도 소모임'(약칭 '인사모')이 존재했습니다. 2015년과 2016년을 지나는 동안 여러 차례 사법

제도 개혁과 관련한 모임을 가진 인사모는 법관 인사를 주제로 한 공동학술대회를 연세대 법학연구원과 준비 중이었습니다. 양승태 대법원장이 추진하는 상고법원 설치와는 다른 방향의 개혁 논의였습니다. 이규진 상임위원은 국제인권법연구회의 현직 회장이 아니면서도 공동학술대회의 연기와 축소를 강요했습니다.[2] 이탄희 판사에게 법원행정처의 요직이라는 당근을 주는 동시에, 연구회를 간접적으로 압박하는 채찍까지 적절히 구사한 셈입니다. 2월 9일 실제로 인사발령을 받은 이탄희 판사는 이후 며칠 동안 전현직 심의관들을 만나 행정처 생활에 대한 조언을 구합니다. 선배들은 "차장이 공식 직제대로 일하지 않고 직접 심의관을 불러 비밀리에 일을 시키거나 다른 심의관이 한 일을 몰래 다시 검토시킨다"고 이야기했습니다.

며칠 후인 2월 13일, 법원행정처는 법관들에게 중복가입된 전문분야 연구회를 정리하라는 공지를 내놓습니다. 만약 일정 기간 후에도 중복가입이 확인될 경우에는 나중에 가입한 연구회를 전산상 탈퇴된 것으로 처리하겠다고 했습니다. 전산 파트가 추진하는 기술적인 지시 같았지만 실제로는 전문분야 연구회 중 상대적으로 신생조직이었던 국제인권법연구회의 약화를 목표로 한 조치였습니다. 상고법원을 밀어붙이던 양승태 대법원장 입장에서는 별도로 법관인사개혁을 논의하는 인사모가 신경을 거슬렀던 것 같습니다. 박병대 법원행정처장은 2015년 7월 인사모가 출범할 때부터 이규진 상임위원에게 인사모의 동향을 파악하라고 지시했습니다. 이규진 상임위원은 인사모의 동향을 지속적으로 탐지하고 보고했습니다. 주제와 토론결과, 발언자들의 구체적인 발언내용, 심지어 뒤풀이 상황까지 포함된 상세한 보고였습니다. 법원행정처는 인사모에 대한 여러 대책을 구상했습니다. 선발성 인사를 하거나 해외연수 선발을 할 때 인사모 핵심회원에게 불이익을 주는 방안도 함께 검토되었습니다. 최종 목표는 인사모의 '자연적인 소멸'이었습니다. 그 논의 과정에서 법원행정처는 집요할 정도로 많은 문건을 생산합니다. 중복가입된 연구회를 정리하라는 2017년 2월 13일의 공지는 그런 오랜 논의의 결과물이었습니다.[3]

공지 다음 날인 2월 14일 이규진 상임위원에게 인사를 하러 간 이탄희 판사는 놀라운 이야기를 듣게 됩니다. "행정처는 정보를 취합하는 소스가 엄청나게 넓다. 예를 들면 연구회 모임에서 누가 무슨 말을 했는지 그 내용도 다 알고 있다. 이판사님이 기조실 컴퓨터에 보면 비밀번호가 걸려 있는 파일들이 있다. 그 비밀번호를 이판사님이 어차피 다 풀 거 아니에요? 그러면 거기 판사들 뒷조사한 파일들이 나올 텐데, 그러더라도 놀라지 말고 좋은 취지에서 한 거니까 너무 나쁘게 생각하지 마라." 이제 너도 내부자로서 남들이 모르는 정보를 공유하게 되었으니 알아서 처신하라는 초청의 말이었습니다. 이탄희 판사는 이규진 상임위원의 말에 충격을 받아 집에 돌아와서도 제대로 잠을 이루지 못했습니다.[4]

2월 15일 국제인권법연구회 간사인 김형연 부장판사는 "(중복가입 탈퇴조치가) 전문분야 연구회 중 제일 나중에 설립된 국제인권법연구회의 활동을 견제하기 위한 것으로 의심된다"는 취지의 글을 코트넷 제도개선법관방에 게시합니다. 이규진 상임위원은 이탄희 판사에게 "(김형연 부장판사의 이의제기를) 반박할 논리를 연구회에 전파하라"고 지시합니다. 이날 이탄희 판사는 전임자에게서 "중복가입 탈퇴조치가 국제인권법연구회를 타깃으로 한 것"이고 이 조치를 "임종헌 법원행정처 차장이 밀어붙였다"는 이야기를 듣습니다. 전임자는 이탄희 판사가 법원행정처 기획조정실에 발탁된 것도 "연구회 때문"이라고 했습니다.[5] 한마디로 국제인권법연구회와 인사모를 무력화하기 위해서 그 핵심인물인 이탄희를 법원행정처로 뽑아올렸다는 얘기였습니다. 골칫거리를 제거하기 위해서 그 핵심인물에게 요직을 주어 회유하는 것은 전통적인 용인술입니다. 여기서 눈을 한번 질끈 감으면 이탄희 판사 앞에도 탄탄대로가 펼쳐질 수 있었습니다. 나중에 이 사건이 문제되자 법원행정처 근무경력이 있는 20년차 안팎의 판사들은 "그 보직에 있으면서 윗선으로부터 내려오는 지시에 '못하겠습니다'라고 말할 수 있는 분위기가 행정처 내부에는 없었다"고 말했습니다.[6] 시키는 대로 무슨 일이든 해내는 것이 '원만한' 판사들의 당연한 선택이자 역할이었기 때문입니다.

'질문자' 이탄희가 던진 다윗의 돌멩이

이탄희 판사는 달랐습니다. '거절할 수 있는 용기'를 냈습니다. 종이호랑이를 찢는 길을 선택했습니다. 2월 16일 그는 법원행정처 인사제1심의관과 기획조정실장에게 전화를 걸어 사직하겠다는 의사를 밝혔습니다. 원래 소속법원인 안양지원에 출근해 지원장에게도 사직서를 제출했습니다. 임종헌 법원행정처 차장과도 통화했습니다. 이탄희 판사가 나중에 제출한 경위서는 그날의 통화를 이렇게 기록합니다.

임종헌: 이판사, 오해다. 대외비지만 인사자료들을 보여줄 수도 있다. 내가 기획제2심의관 누구로 해야 되나 상의할 때 김○○ 부장이 이판사를 추천하면서 배석들 중에서 제일 훌륭하다고 해서 온 거다. (인사배경을 계속 설명)

이탄희: 중복가입 탈퇴조치가 국제인권법연구회를 타깃한 정책 결정이었다고 기획제2심의관님(전임자) 통해 들었다.

임종헌: 그 부분 내 책임 50퍼센트 인정한다.

이탄희: 이규진 실장님이 국제인권법연구회에 개입하는 지시들을 했다.

임종헌: 그건 내 책임이 아니다.

이탄희: 그럼 이규진 실장이 독단적으로 했다는 말이냐. 언론보도 나지 않게 해달라, 이런 것을 차장님 의중 없이 어떻게 하냐.

임종헌: 꼭 무산시킨다는 것보다 좀 조용하게 가면 좋잖아.

이탄희: 저를 데려오실 때부터 연구회 관련 부수적인 목적 있지 않았냐. 일석이조?

임종헌: 그래! (임종헌 차장은 이렇게 말한 기억이 없고 그렇게 말할 리가 없는데 만약 그랬다면 흥분한 이탄희 판사를 달래는 과정에서 '그래, 그래'라고 한 말이 긍정의 의미로 오해될 수 있다는 취지로 해명했습니다.)

이탄희: 그냥 조용히 사직서만 처리해주면 법원을 사랑하는 사람으로서 제가 알게 된 내용은 그냥 제가 안고 가겠다.[7]

이탄희 판사는 임종헌 차장과의 대화 도중 '국제인권법연구회 문제에 개입시킬 목적으로 자신을 기획조정실로 인사발령한 것인지도 모르겠다'는 의심을 품었습니다. "일석이조?"라는 질문도 그래서 던졌습니다. 거기에 임차장이 긍정적으로 답하자 자존심이 몹시 상했습니다. 동료들은 이탄희 판사를 말렸습니다. 2월 18일 임종헌 차장과 다시 통화하면서 이탄희 판사는 "사직 대신 겸임해제를 해주면 안양지원에 돌아가 재판을 하겠다"는 의사를 표명했습니다. 2월 20일 고영한 법원행정처장과 임종헌 차장은 양승태 대법원장을 만나 이탄희 판사 겸임해제의 불가피성을 설명하고 인사결재를 받았습니다. 이탄희 판사는 법원행정처로 겸임발령을 받은 지 11일 만에 소속법원으로 복귀했습니다.

법원행정처로 겸임발령받은 사람을 원소속 법원으로 돌려보낸 이상한 인사는 언론의 주목을 받았습니다. 3월 7일 고영한 법원행정처장은 '최근의 언론보도에 관하여 법관들께 드리는 말씀'을 발표했습니다. "해당 판사가 법원행정처 근무를 불희망하여 겸임해제 발령을 하였고 구체적인 불희망 사유는 개인의 인사문제로서 해당 판사가 공개되기를 원하지 아니하므로 언급할 수 없다"는 해명이었습니다. 계속되는 의혹에 이인복 전 대법관이 위원장을 맡은 진상조사위원회가 구성되었습니다. 이인복 위원회는 이탄희 판사의 법원행정처 발령이 국제인권법연구회 활동 견제 목적이라고 추단하기 어렵고, 이규진 상임위원의 공동학술대회 연기 및 축소 요구는 부당한 것이지만 임종헌 차장이 이를 지시했다고 볼 정황이 없으며, 이탄희 판사의 겸임해제에 관한 언론보도 의혹은 근거가 없다고 발표했습니다. "'사법부 블랙리스트'가 존재할 가능성을 추단케 하는 어떠한 정황도 찾아

볼 수 없다"는 내용도 발표에 포함되었습니다. 호미로 막을 것을 가래로도 못 막게 된 '사법행정권 남용' 사태가 본격적으로 시작되는 순간이었습니다. 나중에 2차 진상조사위원회는 '판사 동향파악 문건'의 존재를 확인했고 3차로 구성된 특별조사단은 '사법행정권 남용'과 관련된 문건을 다수 공개했습니다. 2018년 10월 27일 임종헌 전 법원행정처 차장이 구속 기소되었고, 2019년 1월 25일에는 양승태 전 대법원장이 구속전 피의자심문을 거쳐 구속되었습니다.

'박치기왕' 임종헌은 이 책에서 김승헌 판사가 설명한 "일 열심히 하고, 성실하고, 책임감 있고, 머리 잘 돌아가고, 똑똑하고, 그다음에 원만한" 판사의 전형입니다. 이규진, 이민걸 서울고등법원 부장판사, 방창현 대전지방법원 부장판사, 박상언 창원지방법원 부장판사, 정다주 울산지방법원 부장판사, 김민수 창원지방법원 마산지원 부장판사, 시진국 창원지방법원 통영지원부장판사, 문성호 서울남부지방법원 판사 등 이 사건으로 대법원의 징계를 받은 법원행정처 근무 법관 대부분에 대한 평가도 비슷합니다. 징계를 받은 여덟명은 모두 남성이고, 그중 일곱명은 서울대 법대를, 한명은 고려대 법대를 졸업했습니다. 모두들 비교적 빨리 사법시험에 합격했고, 근무경력의 대부분을 서울과 수도권에서 보냈으며, 개인적으로 예의 바르고 원만한 사람들이었습니다. 그 원만함 때문에 헌법과 법률을 위반하는 '사법행정권 남용' 상황에서도 "아니오"라고 말하지 못했습니다. 『불멸의 신성가족』 초판 이후 10년이 흘렀어도 법원 엘리트들의 의식구조에는 큰 변화가 없었습니다. 보통 같으면 이 모든 일은 임종헌 차장의 말대로 "좀 조용하게" "좋게" 해결되었을 테고 관련자들은 거의 100퍼센트

고등법원 부장판사 이상의 고위직을 차지했을 겁니다. 내부에서 무슨 일이 있었는지는 아무도 몰랐겠지요.

2018년 6월과 7월에 공개된 법원행정처 작성 문건 410개의 파일들은 기자를 만나 만찬을 하면서 사건내용을 설명해 "그 자리에서 보도 분량 및 논조를 강화"하도록 했다거나, "변협회장의 잇단 기행에 적절한 대응이 필요하다"는 식의 황당한 정보 보고로 가득 차 있습니다. 상고법원에 꽂힌 대법원장 아래에서 '원만한 천재'들이 약간 정신이 나간 것처럼 질주하는 모습도 확인할 수 있습니다. 법원행정처 친구들이 전화를 걸어 개인신상에 대해 이것저것 물어보기에 성실하게 답을 해주었던 판사들은 그 내용이 그대로 보고서에 올라간 사실을 나중에야 알게 되었습니다. 국정원·경찰·검찰도 감히 흉내내기 힘든, 법원 엘리트의 부끄러운 민낯이었습니다. 이런 행태는 '법원행정처에 있는 동안은 판사가 아니라'는 생각 때문에 가능했습니다. 법원행정처 판사들은 아마도 '판사 숫자가 수천명에 이르다보니 이상한 사람이 없을 수 없고, 그런 사람들을 걸러내기 위해서는 미리 정보를 모아놓아야 하니, 누군가 해야 할 지저분한 일을 지금 내가 법원행정처에서 하고 있을 뿐'이라고 합리화했을 겁니다. 어차피 밖에 공개될 문건이 아니라서 그저 윗분들 기준에 맞추면 된다고 편하게 생각했을 수도 있습니다. 어떤 일을 만나든지 정당성에 대한 질문 없이 무조건 최선을 다하는 원만함이 낳은 부작용입니다. 그러나 시민들은 판사가 법원행정처에 머무는 동안에도 여전히 품위를 유지해주기를 바랍니다. 일시적으로라도 정보기관 노릇을 한 판사에게 재판받고 싶은 사람은 없습니다. 그게 시민들과 판사들 생각의 간극이었습니다.

이탄희 판사가 법원행정처에서 보여준 태도는 철옹성 같은 오랜 불합리를 깨는 작은 변화를 상징합니다. 이탄희 판사가 태어나던 1978년에 양승태 대법원장은 군법무관을 마치고 서울민사지방법원에서 일하던 4년차 판사였습니다. 그해에 임종헌 법원행정처장은 서울대 법대에 입학했습니다. 다음 해인 1979년에 박병대, 고영한 대법관이 제21회 사법시험에 합격했습니다. 도제식 판사 양성 시스템에서 양승태·박병대·고영한·임종헌 등은 이탄희 판사가 말도 붙이기 힘든 여러 세대 앞의 '스승'입니다. 지금도 어느 지방법원의 평판사가 고등법원 부장판사에게 뭔가를 보고하기 위해서 전화를 했다는 이유로 난리가 나는 법원입니다. 직접 찾아오지 않았다고 언성을 높이는 옛날 사람들이 아직도 법원에 남아 있습니다. 판사라고 다 같은 판사가 아닙니다. 그런 분위기를 즐기는 '늙은 젊은이'들이 많습니다. 그런데 이제 막 법원행정처 심의관을 시작한, 심지어 정식 업무는 시작하지도 않은 판사가 법원행정처 차장에게 질문을 했습니다. 자신을 법원행정처로 끌어온 인사배경에 국제인권법연구회를 어찌 해보려는 부수적인 목적이 있는 것 아니냐고 물었습니다. '일석이조' 아니냐고 물었습니다. 이규진 상임위원의 지시가 법원행정처 차장의 의중 없이 가능하냐고도 물었습니다. "일 열심히 하고, 성실하고, 책임감 있고, 머리 잘 돌아가고, 똑똑하고, 그다음에 원만"하지만 "항상 너무 과했던" 법원행정처 차장은 이 질문 앞에서 마땅히 할 말을 찾지 못했습니다. 술자리였다면 법원 엘리트 선후배 사이에 혹시 그런 질문이 가능했을지도 모릅니다. 그랬다면 아마도 '박치기왕' 선배는 벽에도 머리를 박고 테이블에도 머리를 박으며 미안하다고 말했을 겁니다. 그게 원만한 판사의 전형적인 반응입니다. 그러나 맨정신으로 묻는 질문에는 그렇게 대응할 수 없었습니다. 그게 질문의 힘입니다. 이탄희 판사는 '질문자'가 되었고 박치기왕 골리앗의 방패와 투구에 다윗의 돌멩이를 날렸습니다. 법원행정처를 두번 거친 사람이라면 절대로 할 수 없는 일이었습니다. 정식근무가 시작되기 전이었기에 가능한 행동이었습니다. 견고한 것 같던 시스템이 다윗의 질문에 맥없이 무너졌습니다.

처음 보는 폐허가 아니다

'사법행정권 남용'이 문제되면서 2018년 3월 7일 전국법관대표회의 규칙이 제정되었습니다. 이 규칙에 따라 전국법관대표회의는 매년 4월 둘째 주 월요일과 11월 넷째 주 월요일에 두 차례 정기회의를 개최하고 구성원 5분의 1 이상의 요청이 있을 때에 임시회의를 소집할 수 있는 공식기구가 되었습니다. 공식기구로서 첫번째 열린 2018년 4월 9일 정기회의는 최기상 서울북부지방법원 부장판사를 의장으로, 최한돈 서울중앙지방법원 부장판사를 부의장으로 선출했습니다. 11월 19일에 열린 두번째 정기회의는 '사법행정권 남용'과 관계된 동료판사들의 탄핵 촉구안을 의결했습니다. 전국법관대표회의의 구성원은 총 119명인데, 회의 당일 105명이 참석해 53명이 탄핵 촉구안에 찬성하고 52명이 반대 또는 기권표를 던졌습니다. 단 한표 차였습니다. 판사들의 의견을 국회에 직접 전달하는 방안은 권력분립 원칙에 반한다는 의견이 많아 채택되지 못했습니다. 탄핵소추는 원래 국회의 권한이기 때문에 전국법관대표회의의 탄핵 촉구안 의결은 어차피 법적으로 아무런 효력이 없습니다. 전국법관대표회의가 국회에 의견을 표명한 정도의 의미가 있을 뿐입니다. 그런데도 탄핵 촉구안 의결은 법원 내부의 격렬한 반발에 부딪혔습니다. 시간에 쫓겨 제대로 의견 수렴을 거치지 못한 경우가 있었고, 의견수렴을 거친 법원에서는 일부 대표가 설문조사 결과와 다른 투표를 했다는 이유였습니다.

실제로 제 주변에는 탄핵 촉구안 의결 과정에 대해 부정적인 의견을 표하는 판사들이 많았습니다. 매사에 온건한 성향인, 대체로 원만한 고등법원이나 지방법원의 부장판사들입니다. 이들은 전국법관대표회의 구성 과정 자체에 대한 의문을 제기했습니다. 재판업무에 쫓겨 평범한 판사들은 누구도 전국법관대표회의에 가고 싶어하지 않았다고 했습니다. 대표 선출방식은 각 법원에 일임되었는데 법원의 규모에 따라서 부장판사 중에 1명, 평판사 중에 1~2명을 보내는 경우가 많았습니다. 판사수가 많은 서울중앙지방법원은 부장판사 3명과 평판사 6명을 대표로 선출했습니다. 법원에 따라서는 부장들이 서로 자기를 추천하지 말라고 미루다가 결국 기수가 제일 낮은 젊은 사람에게 궂은일을 맡기는 법조계 관행에 따랐다고 합니다. 최근에 부장판사가 된 사람들 중에서 가장 젊은 판사를 보냈다는 이야기죠. 이런 식으로 서로 안 가려고 하는 판에 누군가 자원하면 당연히 그 사람을 보냈다고 합니다. 하필 그렇게 자원한 사람이 진보성향으로 알려진 우리법연구회나 국제인권법연구회 회원인 경우가 있어 뒤늦게 대표성 논란이 벌어지기도 했습니다. 미리 짜고 친 것이 아니냐는 의심이었습니다. 그러나 솔직히 이게 법을 배운 사람들이 할 소리는 아닙니다. 자기들이 아무나 뽑아 대표로 보내고 뒤에서 그 대표성을 부정하는 건 올바른 태도가 아닙니다. 이제 중요한 줄 알게 되었으니 판사들도 앞으로는 제대로 대표를 뽑겠지요. 새로운 제도가 정착되는 초창기의 일시적인 혼선이라고 생각합니다.

전국법관대표회의의 탄핵 촉구안 결의에 대해 불만을 말하는 판사라 해도 '사법행정권 남용' 자체가 정당했다고 주장하는 사람은 거의 없습니다. 변명의 여지가 없기 때문입니다. 가담 정도가 중한 판사들에 대해 국회가 만약 탄핵을 의결한다면 헌법재판소도 그 의결을 존중할 수밖에 없을 겁니다. 판사들이 보이는 반발은 탄핵과 징계위기에 놓인 동료들에 대한 안타까움의 표시라고 저는 이해하고 싶습니다. 기회가 없어서 법원행정처에 가지 못했을 뿐이지 자신도 그 자리에 있었다면 시키는 일에 '아니오'라고 말하지 못했으리라는 정직한 고백은 새로운 출발을 위한 좋은 태도입니다. 다만 여기서 멈춰서는 안 됩니다. 그럴 수밖에 없었던 구조와 원인을 집요하게 탐구하고 재발방지 대책을 마련하는 데 머리를 맞대야 합니다. 잘못을 인정하는 대신 전국법관대표회의의 절차적 미숙함을 꼬투리로 자신들의 숨 쉴 공간을 확보하려는 시도는 썩 좋아 보이지 않습니다. 이런저런 논란에도 불구하고 '사법행정권 남용'이 반복되어선 안 된다는 폭넓은 합의가 법원에 이미 존재한다고 저는 믿습니다.

이번 사건을 겪으면서 법원의 사기 저하를 걱정하는 분들도 많습니다. 밤을 새워가면서 열심히 일해봐야 욕만 먹으니 이제는 대충 하자는 이야기가 나온 지는 벌써 오래됐습니다. 과거에는 무죄판결을 하면 '대쪽판사'라고 용기를 칭송받았는데 요즘은 돌팔매를 맞습니다. 일부 범죄에 대한 유죄추정 성향이 강해지고 사회 전반적으로 엄벌주의가 힘을 얻은 결과입니다. 유죄보다 무죄판결문 쓰기가 훨씬 힘든데 이런 분위기라면 차라리 대충 유죄판결로 가자는 이야기를 오히려 젊은 판사들이 많이 한다는 소문도 들립니다. 그러나 판결은 대충 할 수 있는 일이 아닙니다. 말만 그리 할 뿐 개인과 공동체의 생사가 걸린 판결을 대충 끝낼 판사도 없을 겁니다. 다수결로 움직이는 민주주의 체제에서 법원은 합리적 이성을 바탕으로 소수를 보호하는 기능을 담당합니다. 사회 전체가 너무 한 방향으로 쏠려 미친듯이 달려갈 때 제동을 거는 것이야말로 법원의 존재 이유입니다. 세상이 바뀌어도 그런 본질은 바뀌지 않습니다.

열심히 일하는 것에 비해 제대로 보상을 받지 못했다는 판검사들의 무의식이 변호사 개업 후 전관으로서 무리한 수임 경쟁에 나서게 한다는 이야기는 이미 했습니다. 이런 보상심리에 빠지지 않기 위해서는 일을 줄일 필요가 있습니다. '박치기왕' 판사의 사례는 과하게 일을 잘하는 게 반드시 최선은 아님을 잘 보여줍니다. 이제 새로운 패러다임을 생각해야 할 때입니다. 2009년 『불멸의 신성가족』 초판 출간 때 저는 이미 판검사 증원이 필요하다고 주장했습니다. 그 생각에는 지금도 변함이 없습니다.

하급심 판결문 공개도 판사의 일을 줄이는 한가지 방법입니다. 판결문의 공개는 "재판의 심리와 판결은 공개한다"는 헌법 제109조의 공개재판 원칙에 부합합니다. 현재는 대법원 판결만 전면공개되어 있고 하급심 판결은 민사에 한하여 해당 법원별 검색만 가능합니다. 임의어를 넣어 어떤 판결을 찾아냈다 해도 그 판결문을 직접 읽어보기 위해서는 판결문당 1천원의 수수료를 내야 합니다. 막상 민형사 사건에 노출된 개인들은 자기가 얼마만큼 돈을 내야 하고, 어떤 형을 받게 될지에만 관심을 쏟기 마련입니다. 대법원 판결의 상세한 법리는 그다지 궁금하지 않습니다. 만약 이런 개인이 비슷한 하급심 사건을 찾아 자기 미래를 예측할 수 있다면 사건 자체가 지금보다 훨씬 줄어들 겁니다. 판결문 공개에 따른 프라이버시 보호 문제는 구체적인 기준을 마련해 해결할 수 있습니다. 최근의 기술 발전을 생각하면 판결문의 주소나 실명을 바꾸는 작업은 그리 어렵지 않습니다. 하급심 판사들이 열심히 쓴 판결문은 시민을 교육하는 효과도 큽니다. 하급심 판결문을 공개해 불필요한 소송이 줄어들고 사법절차가 투명해진다면 우리 사법시스템에 대한 국민의 신뢰도 높아질 수 있습니다.

잇따른 사건사고에 지금 상황을 '폐허'로 보는 판사들이 있습니다. 그동안에도 실제로 범한 잘못보다 훨씬 심한 불신을 받아왔는데, 이번 일로 불신이 심화되면 어떻게 하느냐고 한탄하는 이들입니다. 지금 상황은 폐허가 맞습니다. 그러나 법조계가 처음 겪는 폐허는 아닙니다. 어차피 처음부터 폐허에서 시작한 법조계였습니다. 패전한 일본인들이 제도의 뼈대만 남겨놓고 떠난 빈자리를 어렵게 채운 것이 우리 법조계의 출발이었으니까요. 조직을 운영할 돈이 없어서 피의자에게 돈을 뜯어 관용차를 구입하던 시절도 있었습니다. 한국전쟁 직후는 물리적으로도 모든 것이 폐허였던 시대였습니다. 해방직후 마구잡이로 임용되었던 서기 겸 통역생 출신들은 그 와중에 일찍이 옷을 벗고 전관 변호사가 되었습니다. 정식으로 임용된 판검사들도 40대

후반이면 변호사로 몸을 옮겼습니다. 의정부와 대전에서 법조비리 사건이 터지면서 판검사들이 전관 변호사들에게 용돈을 받아 쓰던 잘못된 관행이 근절된 것도 불과 20년 전의 일입니다. 믿을 만한 사람들에게 용돈을 받지 못하게 되자 일부 판검사는 스폰서에게 술을 얻어먹었습니다. 그게 문제가 되자 스폰서를 받는 대신 골프라도 함께 치는 시대가 찾아왔습니다. 지금은 골프도 함부로 못 치는 단계입니다. 영원히 개선되지 못할 것처럼 보였던 이른바 '관선변론' 또는 '사법행정권 남용'의 음습한 문제도 이번 사건으로 햇볕에 드러났습니다. 밖에서 볼 때는 늘 최악의 법조계이지만 그런 폐허를 거치면서 법조계는 한 단계씩 성장해왔습니다. 언제나 그랬듯이 폐허는 동시에 기회이기도 합니다.

새로운 세대에 거는 희망

이번 '폐허'는 외부의 충격이 아니라 내부의 양심적인 저항에서 비롯되었습니다. 이는 과거의 사건들과 비교했을 때 중요한 차이입니다. 질문하는 돌멩이를 던진 이는 1978년생으로 2002년 사법시험에 합격하고 2008년 법원에 들어온 젊은 판사입니다. 1980년대에 대학생활을 하고 1990년을 전후해 법원에 들어온, 이른바 '고참'들과는 완전히 다른 세대입니다. 우리 세대는 과거의 잘못된 관행을 두 눈으로 목격하면서도 혹시 평판을 잃게 될까봐 입을 다물었던 사람들입니다. 외부충격을 받은 이후에야 부끄러움을 느끼고 애써 그 과거를 지우려고 노력했습니다. 민주주의를 쟁취하기 위해 어깨 걸고 싸웠다며 무용담을 늘어놓는 이른바 86세대의 일원이지만 실상 머리가 굳은 후에야 자유와 평등의 공기를 마셔본 사람들이기도 합니다. 이탄희 판사가 속한 세대는 우리와 전혀 다릅니다. 완벽하지는 않아도 어릴 때부터 민주주의를 공기처럼 마시고 자란 사람들입니다. 권위주의에서 벗어나려고 애써 노력한 세대와 권위주의를 크게 의식하지 않고 자유롭게 자란 세대의 차이는 큽니다.

요즘 제 또래 법률가들을 만나면 다들 걱정이 많습니다. 젊은 법률가들에게 소위 '근성'이 없다고 한탄합니다. 법학전문대학원 체제가 자리 잡으면서 각 학교에서 가장 성적 좋은 학생들이 검사로 선발되고 있습니다. 판사가 되려면 로스쿨을 마친 후 재판연구원, 국선변호인, 로펌 변호사 등으로 일하며 7~10년의 경력을 쌓아야 합니다. 당장 뭔가가 되고 싶은 우수한 학생들에게는 검사가 한결 손쉬운 선택입니다. 성적 좋은 학생들이 검찰에 몰리면서 이들을 교육하는 법무연수원이나 검찰의 선배들에게는 새로운 고민이 생겼습니다. 공부를 잘한 모범생답게 신임 검사들은 작은 것 하나하나까지 윗사람에게 물어 결정하려고 합니다. 상급자들의 결재를 거치기는 하지만 검사는 원래 단독관청으로 개인이 최종 결정권을 갖는 특수한 기관입니다. 상급자의 결재 없이도 검사 개인이 법원으로 공소장을 보내면 그 공소장은 그대로 효력을 갖습니다. 과거에는 단독관청을 외치며 윗사람들의 지시를 치받는 검사들이 있었습니다. 그런 결기를 어느 정도 인정해주는 분위기였습니다. 요즘 젊은 검사에게서는 그런 결기를 볼 수 없다고 부장검사들은 불평합니다. 내신을 잘 받으려면 화장실을 갈 때도 선생님의 허락을 구해야 했던, 수행평가 세대의 몸에 밴 생활 태도라고 분석하는 이도 있습니다.

대형로펌의 파트너들도 비슷한 어려움을 호소합니다. 젊은 변호사들이 자꾸 로펌을 그만두기 때문입니다. 과거에는 대형로펌에서 일하는 것이 자랑거리였습니다. 일이 아무리 많아도 불평하지 않았습니다. 그런데 최근에는 일에 파묻혀 젊음을 바치기보다는 일과 삶의 조화, 이른바 '워라밸'을 추구하는 법률가들이 나타나기 시작했습니다. 대형로펌을 잠깐 경험한 후 사내변호사로 옮기려는 여성 변호사들의 이야기도 들었습니다. 대형로펌에 취직함으로써 일단 자기 능력은 증명했으니 이제는 수입이 좀 적어도 출산과 육아에 유리한 사내변호사를 해보고 싶다는 얘기였습니다. "젊은 변호사가 찾아와서 '왜 나한테만 일을 이렇게 많이 주냐?'고 항의하더라"며 한숨을 쉬는 선배 변호사도 만난 적이 있습니다. 과거 우리 세대는 선배 변호사를 찾아가 "왜 나한테만 일을 적게 주냐?"고 항의했습니다. 실력을 인정받은 젊은 변호사에게만 일을 많이 주는 구조였기 때문입니다. 일이 적어지면 결국 로펌에서 나가야 했습니다. 그런 분위기가 몇년 사이에 완전히 달라졌다는 이야기였습니다.

처음에는 저도 또래들의 한탄에 동조했습니다. 그런데 이제 생각을 고쳐먹었습니다. 이건 '근성'의 문제가 아닙니다. 그냥 세상이 바뀐 것입니다. 어느새 법률가에게 위기상황에서 빛나는 '결기'보다는 평상시의 '논리'를 요구하는 세상이 왔습니다. 사실 '마타하리'나 '박치기왕'보다는 차분한 '질문자'가 법률가에게 알맞은 모습입니다. 어찌 보면 법률가 직역이 이제야 폐허를 딛고 일어나 제자리를 찾아가는 셈입니다. 비폭력 환경에서 자유를 공기처럼 맛보며 자라나 삶의 균형을 추구할 줄 아는 세대의 등장은 이런 세상의 변화를 보여주는 산 증거입니다. 조직을 위해 개인을 과도하게 희생하고 뒤늦게 보상을 바라는 '불멸의 신성가족' 시대를 끝장낼 '개인'의 탄생이기도 합니다. 저는 새롭게 탄생하는 이 '개인'들에게 법조계의 미래를 걸어보고 싶습니다. 10년 만에 억지로 추가하는, 저의 희망사항입니다.

프롤로그: 사법시험이라는 희망과 절망

1 「고시소식: 제33회 사법시험 2차 시험 합격자 발표」, 『고시계』 1991년 10월
호, 279면 이하 참조. 1991년 9월 18일 정부종합청사 회의실에서 열린 사법시
험 2차 시험위원 사정회의에서는 제1안 합격점 56.45에 270명 합격, 제2안 합격
점 56.41에 274명 합격, 제3안 합격점 56.37에 281명 합격, 제4안 합격점 56.29에
287명 합격의 네가지 방안이 제시되었고, 위원들은 그중에서 제4안을 채택했습
니다. 1989년까지는 매년 300명의 합격자를 배출했지만, 1990년부터는 합격자
가 너무 많다는 지적에 따라 선발인원을 '250명 내지 300명'으로 축소했고, 이에
따라 합격인원도 사정회의에서 결정하게 된 것입니다. 만약 합격점을 조금 더 낮
추면 동점자가 많아서 합격자가 302명으로 늘어나게 되고, 그 경우에는 3차에서
최소한 두명이 탈락할 수밖에 없었습니다. 아슬아슬하게 탈락한 열다섯명에게
는 억울한 일이었지만, 합격자 숫자가 300명보다 한참 적어진 덕분에 그 해의 2차
합격자들은 3차 탈락을 걱정할 필요가 없었습니다. 변호사 숫자를 줄이려는 이러
한 시도는 1994년 제36회 사법시험 때까지 이어지다가, 강력한 사법개혁 요구에
부딪혀 1996년부터 합격자를 매년 100명씩 단계적으로 증원하게 되지요. 2001년
에 사법시험 합격자 1000명 시대가 열린 이후에도 사법시험 합격률은 여전히
4~5퍼센트대에 머물렀습니다. 아마도 전세계에서 합격률이 가장 낮았을 이 시험
은 2009년 로스쿨이 출범한 후 2017년 제59회를 마지막으로 폐지되었습니다. 한

국의 법조시험 제도에 대한 정리와 비판은 김창록「한국의 법조시험」,『사회와 역사』통권 제77집, 2008, 93면 이하 참조.

2 제33회 사법시험 합격자는 287명이지만, 과거 합격자 중에서 사법연수원 입소를 미루었거나 휴직했던 사람들이 함께 입소했기 때문에 사법연수원 23기는 모두 291명이 수료하였습니다.

3 이번 연구의 대상을 '사법(司法)'이라고 할 때, 그 범위에 대해서는 논란의 여지가 있습니다. 일반적으로 사법은 법의 적용과 관련된 광범위한 업무를 가리킬 때가 많고, 여기에는 법원과 검찰의 활동이 모두 포함됩니다. 형사소송법은 경위 이상의 경찰관들을 모두 '사법'경찰관으로 칭하기 때문에, 경찰도 사법 업무의 한 부분을 담당한다고 볼 수 있습니다. 그러나 입법부·행정부와 함께 권력분립의 한 축을 이루는 사법부를 이야기할 때의 사법은 검찰이 포함되지 않은 법원만을 의미합니다. 판사가 사법기관인 것은 분명하지만 검사가 사법기관인지에 대해서는 논란이 있고, 형사소송법 학자들 다수는 검사가 행정기관이기는 하지만 사법권에 준하는 권한과 의무를 지닌 '준'사법기관(準司法機關)이라는 입장을 취하고 있지요. 이 책에서는 법원을 중심으로 하여 여러 형태로 재판에 영향을 미치는 검찰, 변호사, 경찰, 기타 기관들을 포함한 가장 넓은 의미로 사법이란 용어를 사용하고 있습니다. 사법개혁위원회나 사법제도개혁추진위원회에서 주로 법원의 사법서비스를 중심으로 여러 문제를 다루면서 로스쿨 제도의 도입 문제 등을 포함시켰는데, 이 역시 사법의 의미를 포괄적으로 이해한 입장입니다. 법조일원화가 좁게는 판사 임용의 문제이지만 검사와 변호사가 모두 관련돼 있는 사안이듯이, 사법을 단순히 사법부의 문제로만 보아 연구를 진행할 수는 없습니다. 이 책에서 말하는 사법이란 법조계 전반을 의미하므로, 때로 사법과 법조 두 용어를 함께 썼음을 알려드립니다.

4 Corrine Glesne, 안혜준 옮김『질적 연구자 되기』(아카데미프레스 2008), 5면 이하 참조.

5 사법개혁위원회『사법개혁위원회 자료집』Ⅲ(법원행정처 2004), 274면 이하 참조.

6 John W. Creswell, 조흥식 외 옮김『질적 연구방법론』(학지사 2005), 71면 이하; Corrine Glesne, 앞의 책 16면 이하 참조.

7 Corrine Glesne, 앞의 책 3~4면 참조.

8 Norman K. Denzin & Yvonna S. Lincoln, *Collecting and Interpreting Qualitative Materials (III)* (Thousand Oaks 2003), 11면 참조.

9 제니퍼 메이슨, 김두섭 옮김, 『질적 연구방법론』(나남출판 1999), 70면 참조.

10 유시주·이희영 『우리는 더 많은 민주주의를 원한다』(창비 2007), 15면 참조.

11 법학과 그나마 비슷한 분야의 질적 연구로는, 의약분쟁 당시 의료정책 과정에 참여한 27명의 인사를 76일에 걸쳐서 약 41시간 동안 면담하고 이를 분석한 경북대 행정학과 최희경 교수의 노작 『한국의 의료갈등과 의료정책』(지식산업사 2007)이 있습니다. 최교수는 이와 같은 성과를 기초로 심층면담 연구방법을 다룬 다양한 관점의 논문을 발표하고 있습니다. 최희경 「질적 자료 분석 소프트웨어(Nvivo2)의 유용성과 한계: 전통적 분석방법과 Nvivo2 분석방법의 비교」, 『정책분석평가학회보』, 제18권 1호, 2008, 123~51면; 「건강보험수가 결정과정의 정치경제학」, 『보건과 사회과학』, 제22집, 2007, 67~95면 참조.

12 M. Thomas Inge, *Truman Capote: Conversations* (University Press of Mississippi 1987), 57면 참조.

13 Gerald Clarke, *Capote: A Biography* (Simon & Schuster 1988), 346면 참조. 2005년 작 「커포티」에서 커포티 역을 맡은 필립 시모어 호프먼은 이 과정을 섬세하게 그려내 아카데미 남우주연상을 받았습니다.

1장 비싸고 맛없는 빵

1 「보도자료: 2008년도 법관평가 결과 대법원에 전달」, 서울지방변호사회, 2009년 1월 29일자 참조.

2 권용태 「사상 첫 법관평가, 상반된 입장 확인」, 『법률신문』 2009년 2월 2일자 참조.

3 예컨대 김광수 「현대차 노조, 비정규직과 연대 또 무산」, 『한겨레』 2008년 10월 18일자 참조. 이 같은 현실에 대해서는 이택광 「울산, 더이상 노동운동의 메카 아니다」, 인터넷 『한겨레』 2008년 12월 24일자를 비롯해서 '비정규직철폐를위한미

디어행동네트워크(미행)'의 연재물을 읽어보시면 도움이 됩니다.

4 대법원 2008년 9월 18일 선고 2007두22320 전원합의체 판결 참조.

5 이재열·남은영 「한국인의 사회적 자본: 인맥의 특징과 중간집단 참여 효과를 중심으로」, 『한국사회학』, 제42집 제7호, 2008, 178면 이하 참조.

6 박민희 「노동관계 장관회의 파업 구속자제 방침 의미」, 『한겨레』 2003년 3월 14일자 참조.

2장 큰돈, 푼돈, 거절할 수 없는 돈

1 한인섭 「법조비리: 문제와 대안」, 『법학』 1998년 제39권 1호, 169면 참조.

2 법관윤리강령 제3조 제1항.

3 법관 및 법원공무원 행동강령 제14조.

4 검사윤리강령 제4조

5 김창록, 앞의 글 107면 참조.

6 로렌 슬레이터, 조증열 옮김 『스키너의 심리상자 열기』(에코의서재 2005), 111면 참조.

7 김지은 「전 국회의원, 담당 판사에게 뇌물 주려다 구속」, 『한겨레』 2008년 1월 3일자 9면 참조. 강숙자씨는 이 사건으로 1심과 2심에서 모두 징역 8월의 실형을 선고받았습니다. 전성철 「판사 집에 돈 상자, 전 의원 항소심도 징역 8월」, 『한국일보』 2008년 4월 5일자 9면 참조.

8 '중화기술'(technique of neutralization)이라는 말은 원래 비행소년들이 법을 어기면서 어떻게 자기 자신을 정당화하는지를 설명하기 위해 만들어진 이론입니다. 사이크스(Sykes)와 마차(Matza) 두 학자는 중화기술을 크게 다섯가지로 분류했습니다. 첫째, "주변 사정 때문에 어쩔 수 없었다"는 식으로 책임을 부인하는 것, 둘째, "나는 누구도 해치지 않았다"는 식으로 가해사실을 부인하는 것, 셋째, "피해자가 그런 일을 당해 싸다"는 식으로 피해자를 비난하는 것, 넷째, "당신들 왜 나만 가지고 문제 삼느냐?"는 식으로 비판자를 비판하는 것, 다섯째, "나

를 위해서가 아니라 조직을 위해 그런 것"이라는 식으로 상위가치에 호소하는 것 등입니다. 소년 비행에나 적용될 이런 고전적 이론이 판검사들의 비행에도 거의 맞아떨어진다는 사실은 매우 흥미롭습니다. Gresham M. Sykes and David Matza, "Techniques of Neutralization: A Theory of Delinquency," *American Sociological Review 22*, December 1957, 664~670면; Gresham M. Sykes, *Criminology* (Harcourt Brace Jovanovich 1978), 308면; David Matza, *Delinquency and Drift* (John Wiley & Sons 1964) 참조.

9 '갑'와 '을'의 관계란 우리나라에서만 통용되는 독특한 표현입니다. '갑'은 대개 계약을 주는 쪽, 즉 힘이 있는 쪽을 의미하고, '을'은 그 계약으로 혜택을 입게 되는 쪽, 즉 힘이 없는 쪽을 의미합니다. 계약이 쌍방 간에 동등하게 맺어지고, 그 조건은 경쟁을 통해 결정된다는 서구의 계약자유 원칙이 우리나라에서는 철저히 권력관계로 이해되는 것도 정말 재미있는 현상입니다.

10 김지은 「업체 법인카드 사용 현직 검사 첫 해임」, 『한겨레』 2008년 12월 31일자 참조.

3장 부담스러운 청탁, 무서운 평판

1 물론 이 부분에 대해서는 논란의 여지가 있습니다. 왜냐하면 당사자에게는 기각 보다 오히려 각하가 유리할 수도 있기 때문입니다. 각하 판결을 받은 경우에는 당사자가 다시 소송요건을 갖추어 같은 내용의 소송을 제기할 수 있는 반면, 기각 판결이 확정되면 기판력이 발생하여 다시는 같은 내용의 소송을 제기할 수 없습니다. 예를 들어 소송요건을 갖추어 각하할 수 없음에도 불구하고 항소심에서 법리를 오해하여 본안 심리를 하지 않은 채 각하하였고, 그 각하 판결을 받은 당사자가 대법원에 상고하였을 때, 대법원이 검토한 결과 본안에서도 기각될 사안인 경우 원래는 파기해서 기각 판결을 해야 합니다. 하지만 그것은 상고한 당사자에게 더 불리한 판결이 되므로 불이익변경금지 원칙에 따라 그냥 상고 기각을 합니다. 다만 각하 판결을 받을 사안은 그후에도 소송요건을 구비하기가 불가능한 경

우가 많기 때문에, 각하와 기각이 당사자에게는 별다른 차이가 없을 때가 많습니다. 변호사 입장을 고려하여 각하 대신에 기각 판결을 하는 것이 때로는 당사자에게 더 큰 손해를 끼칠 수 있음은 기억할 필요가 있습니다.

2 김남석「이용훈 대법원장 40억 6542만원 법원 6위」,『문화일보』2007년 3월 30일자 참조.

3 조성식「정영진 부장판사의 직격 토로, 사법 불신 초래한 대법원장, 의혹 해소 않고 버티면 탄핵해야」,『신동아』2007년 4월호 166면 이하 참조.

4 조용우「이용훈 대법원장 수임료 누락신고 논란」,『동아일보』2007년 1월 5일자 6면 참조.

5 이정은「박시환 대법관 후보, 사상표현 위험성 제어 필요」,『동아일보』2005년 11월 11일자 6면 참조.

6 박지윤「전관예우 몸통은 대법관」,『서울신문』2007년 8월 8일자 14면 참조.

7 칼 맑스·프리드리히 엥겔스『신성가족』(이웃 1990), 259면 참조.

8 법무연수원『2017범죄백서』, 2018, 158면 참조.

9 이재열·남은영, 앞의 논문 193면 참조.

10 프랜시스 후쿠야마, 구승회 옮김,『트러스트』(한국경제신문사 1996), 178면 이하 참조.

11 김수헌「처음 만난 사람보다 국회, 정부를 더 못 믿겠다」,『한겨레』2006년 12월 27일자 1면 참고.

12 강인식·장주영「홍대 미대서 지속적 입시비리, 교수 7명 형사고발 요청할 것」,『중앙일보』2008년 11월 22일자 참조.

4장 신성가족의 제사장, 브로커

1 사법개혁위원회『사법개혁위원회 자료집』III(법원행정처 2004), 329면 참조.

2 법원행정처『2007년 사법연감』, 2008, 제5장 제1절 제7항 표 97 참조.

3 임종인·장화식『법률사무소 김앤장』(후마니타스 2007), 146면 이하 참조.

5장 팔로역정, 법조인이 이겨내야 하는 여덟가지 유혹

1 예컨대 2008년 1월 법무부는 1981~82년에 민주화운동 전력을 이유로 사법시험 3차 면접시험에 불합격한 정진섭 한나라당 의원과 한인섭 서울대 법대 교수 등 여섯명에 대해 직권으로 합격처분을 내렸습니다. 이에 앞서 진실과 화해를 위한 과거사정리위원회는 이들의 사법시험 탈락은 옛 국가안전기획부의 지시에 따른 것으로 국가권력에 의한 중대한 인권침해에 해당한다는 결정을 내렸습니다. 고 제규 「시위전력 사시탈락, 28년 만에 합격처분」, 『한겨레신문』 2008년 1월 19일자 참조.

2 Michael Young, *The Rise of the Meritocracy 1870~2033* (London: Thames and Hudson 1958) 참조. 1958년 영국에서 출간된 이 책은 2033년 시점에서 한 역사사회학자의 눈으로 과거를 분석한 가상소설 형식으로 집필되었습니다. 전통적으로 귀족이 존재하는 영국사회에서 수월성을 지닌 사람들에 의한 새로운 지배는 긍정적으로 받아들여질 여지도 있지만, 저자인 마이클 영은 매우 시니컬한 논조로 메리토크라시에 따른 사회적 손실을 예언하고 있습니다. 메리토크라시의 어두운 면을 강조하기 위해 이 용어를 만들어낸 저자의 의도와는 달리, 이 용어는 능력 위주의 사회를 뜻하는 좋은 의미로 많이 사용되고 있습니다. 생전에 영은 자신이 만들어낸 이 용어를 오용하는 토니 블레어 전 총리를 강력히 비판한 바 있습니다. John Beck, *Meritocracy, Citizenship, and Education; New Labour's Legacy* (Continuum 2008), 3면 이하 참조. 우리나라에서는 전남대학교 철학과 김상봉 교수가 메리토크라시의 폐해를 주장하는 대표적인 학자라 할 수 있습니다. 김상봉 『학벌사회: 사회적 주체성에 대한 철학적 탐구』(한길사 2004) 참조.

3 미국사회에서 작동하는 메리토크라시 '신화'의 허구를 지적한 책으로는 Stephen J. McNamee & Robert K. Miller Jr., *The Meritocracy Myth* (Rowman & Littlefield 2004)를 참조.

4 홍승면 「법조일원화에 대한 검토」, 『사법개혁위원회 자료집』 IV (사법개혁위원회 2005), 208면; 김인회 「법조일원화 도입 방안 보고서」, 같은 책 364면 이하 참조.

5 홍승면, 같은 곳; 이경기 「객관적 기준 모호, 공정성 확보 관건」, 『내일신문』

2006년 2월 6일자 21면 참조.

6 김귀수 「신영철 대법관, 촛불재판에 압력 행사」, KBS 뉴스 2009년 3월 4일자 보도; 「신영철 대법관이 형사단독판사들에게 보낸 이메일」, 인터넷 『한겨레』 2009년 3월 5일자 참조.

7 윤석이 「대전고법, 관할법원 첫 재판사무감사」, 연합뉴스 2006년 3월 23일자 참조.

8 홍승면, 앞의 글 211면 참조.

9 Jeffrey A. Segal, "Decision Making on the U. S. Courts of Appeals," in Lee Epstein (ed.), *Contemplating Courts* (CQ Press 1995), 227면 이하 참조.

10 사법개혁위원회 제1분과 전문위원 연구반 「변호사 출신 법관과의 간담회 결과 보고」, 『사법개혁위원회 자료집』 IV(사법개혁위원회 2005), 431면 참조.

11 김재곤·노윤정·조성진 「선배님들을 벙커로 임명합니다」, 『문화일보』 2007년 1월 6일자 19면 참조.

12 김두얼 「경제성장을 위한 사법적 기반의 모색 (II) : 소송장기화의 원인과 대책」, 한국개발연구원, 2008, 19면, 51면 참조.

에필로그: 억지로 찾아본 희망

1 한국개발연구원 김두얼 연구위원은 판사당 사건수를 현재 수준에서 제어하기 위해서도 2015년까지 연 150명의 판사수 증원이 필요하다고 주장합니다. 김두얼, 같은 보고서의 53면 참조.

2 이런 맥락에서 한국인의 특성을 꾸준히 연구하고 있는 대표적 학자로는 전북대 강준만 교수를 꼽을 수 있습니다. 1995년 『전라도 죽이기』를 시작으로 해서 『언론 플레이』 『서울대의 나라』 『한국 지식인의 주류 컴플렉스』 『문학권력』 『인물과 사상』을 거쳐 최근의 『한국인 코드』에 이르기까지 그가 해온 비판작업은 학연, 지연, 혈연에 의해 움직이는 한국사회에 대한 기념비적 성과라 할 수 있습니다. 강교수의 연구 업적들이 이른바 주류 학자들의 논문에 전혀 인용되지 않고 있는 기형적인 현실은 우리 사회가 정말로 학연, 지연, 혈연에 의해 움직이고 있다는 확

고한 증거이기도 합니다. 주류사회는 학연, 지연, 혈연에 의해 움직이는 자신들의 시스템을 비판하는 사람에 대한 가장 처절한 보복 수단으로, 그 사람이 '학문적 기준'에 미달한다고 폄하하면서, 그가 마치 존재하지도 않는 것처럼 무시하는 방법을 택한 것입니다.

3 최재석 『한국인의 사회적 성격』(개문사 1976) 참조.

4 경북대 법대 신평 교수는 우리 법조계의 중요한 문제점으로 1) 지나친 특권의식 또는 사법 무결함주의 2) 과도한 관료화와 계급화 3) 연고주의를 지적하면서 1) 법조계의 과거사 청산 2) 완고한 서열의식의 타파 3) 실효성 있는 법조통제 시스템의 확립 4) 한국형 로스쿨과 배심원 제도의 정착 등을 그 해결방안으로 제시합니다. 신평 「21세기 한국 법조의 바람직한 방향」, 『공법학연구』, 제7권 제5호, 2006, 179면 이하 참조; 경찰대 행정학과 이웅혁 교수도 비슷한 맥락에서 법조비리의 원인으로 1) 전관예우 2) 사회적 연결망 3) 학연·지연 등 연고주의의 작동 4) 사적 신뢰의 남용 5) 브로커의 개입 6) 미약한 처벌수위를 듭니다. 이웅혁 「사회적 자본의 부정적 측면에서 본 한국의 법조비리」, 『형사정책』, 제18권 제2호, 2006, 449면 이하 참조.

5 이상의 메일 내용은 모두 「신영철 대법관이 형사단독판사들에게 보낸 이메일」, 인터넷 『한겨레』 2009년 3월 5일자 참조.

6 박현철 「촛불재판 몰아주기 논란」, 『한겨레』 2009년 2월 24일자 1면.

7 박성우 「신영철 대법관 이메일 판사 20명 조사」, 『중앙일보』 2009년 3월 9일자 10면 참조.

8 Carl Swidorski, "Constituting the Modern State: The Supreme Court, Labor Law, and the Contradictions of Legitimation", David S. Caudill & Steven Jay Gold (eds.), *Radical Philosophy of Law: Contemporary Challenges to Mainstream Legal Theory and Practice* (Humanities Press 1995), 166면 참조.

9 전지성 「이용훈 대법원장, 이메일 정도에 압박 받겠나」, 『동아일보』 2009년 3월 7일자 참조.

다시 찾아본 희망

1 류인하 「임종헌 전 법원행정처 차장의 '과욕'이 부른 참사」, 『주간경향』 2018년 6월 18일자 제1281호.

2 진상조사위원회(이인복 위원회) 「조사보고서」, 2017년 4월 18일, 15면; 사법행 정권남용 의혹 관련 특별조사단(안철상 조사단) 「조사보고서」, 2018년 5월 25일, 50~51면

3 이인복 위원회 「조사보고서」, 31면; 위 안철상 조사단, 「조사보고서」, 20~48면.

4 이인복 위원회, 「조사보고서」, 30면.

5 이인복 위원회, 「조사보고서」, 32면.

6 류인하, 「'설마' 하던 사법부, 내부에서도 '부끄럽다'」, 『주간경향』 2018년 9월 17일자 제1294호.

7 이인복 위원회 「조사보고서」, 32~33면.

불멸의 신성가족
대한민국 사법 패밀리가 사는 법

초판 1쇄 발행 / 2009년 5월 15일
초판 10쇄 발행 / 2017년 7월 10일
개정판 1쇄 발행 / 2019년 2월 15일

지은이 / 김두식
펴낸이 / 강일우
책임편집 / 최지수
조판 / 박지현
펴낸곳 / (주)창비
등록 / 1986년 8월 5일 제85호
주소 / 10881 경기도 파주시 회동길 184
전화 / 031-955-3333
팩시밀리 / 영업 031-955-3399 편집 031-955-3400
홈페이지 / www.changbi.com
전자우편 / nonfic@changbi.com

ⓒ 김두식 2019
ISBN 978-89-364-8634-1 03300